Contrato de Doação sob o Aspecto Notarial e Registral

Teoria e Prática

Grupo Editorial Nacional

O GEN | Grupo Editorial Nacional – maior plataforma editorial brasileira no segmento científico, técnico e profissional – publica conteúdos nas áreas de concursos, ciências jurídicas, humanas, exatas, da saúde e sociais aplicadas, além de prover serviços direcionados à educação continuada.

As editoras que integram o GEN, das mais respeitadas no mercado editorial, construíram catálogos inigualáveis, com obras decisivas para a formação acadêmica e o aperfeiçoamento de várias gerações de profissionais e estudantes, tendo se tornado sinônimo de qualidade e seriedade.

A missão do GEN e dos núcleos de conteúdo que o compõem é prover a melhor informação científica e distribuí-la de maneira flexível e conveniente, a preços justos, gerando benefícios e servindo a autores, docentes, livreiros, funcionários, colaboradores e acionistas.

Nosso comportamento ético incondicional e nossa responsabilidade social e ambiental são reforçados pela natureza educacional de nossa atividade e dão sustentabilidade ao crescimento contínuo e à rentabilidade do grupo.

Contrato de Doação sob o Aspecto Notarial e Registral

Teoria e Prática

Fernanda Leitão

gen | EDITORA MÉTODO

■ Data do fechamento do livro: 30/09/2025

Publicada pelo selo **Método**
Uma editora integrante do GEN | Grupo Editorial Nacional
Travessa do Ouvidor, 11
Rio de Janeiro – RJ – 20040-040
www.grupogen.com.br

■ **Atendimento ao cliente: (11) 5080-0751 | faleconosco@grupogen.com.br**

■ Capa: Kakau Höfke

■ Trabalho de pesquisa: Adriana Puccini

■ **CIP – BRASIL. CATALOGAÇÃO NA PUBLICAÇÃO**
SINDICATO NACIONAL DOS EDITORES DE LIVROS, RJ

L548c

Leitão, Fernanda
Contrato de doação sob o aspecto notarial e registral : teoria e prática / Fernanda Leitão. – 1. ed. – [2. Reimp.] – Rio de Janeiro : Método, 2026.
23 cm.

Inclui bibliografia
ISBN 9788530998226

1. Direito notarial e registral – Brasil. I. Título.

25-100529.0 CDU: 347.65

Gabriela Faray Ferreira Lopes – Bibliotecária – CRB-7/6643

Agradecimentos

A concretização deste sonho, ainda que tardia, veio acompanhada de um reencontro inesperado e profundamente transformador. Reavivei a amizade de uma amiga do Colégio Andrews, cuja lembrança jamais se apagou da minha memória – não apenas pela convivência, mas também pela saudável disputa que travávamos pelos melhores resultados escolares. Como poderia esquecê-la? Adriana Cirne Puccini, expresso todo o meu reconhecimento por sua inteligência, sensatez e apoio generoso, sem os quais esta obra não teria se tornado possível.

De modo muito especial, manifesto minha gratidão e amor à minha companheira de todas as horas, Fabiana Boal, com quem compartilho 14 anos de convivência. Agradeço pela paciência diante das minhas ausências, pela força constante e, sobretudo, pela cumplicidade que sustentou e iluminou cada etapa desta jornada.

Aos meus filhos, Gabriel, Victor e Thiago, agradeço pelo simples e grandioso fato de existirem em minha vida. Vocês são parte inseparável de mim e constituem a razão maior do meu caminhar.

Por fim, estendo minha gratidão aos colegas e amigos de profissão, cujos posicionamentos e ideias enriqueceram o debate de temas de inegável relevância para toda a sociedade, contribuindo para o amadurecimento desta obra.

Sobre a autora

Fernanda de Freitas Leitão é Tabeliã do 15º Ofício de Notas da Comarca da Capital do Estado do Rio de Janeiro desde 1998, delegação conquistada por meio de concurso público. Graduada em Direito pela Universidade do Estado do Rio de Janeiro (UERJ), iniciou sua carreira na advocacia privada e atuou na Procuradoria-Geral do Município e do Estado do Rio de Janeiro. É palestrante e autora de diversos artigos jurídicos, com especial dedicação ao estudo e desenvolvimento do Direito Notarial.

Reconhecida por sua atuação inovadora, foi responsável por atos notariais pioneiros no Brasil, como a lavratura de escrituras entre casais do mesmo sexo e uniões poliafetivas, além da adoção precoce de tecnologias disruptivas, como o uso do *blockchain* e das escrituras eletrônicas. Atualmente, lidera o desenvolvimento de soluções baseadas em inteligência artificial aplicadas à atividade notarial.

Detentora de certificações internacionais, como *Great Place to Work* e *Harvard Negotiation Institute, Program on Negotiation at Harvard Law School*, e nacionais, como pelo Instituto Brasileiro de Governança Corporativa (IBGC), por meio do Curso de Conselheiros de Administração, além de ser signatária do Pacto Global da ONU, evidenciando seu compromisso com a responsabilidade institucional e social.

Em 2021, recebeu o Prêmio Líderes do Rio 2021, na categoria Inovação Jurídica, em reconhecimento à sua visão progressista e sua liderança transformadora.

Desde 2016, implementa práticas alinhadas à agenda ESG (*Environmental, Social and Governance*), promovendo inclusão, sustentabilidade ambiental e proteção dos direitos dos animais, com o firme propósito de que o exercício da delegação pública deve, igualmente, gerar um impacto social positivo.

Comprometida com as causas do Terceiro Setor, atua como colaboradora de instituições como o Pro Criança Cardíaca, o Hospital do Câncer e o Instituto da Criança, reafirmando sua sensibilidade e engajamento com a construção de uma sociedade mais justa e solidária.

Depoimentos sobre a obra

Fruto de vitoriosa trajetória profissional de sua autora, a obra oferece orientações objetivas sobre temas cruciais para o direito notarial, especialmente diante das recentes alterações sociais e legislativas, que exigem constante atualização e sensibilidade. Ao compartilhar a vivência cotidiana de sua atividade notarial, Fernanda Leitão traz a lume as exigências contemporâneas da função social desempenhada por notários e registradores, especificamente diante do fascinante contrato de doação, em seus aspectos notariais e registrais. A partir daí, a autora apresenta a regulamentação dos serviços notariais e registrais e, sobretudo, oferece valiosos modelos e informações que traduzem a aplicação concreta do seu amplo conhecimento sobre o tema. Trata-se de leitura valiosa para quem busca compreender, na intercessão entre teoria e prática, os contornos jurídicos do contrato de doação.

Gustavo Tepedino
Professor Titular de Direito Civil e ex-Diretor da Faculdade de Direito
da Universidade Estadual do Rio de Janeiro (UERJ)

Doação é contrato cujas origens estão enraizadas nos arcanos da experiência jurídica. Ainda assim, sua correta compreensão supõe vencer níveis de complexidade nem sempre bem ilustrados nos manuais. Daí a importância do trabalho de Fernanda de Freitas Leitão, experiente Tabeliã, há 27 anos à frente do 15º Ofício de Notas da Capital do Rio de Janeiro.

Em seu ofício, constatou a autora que a lavratura da escritura de doação nem sempre recebe a merecida atenção, estando, por outro lado, imersa em arcaísmos e pedanteria que são o oposto da boa linguagem técnica. Por isso, dedicou-se neste livro a propor linguagem clara e técnica aos termos empregados na escritura e a esmiuçar os problemas que envolvem a sua elaboração, pois constata: os que dela se ocupam devem ter "um conhecimento profundo e integrado da matéria, aliado a um domínio sólido sobre o Direito das Obrigações, dos Contratos, do Direito de Família, do Direito Empresarial e, sobretudo, do Direito Sucessório, cujos reflexos são determinantes no âmbito do direito notarial e registral". Ao final da leitura, tendo-se percebido os problemas e como solvê-los, chega-se à conclusão da imensa utilidade deste livro para a vida profissional, pois alia a dogmática com a prática, ilustrada por inúmeros exemplos que apontam à utilidade da doutrina: esclarecer as regras legais, permitindo, assim, trilhar com segurança o caminho do Direito.

Judith Martins-Costa
Presidente do Instituto de Estudos Culturalistas (IEC)

O trabalho da Tabeliã Fernanda Leitão explora a complexidade do contrato de doação de bens imóveis no contexto notarial e registral. A elaboração da escritura pública de doação exige sólida compreensão dos meandros do Direito privado e análise detalhada de aspectos sucessórios, contratuais e da teoria geral do direito civil. Com base na experiência prática da autora, são discutidos elementos como cláusulas restritivas, reserva de usufruto e implicações jurídicas, destacando-se a importância de um *checklist* e entrevista pessoal com o doador. O livro também aborda a relevância de *due diligence* na aquisição de bens doados, ressaltando os riscos de contratos mal elaborados. Trata-se de um guia teórico, técnico e prático hábil a garantir segurança jurídica e fidelidade à autonomia das partes no âmbito da doação.

Nelson Rosenvald
Advogado, Parecerista, Professor do Doutorado e Mestrado do IDP/DF,
Pós-Doutor em Direito Civil pela Universidade Roma-Tré (IT).
Foi Procurador de Justiça do Ministério Público
de Minas Gerais por 34 anos.

Nota da autora

O meu interesse específico pelo contrato de doação remonta ao ano de 2014, impulsionada por inquietações tanto teóricas quanto práticas, quando decidi escrever meu primeiro artigo sobre o tema, publicado na Revista Ciência Jurídica.[1]

Já àquela época, tornou-se evidente para mim a complexidade que envolve essa modalidade contratual, contrastando com a surpreendente pouquíssima atenção que lhe era dedicada, especialmente na esfera notarial e registral. Essa constatação despertou em mim o impulso de aprofundar o estudo da matéria, não apenas em busca de conhecimento técnico, mas também de respostas concretas às dificuldades enfrentadas na prática cotidiana.

Voltei-me, então, às obras dos mais consagrados doutrinadores, na expectativa de encontrar fundamentos e soluções. Contudo, para minha surpresa, os livros tradicionais doutrinários se mostraram insuficientes diante das inúmeras questões práticas que surgiam diariamente à minha frente. E quanto mais me debruçava e estudava sobre o assunto, mais se ampliava o universo de indagações, revelando um campo fértil e desafiador de investigação.

Foi a partir dessa constatação que decidi converter aquele artigo inaugural em um livro, que buscasse conciliar teoria e prática, enfrentando não apenas os aspectos jurídicos centrais do contrato de doação, mas também questões adjacentes que impactam profundamente a atividade notarial e registral – como a forma e a redação das escrituras públicas, os princípios do ato jurídico perfeito e do *tempus regit actum* (o tempo rege o ato), ambos correlacionados ao princípio da segurança jurídica, pilar fundamental do Estado Democrático de Direito, que garante estabilidade, previsibilidade e confiabilidade nas relações jurídicas.

---

1 LEITÃO, Fernanda. Uma análise notarial do contrato de doação. *Revista Ciência Jurídica*, 2014. Disponível em: https://www.lexml.gov.br/urn/urn:lex:br:rede.virtual.bibliotecas:artigo.revista:2014;1001033049. Acesso em: 10 maio 2024.

Minha intenção com essas reflexões foi a de inspirar o debate, suscitar novas interpretações e apresentar contrateorias, com o propósito de contribuir para a compreensão mais profunda do verdadeiro sentido da atividade notarial.

Atualmente, vive-se um momento singular para a atividade notarial, que foi impulsionado pela Lei 11.441/2007, que permitiu o inventário, o divórcio e as separações extrajudiciais, e deu início ao exitoso movimento denominado desjudicialização ou compartilhamento da Justiça.

Nesse cenário de transformações e abertura institucional, creio que a nós, Notários, é confiada a nobre missão de pavimentar essa nova trajetória da nossa história com a solidez do conhecimento técnico, a delicadeza da sensibilidade humana e a firmeza de um compromisso ético inabalável.

Prefácio

A construção da segurança jurídica no Brasil tem múltiplas frentes: está nos grandes julgamentos dos tribunais superiores, nos processos que garantem direitos fundamentais, mas também – e talvez sobretudo – nas práticas cotidianas que dão forma e eficácia à autonomia privada dos cidadãos. Entre essas práticas estão as atividades – relevantes, mas frequentemente pouco visíveis ao olhar do grande público – desempenhadas por notários e registradores. É nesse universo que se inscreve, com brilho, a obra que ora apresento.

O livro *Contrato de Doação sob o Aspecto Notarial e Registral – Teoria e Prática* é fruto da experiência, do estudo e da sensibilidade jurídica de Fernanda de Freitas Leitão. Tabeliã de notas no Rio de Janeiro, aprovada no primeiro concurso público nacional para ingresso na atividade, realizado em 1998, Fernanda é reconhecida pela defesa intransigente da qualificação profissional, da modernização dos serviços extrajudiciais e da centralidade do cidadão no sistema de justiça. Trata-se, portanto, de autora com autoridade prática e intelectual para tratar do tema.

A obra tem por objeto um contrato que, embora ancestral, se mantém juridicamente atual: a doação. No entanto, a análise proposta pela autora não se limita à descrição do regime legal do instituto. Vai além: enfrenta seus principais desafios na prática notarial e registral, expõe com clareza os limites da autonomia privada e da atuação dos delegatários e debate as tensões entre segurança jurídica e liberdade negocial – sempre com o olhar voltado para o interesse público.

O livro se estrutura em três partes. A primeira apresenta os fundamentos teóricos e institucionais da atividade notarial, com destaque para os princípios que devem orientar sua prática: a simplificação da linguagem, a função social dos contratos, a boa-fé objetiva e a centralidade da pessoa humana. Ao fazê-lo, a autora alia experiência prática à reflexão doutrinária, com citações da jurisprudência e da doutrina contemporânea – de Judith Martins-Costa a Martha Nussbaum, de Gustavo Tepedino a Miguel Reale.

A segunda parte concentra-se especificamente na análise jurídica do contrato de doação. São examinadas suas características, modalidades, implicações tributárias e, sobretudo, os aspectos específicos que emergem da prática extrajudicial: a doação como adiantamento de legítima, a doação com cláusulas protetivas, as formas conjugadas com compra e venda, a doação a incapazes, a cláusula de reversão, entre outros temas relevantes. Tudo é apresentado com linguagem clara, espírito crítico e sólida fundamentação.

A terceira e última parte oferece um guia prático para a atuação notarial. São discutidas as exigências documentais, as boas práticas de redação, os desafios interpretativos e os modelos de escritura, com atenção à linguagem simples e à racionalização dos termos jurídicos – bandeiras que a autora levanta com convicção e que refletem um movimento mais amplo de aproximação do Direito com os cidadãos. O texto é, ao mesmo tempo, técnico e pedagógico, preciso e acessível.

A obra combina com rara competência a doutrina de qualidade, a jurisprudência pertinente e a experiência acumulada de quem conhece a realidade do balcão, os desafios da serventia, as dúvidas dos usuários e as interpretações dos tribunais e corregedorias. Destaca-se, ainda, pelo seu compromisso com a modernização institucional. A autora discute temas como *visual law*, *legal design* e os desafios colocados pela inteligência artificial e *blockchain* à atividade notarial.

Essa combinação de experiência prática, compromisso ético e atualização teórica faz desta obra uma leitura indispensável para notários, registradores, advogados, estudantes e todos os que lidam com o Direito das Sucessões, com a autonomia privada e com a função pública dos serviços extrajudiciais. Mas talvez o aspecto mais admirável deste trabalho seja sua dimensão humanista: a defesa de uma prática jurídica acessível, inclusiva, eficiente e comprometida com os valores fundamentais da Constituição de 1988.

Fernanda Leitão nos mostra, com conhecimento e elegância, que as escrituras públicas não são apenas atos solenes. São instrumentos de cidadania, meios de concretização de direitos, pontes entre o ordenamento jurídico e a vida real. Que esta leitura seja útil a quem atua no Direito, mas também inspiradora para todos os que acreditam em um serviço público prestado com excelência, simplicidade e sentido de missão.

Luís Roberto Barroso

Presidente do Supremo Tribunal Federal
e do Conselho Nacional de Justiça

Sumário

PARTE I

NOÇÕES GERAIS

1. INTRODUÇÃO: REFLEXÕES SOBRE MEUS 27 ANOS COMO TABELIÃ DE NOTAS

1.1 • As práticas para além da forma

A primeira vez que escrevi sobre a redação das escrituras públicas foi em julho de 2000, dois anos após ter assumido, mediante concurso público de provas e títulos – o primeiro realizado no Brasil –, a delegação do 15º Ofício de Notas da Capital do estado do Rio de Janeiro. Desde então, manifestei minha inconformidade com o modelo tradicional de redação tabelioa, que sempre me pareceu excessivamente prolixa, repleta de expressões desnecessárias, anacrônicas e, sobretudo, incompreensíveis para a maioria dos cidadãos.

Em 2019, decidi reescrever aquele primeiro artigo diante da persistência do cenário inicialmente criticado.[1]

Nesta introdução, compartilho algumas reflexões sobre práticas notariais ainda adotadas e que, em muitos casos, seguem sendo prejudiciais, contribuindo para a falsa impressão de que a forma se sobrepõe ao conteúdo.

Enquanto tabeliã, tenho sido constantemente desafiada, não apenas à luz da legalidade, mas, principalmente, por um imperativo ético, ao constatar que determinados procedimentos consolidados carecem de sentido prático e se revelam dissociados do verdadeiro interesse social.

A redação de uma escritura pública eficiente – compreensível e acessível a todos – não depende de vocabulário rebuscado nem do acúmulo de páginas cuja

---

1 LEITÃO, Fernanda. Por uma alteração do atual modelo contratual notarial: entre certezas, angústias e vontades de uma tabeliã. *Portal Jurídico Migalhas,* 29 nov. 2019. Disponível em: https://www.migalhas.com.br/depeso/316044/por-uma-alteracao-do-atual-modelo-contratual-notarial--entre-certezas--angustias-e-vontades-de-uma-tabelia. Acesso em: 1º maio 2024. Antes desse tema ser tratado no referido artigo, publicado inicialmente em 2001, foi disponibilizado no Periódico do 15º Ofício de Notas, no ano 2000.

leitura, geralmente, escapa à compreensão do usuário leigo em assunto jurídico. Tampouco se justifica a inclusão de expressões inúteis ou irrelevantes para a formalização do ato.

Com base nessas constatações práticas, propus a reformulação da linguagem notarial, eliminando termos desnecessários, repetições de palavras – muitas vezes sinônimas – e expressões jurídicas cujo entendimento, por vezes, escapa até mesmo a quem as redige.

Tomo como exemplo expressões como "partes entre si, justas e contratadas". Por que não simplificar para: "compareceu como vendedor, Fulano de Tal, e como comprador, Sicrano"? O ajuste evita redundâncias e torna o texto mais claro.

Outra frase comumente utilizada, especialmente no estado do Rio de Janeiro,[2] é: "farei enviar nota ao competente Ofício Distribuidor, no prazo e na forma da lei". Trata-se de informação desnecessária, pois se sabe que a distribuição compete ao próprio Serviço Notarial ou ao Registro de Imóveis, conforme o caso.

Ao tratar da quitação do preço, observa-se o uso recorrente da fórmula: "o vendedor dá a mais ampla, plena, geral, rasa, irrevogável, irretratável e recíproca quitação". Seria suficiente afirmar que "o vendedor dá quitação", salvo quando se queira ressalvar expressamente a existência de saldo ou condição.

Outro exemplo típico é: "o outorgante vendedor vende, como de fato vendido o tem, pelo preço certo e ajustado de R$...". Por que não simplificar para: "O vendedor vende ao comprador o imóvel descrito pelo preço de R$..."? A expressão "outorgante" é técnica e redundante, visto que significa aquele que transfere, concede ou dispõe de um bem ou direito; basta a identificação como vendedor, comprador, doador ou donatário, conforme o ato.

Frases como "a presente promessa é irrevogável e irretratável" também poderiam ser simplificadas. Os dois termos são sinônimos: ambos indicam ausência de direito ao arrependimento. Da mesma forma, dizer que "o instrumento é celebrado nos melhores termos de direito" é mera fórmula retórica sem qualquer utilidade prática.

A menção à "evicção de direito", por sua vez, é amplamente disseminada nas escrituras, conquanto o art. 447 do Código Civil[3] já estabeleça, como regra nos contratos onerosos, a responsabilidade do alienante pela evicção e vícios

---

2 Código de Normas da Corregedoria-Geral da Justiça do Estado do Rio de Janeiro – Parte Extrajudicial (CN CGJ RJ), art. 306: "Deverão os notários remeter aos ofícios de registro de distribuição nota das escrituras, das procurações em causa própria, das procurações públicas em geral, substabelecimentos e respectivas revogações, além dos testamentos públicos e cerrados, no prazo de 10 (dez) dias contados da data em que lançada a última assinatura no ato, sob pena de multa, sem prejuízo das sanções disciplinares previstas na legislação pertinente. Parágrafo único. É defeso, em nota de distribuição, substituir o nome do cônjuge por referência genérica que impeça a identificação pessoal".

3 CC, art. 447: "Nos contratos onerosos, o alienante responde pela evicção. Subsiste esta garantia ainda que a aquisição se tenha realizado em hasta pública".

redibitórios.[4] Portanto, não há necessidade de repetir essa previsão legal, salvo para a excluir, limitar ou reforçar – o que raramente ocorre.

No tocante às doações, tampouco se justifica inserir cláusula de não responsabilidade do doador por evicção, pois o art. 552 do Código Civil[5] já exime do doador essa responsabilidade, salvo nos casos em que a doação se destine a casamento com pessoa determinada.

Outro exemplo de linguagem antiquada é a fórmula: "saibam quantos este virem". Nada impede a sua substituição por expressões mais simples e contemporâneas, como: "Aos... dias do mês...".

Outro instituto jurídico frequentemente mal compreendido é o *constituto possessório*, ou *cláusula constituti*,[6] que diz respeito à modalidade de transmissão da posse. No entanto, a sua utilização nem sempre se revela tecnicamente apropriada, devendo essas expressões serem reservadas às hipóteses de transmissão ficta da posse – o que, muitas vezes, não se verifica na prática.

Adicionalmente, importa esclarecer que o "*constituto possessório*" encontrava-se previsto nos arts. 494, IV, e 520, V, do Código Civil de 1916, relativos aos modos de aquisição e perda da posse. Embora não reproduzido expressamente no Código de 2002, a doutrina majoritária entende que esse instituto foi mantido de forma implícita no art. 1.204,[7] posição também reconhecida no Enunciado 77 da 1ª Jornada de Direito Civil do Conselho da Justiça Federal.[8]

Outra cláusula frequentemente repetida é: "o presente contrato é extensivo aos herdeiros e sucessores das partes". Nos contratos de natureza não personalíssima, essa transmissibilidade decorre da própria lei, sendo, portanto, desnecessária a sua repetição.

As procurações também sofrem com o excesso de formalismos, como a enumeração de poderes amplos (vender, quitar, transmitir, responder por evicção etc.), ignorando-se o princípio da legalidade implícita – "quem pode o mais, pode o menos" – e da lógica da inclusividade. Essa redundância, além de excrescente, pode gerar insegurança jurídica, especialmente quando o ato deverá

---

4 CC, art. 441: "A coisa recebida em virtude de contrato comutativo pode ser enjeitada por vícios ou defeitos ocultos, que a tornem imprópria ao uso a que é destinada, ou lhe diminuam o valor. Parágrafo único. É aplicável a disposição deste artigo às doações onerosas".

5 CC, art. 552: "O doador não é obrigado a pagar juros moratórios, nem é sujeito às consequências da evicção ou do vício redibitório. Nas doações para casamento com certa e determinada pessoa, o doador ficará sujeito à evicção, salvo convenção em contrário".

6 *Clausula constituti* em latim clássico, sem acento, ou cláusula *constituti*, com acento, visto que a palavra "cláusula" existe no nosso vernáculo dessa forma.

7 CC, art. 1.204: "Adquire-se a posse desde o momento em que se torna possível o exercício, em nome próprio, de qualquer dos poderes inerentes à propriedade".

8 Jornada de Direito Civil, Enunciado 77: "A posse das coisas móveis e imóveis também pode ser transmitida pelo constituto possessório".

produzir eficácia em outro estado da federação ou se tratar de procuração vinda de outro país.

Diante de tudo isso, conclui-se que a inserção de termos jurídicos incompreensíveis às partes leigas poderá acarretar violação ao dever de informação, que integra o conteúdo ético-jurídico do princípio da boa-fé objetiva, este, por sua vez, decorrente do princípio constitucional da solidariedade.

A violação desse dever acessório ocorre sempre que há o descumprimento de obrigações implícitas ao contrato – como lealdade, cooperação, proteção e transparência –, ainda que não previstas de modo expresso. Ademais, esses deveres devem orientar as condutas nas fases pré-contratual, contratual e pós-contratual, sendo a sua inobservância capaz de ensejar o fenômeno jurídico conhecido como violação positiva do contrato.

Como bem ensina Judith Martins-Costa, em sua obra *A boa-fé no direito privado*:

> É que os deveres anexos são insertos no interesse de prestação com grau de vinculação imediata aos deveres principal e secundário. São necessários para possibilitar o adimplemento satisfativo, o que ocorre por via das funções hermenêutica e integrativa da boa-fé. Verificam-se, exemplificativamente, quando se exige a implementação de deveres de informação sobre as qualidades da coisa prometida à venda; de esclarecimento sobre o alcance de determinada prestação; de prestação de condutas "transparentes" incumbente a todos que gerenciam dinheiros e interesses alheios; de lealdade na conduta contratual, evitando-se o comportamento incoerente etc.[9]

A expressão "violação positiva do contrato" (*positive Vertragsverletzung*), desenvolvida na doutrina e na jurisprudência alemãs, busca caracterizar hipóteses em que, não obstante a obrigação principal tenha sido formalmente cumprida, o comportamento da parte viola o espírito do contrato ou acarreta prejuízo à parte contrária.

No Brasil, essa teoria começou a se consolidar sobretudo a partir de 2002,[10] com o atual Código Civil e com a publicação do Enunciado 24 da I Jornada de Direito Civil no mesmo ano, que estabeleceu:

> Em virtude do princípio da boa-fé, positivado no art. 422 do novo Código Civil, a violação dos deveres anexos constitui espécie de inadimplemento, independentemente de culpa.

---

9 MARTINS-COSTA, Judith. *A boa-fé no direito privado*: critérios para sua aplicação. 3. ed. São Paulo: SaraivaJur, 2024. p. 212-213.

10 Decisões que mencionam a "violação positiva do contrato": Superior Tribunal de Justiça, AREsp 718.523/RJ (2015/0125372-2), Relatora Ministra Maria Isabel Gallotti, *DJe* 03.08.2015; AREsp 262.823/MT (2012/0250532/2), Relatora Ministra Maria Isabel Galloti, *DJe* 08.05.2015.

Dessa forma, a prolixidade nas escrituras públicas não representa uma mera tradição redacional/estilística, mas reflexo de uma cultura burocratizante, que desconsidera o modelo sintético e funcional do contrato característico da *civil law*. Impõe-se, com urgência, a adoção de uma linguagem clara, simples, objetiva e tecnicamente eficaz, que assegure a segurança jurídica sem comprometer a acessibilidade e a compreensão por parte de todos.

1.2 • Simplificação da linguagem e tendências dos novos tempos

A dificuldade de compreensão dos textos produzidos por instituições públicas, especialmente no âmbito jurídico e administrativo, constitui um desafio recorrente em diversas nações, não se limitando ao contexto brasileiro. Em muitos casos, a linguagem técnica e excessivamente formal acaba por afastar o cidadão comum do conteúdo que lhe diz respeito, comprometendo a efetividade do direito à informação e o pleno exercício da cidadania.

Esse problema de comunicação institucional tem mobilizado iniciativas internacionais voltadas à simplificação e à clareza dos textos oficiais. Exemplo emblemático dessa tendência foi a promulgação, em 2010, pelo então presidente dos Estados Unidos, Barack Obama, do *Plain Writing Act of 2010*, diploma normativo que determina às agências federais o uso de uma linguagem clara, acessível e compreensível ao público. A legislação visa justamente combater a obscuridade na redação de documentos públicos, exigindo que a comunicação governamental seja inteligível e funcional para os seus destinatários.

Entre os exemplos verificados em outros países – que demonstram a preocupação e escolha pelo caminho da acessibilidade da comunicação –, destacam-se: na Austrália, a *Corporations Act 2001* determina que organizações financeiras produzam Declarações de Produtos de maneira clara e eficaz; no Reino Unido, a *Plain English Campaign*, fundada em 1979, promove a linguagem clara na Grã-Bretanha; no Canadá, a *Canadian Bar Association* apoia iniciativas de linguagem clara para melhorar a compreensão legal entre o público; a União Europeia, por meio da Comissão Europeia, promove ativamente a redação clara e concisa em seus textos legais e documentos oficiais; a Alemanha promoveu em 2017 o "Ano da Compreensibilidade nos Tribunais", visando tornar as decisões judiciais mais compreensíveis para o público; já a Hungria declarou, em 2017, o "Ano da Compreensibilidade nos Tribunais".

Essas iniciativas internacionais não surgiram por acaso: são respostas concretas a um cenário de transformações rápidas e profundas. Nunca, em momento algum da nossa história, o mundo se transformou tão velozmente. Em pouquíssimo tempo, as mudanças passaram a ser exponenciais, tanto no campo social quanto no tecnológico.

As pessoas buscam, cada vez mais, a praticidade e a objetividade na vida cotidiana, sobretudo nas relações profissionais. A linguagem moderna se caracteriza pela clareza e pela simplicidade, dispensando palavras ou termos incompreensíveis ao cidadão comum.

Basta observar a dinâmica dos aplicativos de mensagens para compreender o padrão comunicativo predominante na atualidade: mensagens curtas, objetivas e diretas. Essa lógica reflete o modelo contemporâneo de transmissão de informações, fortemente marcado pela velocidade e pela concisão. Em um cenário no qual a atenção é um recurso escasso e altamente disputado, torna-se cada vez mais desafiador capturar o interesse do interlocutor. Competimos, constantemente, com plataformas como Instagram, TikTok e YouTube, cuja linguagem visual e sintética molda a expectativa de consumo informacional. Esse fenômeno é bem representado pela sigla *TLDR* (do inglês *too long; didn't read*), que sintetiza a resistência crescente a textos extensos: "muito longo; não li".

Além disso, com a chegada avassaladora e disruptiva da tecnologia *blockchain*, fala-se em contratos inteligentes (*smart contract*) e organizações autônomas (*Decentralized Autonomous Organization – DAOs*; e *Decentralized Finance – DeFi*), que são, respectivamente, celebrados e criadas com a tecnologia *blockchain*, em que cláusulas contratuais e o funcionamento das organizações são substituídos por algoritmos, sem a intervenção humana. Melhor explicando:

> [...] os contratos inteligentes são programas de computador que protegem, fazem cumprir e executam a liquidação de acordos registrados entre pessoas e organizações. Como tal, eles ajudam na negociação e na definição desses acordos.[11]

- *DAO*: organização autônoma descentralizada, em que as regras são especificadas por meio de programas de computador conhecidos como contratos inteligentes, os quais são executados dentro do ambiente tecnológico do *blockchain*.
- *DeFi*: protocolo que busca retirar os intermediários das transações financeiras – sejam os bancos ou as próprias corretoras de criptomoedas.

A esse respeito, o Colégio Notarial do Brasil lançou, em agosto de 2024, o novo módulo na sua plataforma do e-Notariado, que será o da *smart* escritura, com a utilização da tecnologia *blockchain*, para tornar a jornada dos contratos de trato sucessivo totalmente automatizada.[12]

---

11 TAPSCOTT, Don; TAPSCOTT, Alex. *A revolução do* blockchain: como a tecnologia por trás do bitcoin está mudando o dinheiro, os negócios e o mundo. São Paulo: Senai, 2017. p. 139.

12 BRASIL. Conselho Federal, Colégio Notarial do Brasil. Simpósio e-Notariado: CNB/CF apresenta o novo serviço da *smart* escritura, [s.l.], 29 ago. 2024. Disponível em: https://www.notariado.org.br/simposio-e-notariado-cnb-cf-apresenta-o-novo-servico-da-smart-escritura/. Acesso em: 9 set. 2024.

Acrescente-se ainda que, durante a pandemia da covid-19, precisamente em maio de 2020, o Conselho Nacional de Justiça (CNJ) publicou o Provimento 100,[13] que tornou possível a lavratura de atos notariais, a distância, assinados digitalmente, concretizando com essa medida antigo anseio do notariado brasileiro.

Por derradeiro, porém não menos importante, impossível deixar de mencionar a popularização do uso da inteligência artificial (IA), que há pouco tempo passou a integrar nossas vidas; *e.g.* Siri, Alexa, carros autônomos e o lançamento, em 2022, do *ChatGPT* (*Generative Pre-Trained Transformer* - Transformador Pré-treinado Generativo, *machine learning* e *deep learning*), que, certamente, transformará radicalmente a forma que vivemos e nos relacionamos.[14]

Dessa forma, acreditar que essas inovações jamais nos alcançarão não parece ser uma atitude sensata. Ao refletirmos sobre as transformações ocorridas nos últimos anos, percebemos que o novo surge de maneira abrupta e irreversível, sem pedir licença. Exemplos não tão recentes são a criação de programas como Facebook, Uber, Airbnb, Instagram, TikTok, *smartphones*, entre outras empresas, produtos disruptivos e novas tecnologias, amplamente conhecidos e integrados ao nosso dia a dia.

À luz desse cenário, revela-se essencial considerar os ensinamentos de Charles Darwin, em especial o princípio da seleção natural, bem como os conceitos formulados por Zygmunt Bauman acerca da denominada "sociedade líquida". Ambas as teorias convergem na valorização da capacidade de adaptação: Darwin, sob uma perspectiva biológica e evolutiva; Bauman, sob um enfoque comportamental e sociológico.

Assim, a capacidade de se adaptar deixou de ser uma vantagem e passou a ser uma necessidade. Ignorar essa realidade é correr o risco de ser gradualmente excluído do contexto presente, tornando-se irrelevante perante as exigências de um mundo em permanente transformação.

1.3 • *Legal design* e *visual law*

Essas alterações quanto à forma e ao conteúdo dos atos notariais, que tentamos implementar à prática notarial há 25 anos, atualmente têm nome atraente e em inglês, *legal design*, que se subdivide em cinco tópicos: *design* de serviços

---

13 O Provimento CNJ 100 foi publicado em 26.05.2020 e estabeleceu normas para a prática dos atos notariais eletrônicos, incluindo o uso do sistema e-Notariado e a criação da Matrícula Notarial Eletrônica, tendo sido revogado e incorporado ao Provimento CNJ 149, publicado em 30.08.2023 – que instituiu o Código Nacional de Normas da Corregedoria Nacional de Justiça do Conselho Nacional de Justiça – Foro Extrajudicial (CNN/CN/CNJ-Extra), que atualmente regula os atos notariais eletrônicos, garantindo segurança jurídica e validade aos atos realizados via sistema e-Notariado.

14 A propósito, o Projeto de Lei 4/2025, que trata da reforma do Código Civil, prevê um capítulo específico sobre IA.

jurídicos; *design* de produto; *design* de organização; *design* de sistema; e *design* de informação (*visual law*).

No entanto, nosso foco será o *design* de informação ou *visual law*. O objetivo do *visual law*, como ficou mais conhecido, é tornar os contratos ou documentos jurídicos em geral mais acessíveis, empáticos e eficientes, colocando o ser humano no centro das atenções.

Para que esse escopo seja alcançado, deve-se evitar: frases muito longas, com expressões em latim ou em outros idiomas; termos jurídicos ininteligíveis e desnecessários; linguagem indireta; e abreviaturas, privilegiando a linguagem direta: sujeito, verbo e predicado.

Design significa função. Portanto, o *design* de informação significa dizer que o documento jurídico terá que cumprir a sua função, analisando-se e tendo como foco a pessoa a que esse documento se dirige e qual o seu objetivo, conferindo-lhe máxima eficiência.

Como a atividade notarial é extremamente regulada, não há espaço para muita criatividade em termos do uso de símbolos, *storyboards*, pontuações e marcações ou linha do tempo com imagens.

Sob esse prisma, o Código de Normas da Corregedoria do estado do Rio de Janeiro[15] estabelece regras distintas para os atos notariais[16] lavrados na forma física, híbrida e eletrônica.[17]

Em relação à forma eletrônica, há maior possibilidade de inovação no aspecto de diagramação do texto e *design* do seu conteúdo, o que não acontece com as formas física e híbrida, casos em que os atos notariais devem ser lavrados sem emendas ou entrelinhas.

---

15 O atual Código de Normas da Corregedoria-Geral do estado do Rio de Janeiro (CN CGJ RJ) – Parte Extrajudicial foi instituído pelo Provimento CGJ 87/2022 e estabelece as normas administrativas que devem ser observadas pelos notários e registradores do estado. Neste livro, usou-se como referência, o Código de Normas publicado no *DJe* do RJ de 19.12.2022 e suas devidas atualizações. Disponível em: https://www3.tjrj.jus.br/gedcacheweb/default.aspx?GEDID=00038F49138D2A951732394F2DA8142EA3EF11C407183528. Acesso em: 9 ago. 2025.

16 Entre os atos notariais, pode-se citar: escrituras, procurações e testamentos públicos, além das atas notariais.

17 O art. 313 do CN CGJ RJ – Parte Extrajudicial determina as regras para os atos notariais nas formas física e híbrida: "Os atos notariais físicos e híbridos receberão numeração crescente, reiniciada em cada livro subsequente e que constará nos traslados e certidões, devendo a lavratura ser procedida sem emendas ou entrelinhas, salvo se expressamente ressalvadas na forma dos artigos seguintes". Já o art. 517, do mesmo Código, determina as regras para a forma eletrônica "Admite-se a forma eletrônica para a lavratura de qualquer ato notarial, obrigatoriamente por meio da plataforma e-Notariado, não se lhe aplicando as restrições de formatação próprias dos atos físicos, como espaçamento entre linhas ou espaços em branco, ficando a critério do tabelião a formatação do ato com vistas à facilitação de sua leitura e compreensão".

A propósito, os modelos de minutas de escrituras de doação, que constam da Parte III deste livro – que trata da Prática Notarial –, foram apresentados no formato eletrônico.

Nesta introdução, procurei compartilhar com o leitor questionamentos resultantes de anos de experiência como tabeliã em um Ofício de Notas. Durante esse período, observei que a exigência desmedida de documentos para a prática do ato, a linguagem excessivamente técnica e o uso de termos jurídicos complexos nos documentos públicos destinados aos particulares criam uma barreira significativa para os usuários dos serviços delegados.

Muitas vezes, esses fatores tornam nosso serviço de difícil compreensão e acesso para o cidadão comum, distanciando-o de sua função essencial: promover, por meio da publicidade, os atos decorrentes da autonomia privada das partes.

Certamente, não se cuida de mero capricho, mas de uma adaptação imprescindível das escrituras públicas às exigências do tempo presente, aos princípios gerais do Direito, aos mandamentos constitucionais e ao postulado da boa-fé objetiva, principalmente, no que se refere ao dever de informação. Essas mudanças revelam-se indispensáveis para garantir o efetivo acesso à Justiça e concretizar os valores fundamentais da dignidade da pessoa humana, da igualdade e da solidariedade.

Com satisfação, observa-se que esse panorama se encontra em processo de transformação – e tende a se consolidar –, especialmente em razão do apoio expresso do CNJ, órgão central de regulação do serviço extrajudicial, à adoção do *visual law*.[18]

Em 16 de outubro de 2024, durante uma cerimônia realizada no Supremo Tribunal Federal (STF), o Ministro Luís Roberto Barroso entregou o Selo de Linguagem Simples 2024. Essa certificação, concedida pelo CNJ, reconhece os órgãos do Poder Judiciário que utilizam uma linguagem clara e acessível em sua comunicação com a sociedade, evidenciando a relevância do tema.[19]

Inegavelmente, estamos avançando rumo a uma atividade notarial moderna e alinhada com as melhores práticas de governança, que busca cada vez mais a simplificação e a agilidade nas transações, porém nunca se descuidando da sua função social e da segurança jurídica.

---

18 Nesse sentido, o Conselho Nacional de Justiça publicou a Resolução 85/2009, VIII e X, art. 2º, e a Resolução 347/2020, art. 32.

19 STF – Supremo Tribunal Federal. Selo Linguagem Simples 2024 é entregue em cerimônia realizada no STF, *Notícias STF*, Brasília, 16 out. 2024. Disponível em: https://noticias.stf.jus.br/postsnoticias/selo-linguagem-simples-2024-e-entregue-em-cerimonia-realizada-no-stf/. Acesso em: 1º dez. 2024.

1.4 • Curiosidades sobre as escrituras

Ademais, apresento ao leitor algumas curiosidades sobre as escrituras.

Por que as escrituras são "lavradas" e não simplesmente "firmadas" ou "assinadas", como acontece com os instrumentos particulares? Para entender essa diferença, é necessário analisar o significado do verbo "lavrar", que vem do latim *laborare*, significando trabalhar.

Esse é justamente o papel do notário ao realizar um ato notarial: ele não se limita a redigir e assinar o documento, mas trabalha ativamente sobre aquele documento. O notário verifica e atesta a capacidade e a livre vontade das partes, reconhecendo-as; fiscaliza o recolhimento dos tributos e certifica o recolhimento das custas; confere a legalidade da documentação e do ato; e declara os fatos que presenciou.

Em suma, ele atua como um terceiro imparcial, responsável por garantir que o documento, seja um contrato ou uma declaração, cumpra a sua função de forma íntegra, contando com a presunção de veracidade que emana da fé pública dos atos praticados pelo tabelião.

Outra curiosidade é o uso do termo "escritura pública", quando o ato é realizado por um tabelião de notas ou agente diplomático, em contraste com "instrumento" ou "documento particular", quando o documento é apenas assinado pelas partes.

A palavra "escritura" vem do latim *scriptura*, que significa ação de escrever ou escrita, e o termo "pública" tem origem no latim *publicus*, que se refere a algo acessível a todos, derivado de *populus*, que significa povo. Isso indica que, em regra, todos podem ter acesso aos atos notariais por meio de solicitação de certidões, com exceção, no estado do Rio de Janeiro, da certidão de testamento, que somente pode ser requerida pelo próprio testador ou mediante ordem judicial.[20] Após o falecimento, a certidão pode ser fornecida ao solicitante que apresentar a certidão de óbito.

Nesse sentido, "escritura pública" se refere a um documento formal elaborado por um notário e redigido em seu livro de notas, com o objetivo de assegurar a publicidade, a autenticidade e a segurança dos atos e negócios jurídicos.

Dessa forma, a escritura pública se diferencia do instrumento particular principalmente pela intervenção do notário e pelas características que a envolvem, como mencionado anteriormente.

Por sua vez, agentes diplomáticos também podem lavrar escrituras públicas em situações específicas, especialmente para atender a cidadãos que residem no

---

[20] CN CGJ RJ – Parte Extrajudicial, art. 297: "A certidão de testamento somente poderá ser fornecida ao próprio testador ou mediante ordem judicial. Parágrafo único. Após o falecimento, a certidão de testamento poderá ser fornecida ao solicitante que apresentar a certidão de óbito".

exterior. No entanto, a sua atuação é limitada a questões pessoais e civis,[21] não sendo permitida a esses agentes a lavratura de escrituras visando à transferência de bens imóveis.

O termo "escritura" também é usado para designar textos sagrados, como a Bíblia, o Alcorão, a Torá, entre outros. Esses textos, amplamente conhecidos como escrituras sagradas, são considerados documentos de orientação espiritual e religiosa, contendo histórias, doutrinas, leis e ensinamentos que guiam a fé e a prática de um grupo religioso.

Ao traçar um paralelo entre as escrituras lavradas pelos tabeliães de notas e as escrituras sagradas, inspiradas por Deus ou por uma força divina, podemos dizer que ambas emanam de uma autoridade notória em seus respectivos contextos.

As escrituras sagradas são reverenciadas como guias espirituais que iluminam a fé e a alma, enquanto as escrituras notariais se erguem como pilares da justiça, garantindo direitos e deveres no universo jurídico, em que a segurança e a legitimidade encontram a sua expressão formal.

2. AUTONOMIA PRIVADA E OS LIMITES DA ATIVIDADE NOTARIAL

2.1 • Fé pública notarial e as suas implicações

A fé pública notarial consiste, de forma bem sintética, na presunção de veracidade e autenticidade dos atos praticados pelo notário. Por essa razão, presumem-se verdadeiros, fazendo prova plena, os atos praticados pelo tabelião de notas. Ressalve-se, todavia, que a presunção que se estabelece para esses atos é a relativa ou *iuris tantum, e.g.*, até que seja desconstituída por meio de declaração judicial de falsidade.[22]

Entretanto, toda essa confiança depositada no tabelião vem acompanhada de uma responsabilidade em idêntica proporção e de uma fiscalização diuturna, não só pelo Poder Judiciário, bem como por outros entes públicos fazendários.[23]

A base legal da fé pública notarial está prevista no art. 236 da Constituição Federal de 1988, regulamentada pela Lei 8.935/1994, em seu art. 3º, e pelo art. 215 do Código Civil. O Estado atribuiu a esses profissionais, por delegação, a responsabilidade de praticar determinados atos, que podem ser obrigatórios em certas circunstâncias ou realizados por simples vontade das partes.

---

21 Nos termos do art. 32 da Lei 6.015/1973.

22 CPC, art. 427: "Cessa a fé do documento público ou particular sendo-lhe declarada judicialmente a falsidade. Parágrafo único. A falsidade consiste em: I – formar documento não verdadeiro; II – alterar documento verdadeiro".

23 Os dispositivos legais que dispõem sobre a responsabilidade do tabelião e sobre a fiscalização pelo Poder Judiciário são: arts. 22 a 24 da Lei 8.935 (Capítulo III, Da Responsabilidade Civil e Criminal) e arts. 37 e 38 da Lei 8.935/94 (Capítulo VII, Da Fiscalização do Poder Judiciário).

Nesse sentido, como exemplo da obrigatoriedade da forma pública, citam-se: a escritura de transação de imóvel com valor superior a 30 salários mínimos; o mandato para alienação de bem imóvel; o pacto antenupcial; a renúncia à herança, entre outros.[24]

Por sua vez, o art. 406 do Código de Processo Civil determina que: "Quando a lei exigir o instrumento público como da substância do ato, nenhuma outra prova, por mais especial que seja, pode suprir-lhe a falta".

Não obstante, a lei, em certas situações, exija a forma pública como obrigatória devido à relevância atribuída pelo legislador a determinados atos, as partes também podem optar pela forma pública por mera vontade, considerando a importância que atribuem ao respectivo negócio ou declaração de vontade.

Verifica-se o que determina o inc. II do art. 6º da Lei 8.935/1994:

> Art. 6º Aos notários compete:
>
> [...]
>
> II – intervir nos atos e negócios jurídicos a que as partes **devam** ou **queiram** dar forma legal ou autenticidade, autorizando a redação ou **redigindo os documentos adequados**, conservando os originais e expedindo cópias fidedignas de seu conteúdo; (grifou-se)

Nesse contexto, nada incomum para os notários se depararem com situações complexas, que muitas vezes suscitam dúvidas sobre qual o limite da autonomia privada das partes e da sua intervenção e o que seria redigir "documentos adequados".

Conforme será exposto adiante, o tabelião poderá lavrar negócios jurídicos anuláveis e ineficazes. No entanto, a linha divisória que separa a livre manifestação de vontade das partes da afronta ao ordenamento jurídico[25] é, em alguns casos, muito tênue.

Nesse cenário, há, de um lado, a autonomia das partes e, de outro, a intervenção do Estado, representada pela participação do notário – profissional a quem

---

[24] CC, art. 108: "Não dispondo a lei em contrário, a escritura pública é essencial à validade dos negócios jurídicos que visem à constituição, transferência, modificação ou renúncia de direitos reais sobre imóveis de valor superior a trinta vezes o maior salário mínimo vigente no país".

CC, art. 657: "A outorga do mandato está sujeita à forma exigida por lei para o ato a ser praticado. Não se admite mandato verbal quando o ato deva ser celebrado por escrito".

CC, art. 1.653: "É nulo o pacto antenupcial se não for feito por escritura pública, e ineficaz se não lhe seguir o casamento".

CC, art. 1.806: "A renúncia da herança deve constar expressamente de instrumento público ou termo judicial".

[25] O ordenamento jurídico é formado por um conjunto de normas e princípios organizado de forma hierárquica e sistemática, com o objetivo de regular as relações sociais em um determinado território.

foi delegada a função de formalizar juridicamente a vontade das partes, com fé pública e a responsabilidade de garantir segurança jurídica e, consequentemente, a paz social.

De que forma conciliar a liberdade conferida pela autonomia privada e o dever dos notários de redigir documentos adequados e garantir a segurança jurídica?

Para responder a essa indagação, há que se recorrer a princípios, conceitos e normas que regem o Direito Privado.

A princípio, a regra geral é que as partes gozam de ampla liberdade para contratar, desde que não contrariem o ordenamento jurídico, prevalecendo a máxima segundo a qual, no Direito Privado, tudo o que não for expressamente proibido é permitido.

Todavia, essa liberdade encontra limites na violação de normas de caráter imperativo e na incompatibilidade com os princípios fundamentais do ordenamento jurídico.

Cabe, por conseguinte, ao notário verificar se a manifestação de vontade foi realizada por partes maiores e capazes; se não ofende a moral, os bons costumes ou normas cogentes;[26] se o direito em questão é disponível; e se a manifestação de vontade está em conformidade com os princípios constitucionais, princípios gerais de direito e princípios norteadores do Código Civil.

Verificadas essas premissas, a livre manifestação de vontade das partes deve prevalecer sobre outros fundamentos, em consonância com os princípios do *pacta sunt servanda* e da intervenção mínima do Estado.[27]

Compete, portanto, ao notário realizar a devida análise do caso concreto, abstendo-se de praticar o ato apenas em situações excepcionais, nas quais haja manifesta afronta ao ordenamento jurídico.

2.2 • Autonomia da vontade e autonomia privada

Faz-se necessária, inicialmente, uma breve explicação sobre o que difere a autonomia da vontade da autonomia privada.

A autonomia da vontade é um princípio fundamentado nas bases da sociedade liberal dos séculos XVIII e XIX (*laissez faire laissez passer le monde va de*

---

26 Conforme determina o art. 17 do Decreto-Lei 4.657/1942 (Lei de Introdução às Normas do Direito Brasileiro – Lindb), princípio da eticidade: "As leis, atos e sentenças de outro país, bem como quaisquer declarações de vontade, não terão eficácia no Brasil, quando ofenderem a soberania nacional, a ordem pública e os bons costumes".

27 CC, art. 421: "A liberdade contratual será exercida nos limites da função social do contrato. Parágrafo único. Nas relações contratuais privadas, prevalecerão o princípio da intervenção mínima e a excepcionalidade da revisão contratual".

lui-même), caracterizada por uma ideologia individualista, sem limites, em que o homem tinha plena liberdade contratual.

Já o princípio da autonomia privada estabelece que o poder de se autorregular está limitado pelo ordenamento jurídico, devendo a relação contratual promover os interesses que sejam úteis à sociedade em geral.

Entende-se por ordenamento jurídico o conjunto de normas e princípios dotado de unidade, coerência e completude. Isso implica dizer que a manifestação de vontade, realizada na esfera da autonomia privada, deverá estar de acordo com as normas e os princípios do Direito.

Especialmente no âmbito das relações contratuais, a manifestação de vontade das partes deve não apenas observar os ditames do ordenamento jurídico, mas também respeitar os princípios que norteiam a boa-fé objetiva e seus deveres anexos – proteção, informação e cooperação –, bem como os princípios da função social e da justiça contratual. A inobservância desses deveres anexos poderá caracterizar violação positiva do contrato, ensejando, em determinadas hipóteses, a sua resolução.

O princípio da boa-fé objetiva preconiza que os contratantes devem pautar a sua conduta com lealdade, confiança mútua, honestidade e cooperação recíproca durante toda a relação contratual, desde as tratativas preliminares até o pós-contrato. Trata-se de um padrão ético de comportamento exigido das partes, independentemente da intenção subjetiva de agir com boa-fé.

Para além da boa-fé objetiva, é essencial que o contrato atenda à sua finalidade econômica e social, promovendo a circulação de bens e direitos entre os indivíduos e contribuindo para o fluxo de riquezas e o bem-estar coletivo. Conforme dispõe o art. 421 do Código Civil: "*A liberdade contratual será exercida em razão e nos limites da função social do contrato*".

Ademais, impõe-se a observância do princípio da justiça contratual, segundo o qual as partes devem assumir obrigações e exercer direitos de maneira equilibrada, evitando-se situações de excessiva onerosidade ou vantagem desproporcional para uma das partes.

2.3 • Princípios constitucionais, princípios gerais do Direito e princípios fundamentais do Código Civil

Gustavo Tepedino, uma das principais referências do cenário jurídico nacional, aborda em sua obra *Temas de Direito Civil,* no capítulo "Premissas Metodológicas para a Constitucionalização do Direito Civil", a necessidade de adequação do Direito Civil à luz da Constituição.

Em síntese, o autor afirma que todo o ordenamento jurídico subjacente deve se harmonizar com os três princípios constitucionais, que são: o da dignidade da pessoa humana, o da solidariedade e o da isonomia (ou igualdade).

De acordo com o professor Tepedino, *in verbis*:

> Em segundo lugar, não se pode concordar com os civilistas que se utilizam dos princípios constitucionais como princípios gerais de direito. Os princípios gerais de direito são preceitos extraídos implicitamente da legislação, pelo método indutivo. Quando a lei for omissa, segundo a dicção do art. 4º da Lei de Introdução, o juiz decidirá o caso de acordo com a analogia e os costumes; e só então, na ausência de lei expressa e fracassada a tentativa de dirimir o conflito, valendo-se de tais fontes, decidirá com base nos princípios gerais de direito.
>
> No caso dos princípios constitucionais, esta posição representaria uma subversão da hierarquia normativa e uma forma de prestigiar as leis ordinárias e até os costumes, mesmo se retrógrados ou conservadores, em detrimento dos princípios constitucionais que, dessa maneira se utilizados como princípios gerais do direito, só seriam utilizados em sede interpretativa na omissão do legislador, e após serem descartadas a analogia e a fonte consuetudinária.[28]

O professor enfatiza, também, a necessidade atual de se determinar novos parâmetros para a definição de ordem pública, relendo o Direito Civil sob a ótica da Constituição:

> Trata-se, em uma palavra, de estabelecer novos parâmetros para a definição de ordem pública, relendo o Direito Civil à luz da Constituição, a maneira a privilegiar, insista-se ainda uma vez, os valores não patrimoniais e, em particular, a dignidade da pessoa humana, o desenvolvimento da sua personalidade, os direitos sociais e a justiça distributiva, para cujo atendimento deve se voltar a iniciativa econômica privada e as situações jurídicas patrimoniais.[29]

No que diz respeito aos princípios gerais de Direito, relembre-se as lições do jurista Miguel Reale: "são enunciações normativas de valor genérico, que condicionam e orientam a compreensão do ordenamento jurídico em sua aplicação e integração, devendo, igualmente, esses princípios serem observados, quando da elaboração de novas normas".[30]

Esses princípios têm como escopo preencher lacunas legais e resolver conflitos normativos, a teor do art. 4º da Lei de Introdução às Normas do Direito Brasileiro (Lindb). Exemplos desses princípios: princípio da boa-fé, princípio da proibição do enriquecimento sem causa, princípio da segurança jurídica, princípio da não retroatividade das leis e tantos outros.

---

28 TEPEDINO, Gustavo. *Temas de Direito Civil*. 2. ed. Rio de Janeiro; São Paulo: Renovar, 2001. p. 18.

29 TEPEDINO, Gustavo. *Temas de Direito Civil*. 2. ed. Rio de Janeiro; São Paulo: Renovar, 2001. p. 22.

30 REALE, Miguel. *Lições preliminares do Direito*. 25. ed. São Paulo: Saraiva, 2000. p. 306.

Além dos princípios gerais de Direito, que se aplicam ao ramo da ciência jurídica, a manifestação de vontade deve estar em conformidade com os princípios que orientaram e fundamentam o Código Civil, quais sejam, o da socialidade, da operabilidade e da eticidade.

O princípio da socialidade estabelece que os valores coletivos devem se sobrepor aos valores individuais. Já o princípio da operabilidade – ou da concretude – determina que os direitos e deveres constantes no ordenamento civil devam ser aplicados de forma a produzir efeitos práticos, evitando que normas jurídicas sejam interpretadas de maneira abstrata ou meramente teórica, desvinculadas das circunstâncias reais dos casos concretos. Por fim, o princípio da eticidade visa promover a integração de valores éticos nas relações jurídicas, assegurando que a aplicação do Direito seja realizada com justiça, equidade e respeito aos valores fundamentais da sociedade.

2.4 • Direitos disponíveis e indisponíveis

A regra geral nas relações contratuais é a ampla liberdade das partes para dispor de seus direitos da forma que considerem mais adequada, desde que se trate de direitos disponíveis – aqueles que podem ser livremente transacionados. Exemplos de direitos disponíveis incluem o direito de propriedade, o direito ao nome comercial, o direito ao crédito e o direito de imagem, entre outros.

Ao se referir aos direitos disponíveis, faz se alusão às normas dispositivas ou supletivas, que permitem às partes, dentro de certos limites, estipular condições diferentes das previstas pela lei, desde que respeitadas as normas cogentes. Por outro lado, as normas cogentes ou imperativas são aquelas que se impõem de forma absoluta, não podendo ser alteradas ou suprimidas pela vontade das partes.

De outra banda, existem os direitos indisponíveis, que são aqueles em que não há possibilidade de se dispor ou transacionar, estando sujeitos a forte ingerência do poder estatal, representado pela existência de normas obrigatórias ou de ordem pública. Essas normas têm caráter mandatório, pois visam proteger interesses públicos ou direitos fundamentais essenciais à ordem jurídica e social, não podendo ser afastadas ou modificadas pela vontade das partes. Exemplos de normas imperativas incluem aquelas que regulam o Direito Penal, o Direito do Consumidor, o direito à vida e à liberdade, entre outros.

No que se refere às normas cogentes, pertinente mencionar o artigo intitulado "A 'separação obrigatória' para o maior de 70 anos não é mais 'obrigatória'",[31] no

---

31 MACULAN, Leticia; RIBEIRO, Paulo. A "separação obrigatória" para o maior de 70 anos não é mais "obrigatória". *Portal Jurídico Migalhas*, [s.l.], 7 fev. 2024. Disponível em: https://www.migalhas.com.br/coluna/migalhas-notariais-e-registrais/401508/a-separacao-obrigatoria-para-o-maior-de-70-anos-nao-e-mais-obrigatoria. Acesso em: 10 set. 2024.

qual os tabeliães mineiros Letícia Franco Maculan Assumpção e Paulo Hermano Soares Ribeiro abordam a relativização do caráter de ordem pública do art. 1.641 do Código Civil, conferida pelo Supremo Tribunal Federal no Recurso Extraordinário com Agravo (ARE) 1309642, com Repercussão Geral (Tema 1.236), sendo relator o Ministro Luís Roberto Barroso.

2.5 • Atos e negócios jurídicos anuláveis e ineficazes[32]

A escritura pública é um ato formalizado perante o tabelião, no qual as partes expressam a sua vontade em realizar um negócio jurídico ou declarar uma situação de relevância jurídica. Para tanto, os tabeliães devem observar os requisitos de existência e validade previstos no art. 104 do Código Civil. Quanto à eficácia, o ato poderá ou não produzir efeitos.

A realização de atos ou negócios jurídicos anuláveis e ineficazes sempre gerou intensos debates, especialmente no âmbito notarial e registral. Esse tema frequentemente provoca desconforto entre os delegatários, mormente quando lhes é solicitado que lavrem um ato notarial sujeito à anulação ou declaração de ineficácia, mesmo após as partes terem sido devidamente advertidas pelo tabelião sobre a eventual possibilidade de anulação ou declaração de ineficácia daquela manifestação de vontade.

---

[32] De acordo com o jurista Pontes de Miranda (em seu *Tratado do Direito Privado*: Parte Geral), os planos fundamentais de um negócio jurídico são: o plano da existência, o da validade e o da eficácia. Cada um desses planos é essencial para que o negócio jurídico tenha efeitos no mundo jurídico.

Plano da existência: Refere-se à constituição do negócio jurídico, ou seja, a presença dos elementos essenciais e imprescindíveis para que ele exista. Para que o negócio seja considerado existente, deve haver agentes capazes, um objeto lícito e uma manifestação de vontade válida. Se faltar qualquer um desses requisitos, o negócio não existirá. São elementos do plano de existência: agente, objeto, forma e vontade.

Plano da validade: Esse plano trata da conformidade do negócio jurídico com as normas jurídicas. Para que o negócio seja válido, além de existir, deve estar de acordo com os requisitos legais, como a licitude do objeto e a observância de formalidades previstas em lei. Caso contrário, ele será considerado inválido, podendo ser anulado. São elementos do plano de validade (art. 104 do Código Civil): agente capaz, objeto lícito, possível e determinado ou determinável e adequação da forma.

Plano da eficácia: Refere-se à aptidão do negócio jurídico em produzir efeitos, ou seja, à efetividade do que foi acordado pelas partes. Mesmo que o negócio tenha existido e sido válido, ele pode não produzir os efeitos esperados devido a algum impedimento, como a falta de condições ou o não cumprimento de requisitos para a sua execução. A eficácia diz respeito à capacidade de gerar efeitos perante terceiros ou no ordenamento jurídico. São elementos do plano de eficácia: condição, termo, encargo.

Esses três planos formam a essência do negócio jurídico, sendo interdependentes: um negócio só será plenamente eficaz se também for válido e existir.

Para uma abordagem mais prática sobre esse tema: OLIVEIRA, Carlos Elias de. Considerações sobre os planos dos fatos jurídicos e a "substituição do fundamento do ato de vontade". Textos para discussão Núcleo de Estudos e Pesquisas da Consultoria Legislativa, Brasília, fev. 2020, n. 270. Disponível em: https://www12.senado.leg.br/publicacoes/estudos-legislativos/tipos-de-estudos/textos-para-discussao/td270. Acesso em: 7 mar. 2025.

Em síntese e de forma abstrata, o tabelião tem o dever de garantir a existência e a validade do ato. No entanto, no que tange à eficácia, esse controle não é absoluto, sendo recorrente na atividade notarial a prática de atos ineficazes, conforme será demonstrado a seguir.

Ademais, um ato que, a princípio, seja ineficaz pode vir a produzir efeitos em momento posterior, tornando-se eficaz.

O Código de Normas fluminense consolidou formalmente, em seu art. 1.100,[33] a possibilidade de lavratura e registro de escrituras suscetíveis de anulação e declaração de ineficácia, encerrando os debates outrora existentes sobre a temática e oferecendo, dessa forma, maior segurança e tranquilidade aos notários e registradores na prática desses atos.

Apresentam-se, a seguir, exemplos de situações que podem ser formalizadas por meio de escritura pública e, posteriormente, registradas, estando sujeitas a anulabilidade ou declaração de ineficácia: o condômino-vendedor que não concedeu o direito de preferência ao outro condômino, conforme disposição contida no art. 504 do diploma civil; o locador que vende o imóvel sem conceder o direito de preferência ao locatário, conforme arts. 27, 28 e 33 da Lei 8.245/1991; a venda de imóvel de ascendente a descendente sem o consentimento dos demais descendentes e cônjuge do vendedor, nos termos do art. 496 da lei substantiva; a doação realizada pelo cônjuge adúltero ao seu cúmplice, conforme art. 550 da lei civil; a alienação de bem imóvel sem a vênia conjugal, de acordo com o inc. I do art. 1.647 do ordenamento civil.

2.5.1. Vícios sociais, do consentimento e infrações legais

Cabe, inicialmente, diferenciar a anulabilidade decorrente dos vícios sociais e de consentimento daquela resultante de infração legal.

O Código Civil classifica como vícios do consentimento o erro, o dolo, a coação, o estado de perigo e a lesão; enquanto os vícios sociais incluem a fraude contra credores e a simulação.[34]

---

[33] CN CGJ RJ – Parte Extrajudicial, art. 1.100: "Na qualificação registral, ao oficial é vedado adentrar nas questões atinentes às anulabilidades do título que, destituídas de interesse público, somente são invocáveis pelos interessados na esfera contenciosa e que exigem processo regular e sentença (art. 177 do CC). § 1º No caso de ausência de vênia conjugal, deverá o registrador apontar em exigência a hipótese de anulabilidade para que o interessado tenha a oportunidade de saná-la, se desejar, ou requerer o registro, com ciência de que constará no registro, conforme o caso, a hipótese legal de anulabilidade. § 2º O requerimento referido no parágrafo anterior poderá constar no próprio título. § 3º A ratificação dos negócios anuláveis ou o seu convalescimento pelo decurso do prazo podem ser averbados no registro de imóveis".

[34] O vício social relevante para este tópico é a fraude contra credores, considerando que, de acordo com o art. 167 do Código Civil, a simulação implica nulidade do negócio jurídico e não anulabilidade.

Esses vícios, tanto os do consentimento quanto os sociais, em tese, impedem o tabelião de praticar o ato. No entanto, o notário não tem conhecimento do vício no momento da formalização do instrumento. Caso soubesse, não o teria praticado. Um exemplo dessa situação é o ato realizado sob coação.

Por outro lado, há casos de negócios jurídicos anuláveis decorrentes de infração legal, como acontece quando um proprietário vende um imóvel sem oferecer ao locatário o direito de preferência, em violação à Lei do Inquilinato (Lei 8.245/1991). Nessa conjuntura, a anulabilidade não se enquadra exatamente nos conceitos de vícios sociais ou vícios do consentimento aplicáveis aos atos jurídicos, tratando-se, por conseguinte, de infração legal.[35]

Outro tipo de infração legal é aquele previsto no art. 496 do Código Civil, que regula a venda de bens de ascendente para descendente. Nessa hipótese, é necessário o consentimento dos demais descendentes e do cônjuge do vendedor. Caso esse consentimento não seja obtido, a escritura poderá ser lavrada, mas o ato somente se convalidará após o prazo decadencial de dois anos,[36] contado a partir da data de sua celebração.[37]

A seguir, confira-se mais um exemplo de infração legal: o da doação do cônjuge adúltero ao seu cúmplice, por força do disposto no art. 550 do Código Civil. O prazo para anular esse negócio jurídico será de dois anos, a partir da dissolução da sociedade conjugal.[38]

---

35 Sobre esse exemplo, cabe complementar: especificamente, o art. 27 da Lei do Inquilinato estabelece que o locatário tem preferência para adquirir o imóvel locado em igualdade de condições com terceiros, devendo o locador informá-lo sobre a intenção de venda. Caso o locador não respeite esse direito, o locatário preterido pode, conforme o art. 33 da mesma lei, reclamar perdas e danos ou, depositando o preço e demais despesas do ato de transferência, requerer para si a propriedade do imóvel, desde que o faça no prazo de seis meses a contar do registro da venda e que o contrato de locação esteja averbado na matrícula do imóvel pelo menos trinta dias antes da alienação. Portanto, a venda do imóvel sem conceder o direito de preferência ao locatário configura infração legal específica prevista na Lei do Inquilinato, sujeitando o vendedor a sanções como indenização por perdas e danos ou a adjudicação compulsória do imóvel em favor do locatário.

36 Atualmente, o prazo para anular a compra e venda entre ascendente e descendente, sem a participação dos demais herdeiros, é de dois anos, conforme o art. 179 do Código Civil vigente. Inclusive, a Terceira Turma do STJ, em decisão publicada em 2020, sob a relatoria da Ministra Nancy Andrighi, reafirmou que o contrato não deve ser anulado se comprovada a regularidade do negócio, invocando também o princípio da conservação dos contratos (ver Enunciado 368, da IV Jornada de Direito Civil, que determina: "O prazo para anular venda de ascendente para descendente é decadencial de dois anos (art. 179 do Código Civil)".

37 Importante destacar que as Súmulas 152 e 494 do Supremo Tribunal Federal não se aplicam a esse caso, pois foram editadas sob a vigência do Código Civil de 1916, cujo art. 1.132 proibia expressamente a venda de ascendente para descendente, inquinando-o de nulidade.

38 O Projeto de Lei 4/2025, que trata da reforma do Código Civil, prevê alteração no texto do art. 550: "A doação de pessoa casada ou em união estável a terceiro com quem mantenha relação na forma do art. 1.564-D pode ser anulada pelo outro cônjuge ou convivente, ou por seus herdeiros necessários, até dois anos depois de dissolvida a sociedade conjugal ou a união estável".

Pode-se citar, ainda, mais um exemplo: a ausência da outorga conjugal nas situações exigidas pela lei.[39]

Em relação à ausência da outorga conjugal, o art. 329 do Código de Normas do estado do Rio de Janeiro, revogado pelo Provimento CGJ/RJ 21/2024, previa a possibilidade de lavratura e registro de escrituras de alienação de bens imóveis sem a exigência da referida outorga.

No entanto, o art. 1.100 determina que: "Na qualificação registral, ao oficial é vedado adentrar nas questões atinentes às anulabilidades do título que, destituídas de interesse público, somente são invocáveis pelos interessados na esfera contenciosa e que exigem processo regular e sentença".

Destarte, de acordo com os §§ 1º, 2º e 3º do art. 1.100 do Código de Normas fluminense, no caso de ausência de vênia conjugal, o registrador deverá apontar em nota de exigência a hipótese de anulabilidade, dando oportunidade ao interessado de saná-la ou de requerer o registro com ciência de que constará a hipótese de anulabilidade.

Prosseguindo nessa questão da ausência da outorga conjugal, destaca-se a relevante decisão do Conselho Superior da Magistratura de São Paulo proferida nos autos da Apelação Cível 1147774-71.2024.8.26.0100.[40]

Esse caso envolveu a lavratura de uma escritura de compra e venda de bem particular do cônjuge varão sem a outorga conjugal do cônjuge virago (casados sob o regime da comunhão parcial de bens), tendo o registro sido negado pelo registrador, com a justificativa de que a anuência do cônjuge virago[41] era indispensável.

No entanto, aquele Conselho decidiu que, embora a ausência de autorização conjugal configure, no caso concreto, causa de anulabilidade do negócio jurídico, essa ausência não impede o registro da escritura, tendo dado provimento à apelação.[42]

Por conseguinte, nas situações anteriormente ilustradas, observa-se a violação de uma norma legal, o que poderá resultar ou não na anulabilidade do ato

---

[39] A exigência de outorga conjugal para alienação de bens consta no inc. I do art. 1.647 do Código Civil, podendo, em certas circunstâncias, ser suprida pelo juiz, nos termos do art. 1.648.

[40] Ementa: "Direito de família – Escritura pública de venda e compra de bem imóvel particular – Outorga uxória inexistente – Inscrição recusada – Dúvida em primeira instância julgada procedente – Apelo provido" (TJSP, CSM/SP, Apelação Cível 1147774-71.2024.8.26.0100, j. 23.05.2025).

[41] Cônjuge virago é o cônjuge do sexo feminino; cônjuge varão é o cônjuge do sexo masculino.

[42] Jurisprudência citada: STJ, AgRg no REsp 880.229/CE, Relatora Ministra Isabel Gallotti, j. 07.03.2013; e REsp 1.760.281/TO, Relator Ministro Marco Aurélio Bellizze, j. 24.05.2022.

de alienação. A ofensa à norma legal é avaliada conforme a sua gravidade, as circunstâncias do caso e as consequências para a sociedade.

No caso das anulabilidades, a ofensa à norma jurídica é considerada de menor gravidade, razão pela qual seus efeitos não se produzem automaticamente, exigindo declaração judicial para a sua eficácia. A anulabilidade não pode ser reconhecida de ofício, devendo ser alegada pela parte interessada, e os seus efeitos restringem-se àqueles que a invocarem, salvo nas hipóteses de solidariedade ou indivisibilidade.[43] Caso o prazo legal para sua arguição transcorra sem manifestação, o ato será convalidado.

2.5.2. Exemplos de atos notariais ineficazes

Conforme mencionado anteriormente, é extremamente comum a prática de atos ineficazes na rotina de um tabelião de notas – atos cuja eficácia depende do cumprimento de uma condição (evento futuro e incerto) ou do advento de um termo.

Como exemplos de atos notariais lavrados pelo tabelião que, a princípio, são ineficazes, pode-se citar: o testamento que só se torna eficaz após a morte do testador; o pacto antenupcial que depende do casamento entre as partes para produzir efeitos; a venda de bem penhorado, que é ineficaz em relação ao credor; a cessão de direitos hereditários, no caso de inventário judicial, que depende da homologação da partilha e a declaração de autocuratela, que, por sua vez, exige a incapacidade da parte e a homologação judicial.

3. FUNÇÃO SOCIAL DA ATIVIDADE EXERCIDA POR NOTÁRIOS E REGISTRADORES

O princípio da função social ganhou relevo no ordenamento jurídico brasileiro a partir da Constituição Federal de 1988, que, em seus incs. XXII e XXIII do art. 5º, consagrou a exigência de que a propriedade deve cumprir sua função social. Embora não se trate de inovação absoluta – já presente na Constituição de 1934 e, posteriormente, na Lei 6.404/1976 (Lei das Sociedades Anônimas) –, a sua positivação revela uma construção normativa progressiva. Trata-se de princípio de natureza teleológica, que orienta a atividade jurídica e econômica para além da tutela de interesses meramente individuais, vinculando-a à realização de valores coletivos, como justiça social, solidariedade e equilíbrio entre desenvolvimento econômico e bem-estar social.

---

43 Conforme previsto no art. 177 do CC.

O referido princípio afirma, em linhas gerais, que o direito de propriedade e o contrato não são absolutos e devem ser exercidos em conformidade com uma função social. Isso implica dizer que esses direitos somente serão reconhecidos e protegidos à medida que promoverem o bem-estar e os interesses sociais e coletivos.

A seguir, apresentam-se exemplos de situações em que a legislação estabelece expressamente a obrigatoriedade da observância do princípio da função social: *(i)* a propriedade e a posse devem cumprir a sua função social;[44] *(ii)* o contrato deve cumprir a sua função social;[45] *(iii)* o Estatuto da Cidade prevê que as cidades e a propriedade urbana deverão cumprir as suas funções sociais;[46] *(iv)* a sociedade empresária ou civil deve cumprir a sua função social.[47]

Observa-se, desse modo, que o princípio da função social permeia praticamente todas as áreas do nosso sistema legal e estabelece, de forma resumida, que o direito só será reconhecido e protegido à medida que esteja em harmonia com o bem comum.

Verifique-se a imprescindível lição de Francisco Amaral sobre o significado da expressão o "bem comum", *in verbis*:

> O bem comum é o bem da comunidade, é o bem que as pessoas promovem enquanto associadas em uma ação conjunta no seu meio.
>
> Compreende o conjunto das condições sociais que permitem o desenvolvimento integral da personalidade humana, e o bem-estar material, espiritual e cultural da

---

44 CRFB, art. 5º: "Todos são iguais perante a lei, sem distinção de qualquer natureza, garantindo-se aos brasileiros e aos estrangeiros residentes no país a inviolabilidade do direito à vida, à liberdade, à igualdade, à segurança e à propriedade, nos termos seguintes: [...] XXII – é garantido o direito de propriedade; XXIII – a propriedade atenderá a sua função social; [...]".

CRFB, art. 170: "A ordem econômica, fundada na valorização do trabalho humano e na livre iniciativa, tem por fim assegurar a todos, existência digna, conforme os ditames da justiça social, observados os seguintes princípios: [...] III – função social da propriedade; [...]".

CC, art. 1.228: "O proprietário tem a faculdade de usar, gozar e dispor da coisa, e o direito de reavê-la do poder de quem quer que injustamente a possua ou detenha. § 1º O direito de propriedade deve ser exercido em consonância com as suas finalidades econômicas e sociais e de modo que sejam preservados, de conformidade com o estabelecido em lei especial, a flora, a fauna, as belezas naturais, o equilíbrio ecológico e o patrimônio histórico e artístico, bem como evitada a poluição do ar e das águas".

45 CC, art. 421: "A liberdade contratual será exercida nos limites da função social do contrato. (Redação dada pela Lei 13.874, de 2019.)".

46 Lei 10.257/2001, art. 2º: "A política urbana tem por objetivo ordenar o pleno desenvolvimento das funções sociais da cidade e da propriedade urbana, mediante as seguintes diretrizes gerais: [...]".

47 Lei 6.404/1976, art. 154: "O administrador deve exercer as atribuições que a lei e o estatuto lhe conferem para lograr os fins e no interesse da companhia, satisfeitas as exigências do bem público e da função social da empresa".

comunidade, pelo que se constitui em um dos objetivos fundamentais do Estado e do Direito.[48]

Apesar de o princípio da função social ser amplamente reconhecido em diversas áreas do Direito, a sua aplicação específica no campo da atividade notarial e registral ainda é pouco explorada. Tabeliães e registradores, ao desempenharem as suas funções por delegação do Estado, exercem uma atividade de caráter público, porém em regime privado. Dessa forma, o simples fato de a atividade delegada ostentar natureza pública já impõe a esses profissionais a obrigação de uma atuação contínua na busca da promoção do bem comum.

E o que representa a busca da promoção do bem comum no contexto da atividade delegada?

Certamente, o propósito da atividade delegada transcende a mera execução de atos notariais e registrais previstos na legislação. A missão desses profissionais consiste em empreender todos os esforços na busca constante de soluções para questões jurídicas, que, a princípio, não envolvam litigiosidade,[49] em sede extrajudicial, visando atender e solucionar as demandas que lhes são direcionadas, sempre em conformidade com as normas civis, administrativas e tributárias, sem negligenciar os aspectos ambientais, sociais e de governança (ASG).

Nesse sentido, verifica-se, nos §§ 15 e 17 do art. 176 da Lei de Registros Públicos – incluídos pela Lei 14.382/2022[50] –, que os delegatários passaram a dispor de um grau ampliado de autonomia em suas atribuições, conferindo-lhes maior discricionariedade na condução de suas atividades, como, por exemplo, a possibilidade de flexibilizar, em suas análises, os elementos de especialidade subjetiva e objetiva.

O Provimento CNJ 150, igualmente, conferiu, no § 2º do art. 440-E e no § 1º do art. 440-AF,[51] aos registradores imobiliários, o mesmo poder de atenuação, diante de eventual escassez informacional.

---

48 AMARAL, Francisco. *Direito Civil Brasileiro* – Introdução. Rio de Janeiro: Forense 1991. p. 37.

49 Em situações em que há litigiosidade, notários estão autorizados a atuar como mediadores, conciliadores e árbitros, de acordo com a legislação vigente.

50 A adjudicação compulsória extrajudicial é mais um instrumento inovador no avanço da desjudicialização que foi criado pela Lei 14.382/2022, tendo sido incluído no art. 216-B da Lei de Registros Públicos. A tramitação do processo ocorre no Registro Imobiliário, cabendo aos tabeliães, de acordo com o inc. III, § 1º, do referido artigo, o preparo e a lavratura da ata notarial que instruirá o requerimento ao oficial de registro. A adjudicação compulsória extrajudicial foi regulamentada pelo Provimento 150/2023, que foi incorporado ao Provimento 149/2023 do CNJ que instituiu o Código Nacional de Normas – Foro Extrajudicial – da Corregedoria Nacional de Justiça do Conselho Nacional de Justiça (CNN/CN/CNJ-Extra).

51 Esses dispositivos foram incorporados ao Provimento CNJ 149 – CNN/CN/CNJ-Extra, pelo Provimento CNJ 150, de 11.09.2023.

Exige-se, assim, uma postura proativa por parte dos notários e registradores, buscando com isso evitar que os atos notariais e registrais deixem de ser realizados, nos casos de eventual insuficiência de informações.

Essa possibilidade de mitigação, prevista nos §§ 15 e 17 do art. 176 da Lei de Registros Públicos, foi conferida aos delegatários com o objetivo explícito de facilitar e estimular a regularização imobiliária, reduzir a judicialização, aprimorar a eficácia da normatização vigente e fomentar o desenvolvimento econômico, promovendo a reinserção desses bens no mercado formal.

Dessa forma, a promoção do bem comum, no exercício da atividade delegada, exige uma abordagem ampla e integrada da própria função. Além da estrita legalidade, é imprescindível considerar a função social da norma e o seu impacto concreto na vida das pessoas, entendendo-a como instrumento para alcançar esses objetivos, e não como um fim em si mesma.

Esse cuidado é essencial para evitar que formalismos jurídicos excessivos imponham deveres indevidos ao usuário do serviço, especialmente considerando sua habitual falta de conhecimento técnico. Quando isso ocorre, esses formalismos podem ser classificados, na filosofia política contemporânea, como "más teorias" – estruturas conceituais que, por seu hermetismo e distanciamento da realidade, orientam mal a ação do Estado.

Nesse contexto, a crítica de Martha Nussbaum é profundamente pertinente. Para ela, a adesão a esses modelos é danosa por negligenciar o que realmente importa: as capacidades e liberdades substantivas dos indivíduos. A filósofa adverte: "As teorias orientam as ações, e as más teorias as orientam mal. Acho que as teorias dominantes nessa área são defeituosas, e que a minha vai orientá-las melhor".[52]

A busca por uma aplicação do Direito mais justa requer, portanto, uma nova perspectiva interpretativa. Nussbaum argumenta que essa luta demanda um fundamento teórico sólido para priorizar o que é verdadeiramente relevante: "Contudo, a luta também precisa de uma teoria filosófico-política abrangente. As teorias direcionam os esforços das pessoas, destacando certas prioridades e negligenciando outras. [...] A teoria oferece a advogados e políticos uma lente através da qual veem o mundo, muitas vezes levando-os a ignorar aspectos importantes que as pessoas percebem em suas vidas diárias".[53]

---

52 NUSSBAUM, Martha C. *Fronteiras da Justiça*: deficiência, nacionalidade, pertencimento à espécie. Tradução de Susana de Castro. São Paulo: WMF Martins Fontes, 2013, p. 34.

53 NUSSBAUM, Martha C. *Fronteiras da Justiça*: deficiência, nacionalidade, pertencimento à espécie. Tradução de Susana de Castro. São Paulo: WMF Martins Fontes, 2013. p. 35.

Essa "lente" alternativa é oferecida pela Abordagem das Capacidades, desenvolvida por Amartya Sen e Martha Nussbaum.[54] Como contrateoria, ela propõe avaliar a efetividade de normas ou políticas pela sua capacidade de ampliar as possibilidades concretas que os indivíduos têm para viver a vida que valorizam. Sob essa perspectiva, a atividade delegada deve ser exercida com empatia e uma compreensão profunda da finalidade normativa, de modo a promover, e não restringir, as liberdades substantivas do cidadão.

Esse cenário de distanciamento do bem comum e o exercício da atividade delegada se evidencia em diversas decisões administrativas, nas quais dúvidas foram suscitadas e acolhidas em desfavor do usuário, com fundamento em teorias, conceitos e interpretações herméticos, muitas vezes vinculados a direitos de natureza estritamente privada.[55]

Prosseguindo na temática sobre o propósito da atividade delegada, cabe apresentar a lição do Desembargador do Tribunal de Justiça de São Paulo, Ricardo Dip, *in verbis*:

> A subordinação do juízo qualificador ao princípio da legalidade não lhe impõe uma redução literalista para a compreensão do sentido normativo da lei, que descarte a estimativa de seu contexto significativo e sistemático, a atenta consideração teleológica e a observação mais ampla dos princípios ético-jurídicos superiores às regulações particulares [...][56]

Sob a mesma perspectiva de afastamento entre o bem comum e o desempenho da atividade delegada, é relevante considerar os ensinamentos do jurista, professor e magistrado Miguel Maria de Serpa Lopes, a seguir:

> Um princípio devem todos ter em vista, quer oficial de registro, quer o próprio juiz: em matéria de registro de imóveis toda a interpretação deve tender para facilitar e não dificultar o acesso dos títulos ao registro, de modo que toda a propriedade imobiliária, e todos os direitos sobre ela recaídos fiquem sob o amparo de regime do registro imobiliário e participem dos seus benefícios.[57]

---

54 NUSSBAUM, Martha C.; SEN, Amartya (Eds.). *The Quality of Life*. Oxford: Clarendon Press, 1993.

55 NUSSBAUM, Martha C. *Creating Capabilitie*: The Human Development Approach. Cambridge, MA: The Belknap Press of Harvard University Press, 2011.

56 DIP, Ricardo. Sobre a qualificação no registro de imóveis. *Revista de Direito Imobiliário*, n. 29 *apud* TJSP, Acórdão da Apelação Cível 1147774-71.2024.8.26.0100, Conselho Superior da Magistratura de São Paulo. Participaram do julgamento, publicado em 28.01.2025, os seguintes Desembargadores: Exmos. Desembargadores Fernando Torres Garcia, Presidente do Tribunal de Justiça; Beretta da Silveira, Vice-Presidente; Xavier de Aquino (decano); Torres de Carvalho, Presidente da Seção de Direito Público; Campos Mello e Camargo Aranha Filho, Presidente da Seção de Direito Criminal.

57 SERPA LOPES, Miguel Maria de. Tratado de Registros Públicos: Registro Civil das Pessoas Jurídicas, Registro de Títulos e Documentos e Registro de Imóveis. 5. ed. Rio de Janeiro: Livraria Freitas Bastos, 1962. v. II. p. 346. *apud* TJSP, Acórdão da Apelação Cível 1147774-71.2024.8.26.0100, Conselho Superior da Magistratura de São Paulo.

Para ilustrar esse panorama, apresentam-se, a seguir, algumas decisões que parecem interferir indevidamente na autonomia privada do cidadão-usuário, sem um propósito claro quanto ao bem a ser protegido ou ao interesse público resguardado. Confira:

a) Egrégio Conselho Superior da Magistratura de São Paulo, nos autos do Processo 583.00.2005.209086-6-E, da 1ª Vara de Registros Públicos da Capital, por sentença de 30.03.2006, decisão fundamentada com precedente do Egrégio Conselho Superior da Magistratura paulista, na Ap. Cível. 440-6/0, de 06.12.2005, oriunda de dúvida suscitada pelo registrador de imóveis, que negou acesso da escritura de doação, como adiantamento de legítima, ao competente registro, por falta de determinação da *justa causa*, bem como vedou a sua rerratificação para aditar a *justa causa;*
b) Egrégio Conselho Superior da Magistratura do Rio de Janeiro, nos Autos do Processo 0191374-88.2009.8.19.0001, julgado em 04.11.2010, decorrente de dúvida do registro imobiliário, que, igualmente, negou o acesso ao registro de escritura de doação com cláusula de incomunicabilidade, por entender que a justificativa informada pelo doador não se tratava de uma "justa causa verdadeira e fundamentada", e sim de uma *justa causa genérica*;
c) Tribunal de Justiça de São Paulo, Recurso Administrativo 1030404-77.2023.8.26.0562, julgado em 22.05.2024, referente à dúvida suscitada pelo 1º Registro Imobiliário de Santos. O tribunal negou provimento ao pedido do requerente, que buscava aditar o contrato de doação com reserva de usufruto para incluir as cláusulas de incomunicabilidade, impenhorabilidade e reversão, ausentes inicialmente devido ao esquecimento das partes. Os requerentes argumentaram que a escritura de aditamento tinha como objetivo alinhar o contrato à efetiva e incontroversa vontade dos doadores e donatários. Contudo, o pedido foi rejeitado com base no entendimento daquele tribunal de que não é possível alterar a declaração de vontade das partes nem a substância do negócio jurídico já realizado e registrado, uma vez que tal deliberação cabe exclusivamente ao titular do domínio, que, no caso, já havia sido transmitido com o registro da escritura de doação;
d) Egrégio Conselho Superior da Magistratura de São Paulo, nos autos da Apelação Cível 1026118-04.2021.8.26.0602, publicada em 08.02.2023, em que Conselho Superior da Magistratura paulista manteve a decisão do registrador de imóveis que negou o registro da escritura pública de doação com reserva de usufruto com cláusulas restritivas em face da inexistência de indicação de justa causa, com base no princípio do *tempus*

regit actum, sob alegação de que o título (que fora lavrado sob a égide do Código Civil de 1916) se sujeita à lei vigente (Código Civil de 2002) ao tempo de sua apresentação na Serventia Imobiliária.

Convém destacar que muitas decisões administrativas dos Conselhos de Magistratura se baseiam em precedentes administrativos, elaborados a partir de pareceres, consultas e portarias, entre outros instrumentos, e não, propriamente, na lei.

Para esclarecer melhor o assunto, recomenda-se a leitura da tese de doutorado de Rodrigo Rage Ferro, intitulada *Limites ao Direito Administrativo Registral: por um registro de imóveis mais seguro*, defendida em março de 2023 no Programa de Doutorado em Direito do Estado da Universidade de São Paulo,[58] conforme trecho a seguir reproduzido:

> Contudo, quando se analisa os pareceres e decisões da Corregedoria-Geral de Justiça do estado de São Paulo e do Conselho Superior da Magistratura, observa-se que muitas situações fáticas não estão previstas, em princípio, nem na lei (expressamente) e, muito menos, nas Normas de Serviço, o que cria um vácuo normativo extremamente prejudicial para a segurança jurídica das atividades registrais, principalmente, quando estão envolvidas transações imobiliárias que requerem uma confiabilidade, cognoscibilidade e calculabilidade na qualificação do título pelo registrador.

Em outra passagem da tese, leia-se:

> Diante desses exemplos, parece nítida a necessidade de definir os limites estabelecidos no ordenamento jurídico que devem ser respeitados tanto pela atividade de produção normativa desempenhada de forma atípica pelo Poder Judiciário, consubstanciada no direito administrativo registral, quanto pela qualificação registral desempenhada pelos delegatários dos serviços de registro de imóveis (e também pelo Poder Judiciário com a suscitação de dúvida ou nos respectivos recursos envolvidos), em que se aplicam também as normas administrativas registrais.
> Portanto, a formação e aplicação do direito administrativo registral devem ser compatíveis com o princípio da legalidade e a segurança jurídica dos atos de registro (em sentido *lato sensu* – abarcando registro *stricto sensu* e averbação) de forma a tornar o registro de imóveis mais seguro, isto é, mais confiável e previsível, mitigando possíveis ilegalidades existentes (ou mesmo inconstitucionalidades) tanto na sua formação como na sua aplicação.

Entende-se ainda que, em situações de impasse, é aconselhável recorrer à técnica da ponderação, desenvolvida e sistematizada por Robert Alexy, que

---

58 FERRO, Rodrigo Rage. *Limites ao Direito Administrativo Registral*: por um registro de imóveis mais seguro. 2023. Tese (Doutorado em Direito do Estado). Faculdade de Direito, Universidade de São Paulo, São Paulo, 2023. Acesso em: 6 mar. 2025.

consiste em método racionalizado para resolver colisões entre princípios constitucionais ou direitos fundamentais.

A técnica da ponderação de Alexy é um método estruturado de aplicação do princípio da proporcionalidade, que determina qual princípio deve prevalecer em um caso concreto, sem negar a validade do outro, mas ajustando seu alcance.

Embora nos casos concretos apresentados não se evidencie claramente a ponderação de princípios – uma vez que a inobservância do princípio da legalidade decorre da interpretação de uma norma legal e não do preceito da norma propriamente dita –, é possível recorrer a essa teoria para determinar a aplicação mais adequada do direito nas situações em questão.

Sempre que houver a necessidade de se optar entre diferentes entendimentos conceituais sobre uma questão ou tese jurídica, é fundamental proceder à devida ponderação, avaliando o peso de cada perspectiva. Deve-se, assim, escolher a solução que melhor se harmonize com o ordenamento jurídico, considerando tanto princípios como normas, além da própria natureza da atividade delegada, priorizando a alternativa que mais contribua para a realização da justiça e da paz social.

Humberto Ávila concebe a proporcionalidade:

> Como postulado normativo aplicativo, uma metanorma, vocacionada justamente a orientar a aplicação de outras normas, institui critérios de aplicação de outras normas, presta-se a solucionar questões que surgem com a aplicação do Direito, *in concreto*, então, calibrar o controle da legalidade em ordem a tutelar a segurança jurídica.[59]

Conclui-se que, sendo a atividade delegada necessariamente orientada pelo princípio da função social, impõe-se que o caso concreto seja examinado à luz do ordenamento jurídico de forma integrada. Para tanto, devem ser aplicadas as devidas ponderações, com base em critérios de razoabilidade e proporcionalidade, de modo a conduzir a uma decisão que melhor satisfaça as exigências da coletividade.

O arcabouço legal recente já sinaliza uma mudança de paradigma, conferindo maior autonomia para que esses profissionais superem obstáculos formais em benefício de soluções substantivamente justas. A superação de uma cultura jurídica excessivamente formalista e restritiva representa, assim, um imperativo contemporâneo.

Para tanto, mostra-se fundamental o recurso a ferramentas como a ponderação de princípios (Alexy), o postulado da proporcionalidade (Ávila) e a orientação ético-política da Abordagem das Capacidades (Nussbaum e Sen). A plena realização da função social na atividade delegada depende da coragem do

---

59 ÁVILA, Humberto. *Teoria dos princípios:* da definição à aplicação dos princípios jurídicos. 12. ed. São Paulo: Malheiros, 2011. p. 134-135, 145-149 e 173-188, *apud* TJSP, Acórdão da Apelação Cível 1147774-71.2024.8.26.0100, Conselho Superior da Magistratura de São Paulo.

aplicador do direito em privilegiar, no caso concreto, o espírito sobre a letra da lei, a justiça sobre o formalismo vazio, e as reais necessidades do cidadão.

Por fim, porém não menos relevante, ressalta-se que a atividade delegada deve estar em conformidade com a agenda *Environmental, Social, and Governance* (ESG), ou Ambiental, Social e Governança (ASG).

Em outras palavras, a execução dos atos notariais e registrais, por si só, já não é suficiente; é imprescindível que essa atividade gere impactos positivos, incorporando princípios de sustentabilidade nas áreas ambiental, social e de governança. Para isso, a sua realização deve pautar-se sempre na ética e na responsabilidade, promovendo o desenvolvimento sustentável[60] de forma equilibrada e eficaz.

4. ATO JURÍDICO PERFEITO

Este tópico tem como objetivo auxiliar a compreensão e a aplicação do ato jurídico perfeito, instituto de direito constitucional com fundamento no princípio da segurança jurídica, sob a perspectiva notarial e registral.

Todavia, não se pretende, nesta abordagem, um aprofundamento nas doutrinas que tratam da eficácia das leis no tempo, de autores como Paul Roubier, Jean Carbonnier, Marc Ancel, René Savatier e, no Brasil, Pontes de Miranda, Eduardo Espínola e Rubens Limongi França, entre outros importantes autores e juristas.

Apesar de, em um primeiro momento, parecer afastar-se do propósito deste livro, verificar-se-á que o conhecimento sólido e aprofundado desse assunto será fundamental para que se possa realizar uma análise precisa de questões jurídicas que frequentemente geram questionamentos administrativos.

O instituto do ato jurídico perfeito diz respeito à aplicação da lei e ao direito intertemporal e aparece como cânone constitucional (art. 5º, XXXVI) e, também, da legislação civil (§ 1º do art. 6º do Decreto-Lei 4.657/1942). O ato jurídico perfeito representa uma proteção do cidadão contra mudanças legislativas, decisões judiciais ou atos administrativos que possam afetar situações jurídicas já consolidadas.

A norma que prevê a não retroação da lei sempre esteve presente nas Constituições do Brasil, à exceção da Carta Constitucional outorgada em 1937. Além disso, esse comando constitucional se dirige ao constituinte derivado, sendo, consequentemente, um direito fundamental individual, protegido por cláusula pétrea.[61]

---

60 Desenvolvimento sustentável é um modelo de crescimento que busca equilibrar três pilares fundamentais: economia, meio ambiente e sociedade. O objetivo é atender às necessidades do presente sem comprometer a capacidade das futuras gerações de suprirem as suas próprias necessidades.

61 Cláusula pétrea prevista no inc. VI do § 4º do art. 60 da Constituição Federal de 1988: "A Constituição poderá ser emendada mediante proposta: § 4º Não será objeto de deliberação a proposta de emenda tendente a abolir: [...] IV – os direitos e garantias individuais".

Em suma, o ato jurídico perfeito é um conceito que se relaciona diretamente com o princípio da segurança jurídica e se refere a um ato que foi realizado e concluído de acordo com as normas legais vigentes no momento de sua celebração.

O ato jurídico perfeito é, portanto, aquele que já cumpriu todos os requisitos legais e formais exigidos pela lei no instante de sua realização e, consequentemente, não pode ser alterado ou invalidado por uma legislação posterior.[62]

A relevância da adequada aplicação do conceito do ato jurídico perfeito se torna evidente diante das inúmeras decisões judiciais e notas devolutivas dos registros imobiliários, na seara administrativa, que rejeitam a prática de determinados atos solicitados por usuários de serviços delegados. Essas decisões, geralmente fundamentadas de forma sucinta, têm efeitos significativos e acabam por estabelecer uma espécie de jurisprudência baseada em conceitos, quase intransponível.

Um exemplo recorrente é a afirmação de que não se admite a modificação de um ato notarial, como um contrato de doação já registrado, para fins de aditamento ou alteração, sob o argumento consolidado de que a que a pretendida modificação infringiria o ato jurídico perfeito e acabado.

Além do fundamento lacônico já mencionado, que embasa as negativas de registro por suposta violação do que se denominaria de ato jurídico perfeito e acabado, apresenta-se outro argumento: a impossibilidade de a pessoa vincular o seu próprio bem. Isto é, uma vez registrado o contrato de doação, as partes não poderiam mais aditar, por exemplo, cláusulas de inalienabilidade, impenhorabilidade e incomunicabilidade, porque, segundo o entendimento dessa corrente, não é permitido que a parte interessada imponha restrições ao próprio bem, salvo no caso de instituição de bem de família convencional.

De plano, reitera-se que o instituto do ato jurídico perfeito está estreitamente ligado ao princípio da segurança jurídica, que, de forma larga, busca garantir que as relações jurídicas sejam estáveis e previsíveis, protegendo as expectativas legítimas das partes envolvidas e impedindo que alterações legislativas posteriores prejudiquem aqueles que agiram de boa-fé e de acordo com a norma então vigente.

Decerto, o conceito de ato jurídico perfeito e acabado não pode ser visto como um impedimento à possibilidade de as partes, em consenso, alterarem os efeitos de uma relação contratual a qualquer momento, expressão legítima da autonomia privada, que encontra amparo na Teoria Geral dos Contratos.

A esse propósito, observe-se o que afirma o autor Arnoldo Wald no artigo intitulado "O contrato no Projeto do Código Civil" (da evolução dos interesses

---

62 Excetuando-se as questões relacionadas ao Direito Penal em que se admite a retroação da lei se for para beneficiar o réu.

conflitantes do passado até a parceria do futuro),[63] cujo fragmento é transcrito a seguir:

> Atualmente, o contrato se transformou num bloco de direitos e obrigações de ambas as partes, que devem manter o seu equilíbrio inicial, e num vínculo ou até numa entidade. Vínculo entre as partes, por ser obra comum das mesmas, e entidade, constituída por um conjunto dinâmico de direitos, faculdades, obrigações e eventuais outros deveres, que evolui como a vida, de acordo com as circunstâncias que condicionam a atividade dos contratantes. [...] A plasticidade do contrato transforma a sua própria natureza, fazendo com que os interesses divergentes do passado sejam agora convertidos numa verdadeira parceria, na qual todos os esforços são válidos e necessários para fazer subsistir o vínculo entre os contratantes, respeitados evidentemente os direitos individuais. [...].

No mesmo sentido, confira-se a citação a seguir, do civilista Miguel Reale em parecer publicado na *Revista dos Tribunais*:

> Em primeiro lugar, pode considerar-se superada a teoria segundo a qual, sendo a doação um modo de adquirir domínio, uma vez solenizada em forma legal, não teria mais o transmitente qualidade para mudar a condição jurídica da coisa doada ou dispensar encargo licitamente prescrito. Prevalece, ao contrário, o entendimento de que, «como contrato, a doação está sujeita a tôdas as normas reguladoras dos atos jurídicos dessa espécie, podendo mesmo ser distratada. Se as mesmas partes que avençaram a doação continuam na mesma situação jurídica anterior, nada impede que desfaçam ou modifiquem a liberalidade, estabelecendo novas condições».[64]

Seguindo esse mesmo entendimento, veja-se, também, a irretocável decisão do Superior Tribunal do ano de 2003:

> Colação. Escritura de ratificação. Possibilidade. Manifestação de vontade do autor da herança. Preservação. Arts. 82, 148, 149 e 1.789 do Código Civil.
>
> 1. Realizada a escritura de ratificação das doações, que não ultrapassaram o limite da parte disponível, dispensando a colação, tudo compatível com a realidade vivida entre doador e donatário, pai e filho, não deve ser maculada a vontade do autor da herança.
>
> 2. A ratificação retroage à data das doações, preenchido, assim, o requisito do art. 1.789 do Código Civil.
>
> 3. Recurso especial conhecido e provido.[65]

---

63 WALD, Arnoldo. O contrato no Projeto do Código Civil (da evolução dos interesses conflitantes do passado até a parceria do futuro. *Revista do Ministério Público do Rio de Janeiro*, Rio de Janeiro, v. 9, 1999, p. 45-51. p. 48.

64 REALE, Miguel. Da cláusula de inalienabilidade – Consultas e Pareceres. *Revista dos Tribunais*, n. 290, dez. 1959. p. 54.

65 STJ, REsp 440.128/AM, 3ª Turma, Ministro Carlos Alberto Menezes Direito, j. 03.06.2003.

Entretanto, não é esse o entendimento adotado na maioria dos julgamentos administrativos e notas devolutivas dos registros imobiliários, boa parte decorrente de pedidos de registros de escrituras – geralmente escrituras retificadoras com a participação de todos os envolvidos –, que teriam como finalidade aditar determinado contrato de doação, já registrado, para que conste daquele contrato que aquela doação se refere à parte disponível do patrimônio – permitida em lei ao doador dispor no momento de liberalidade.

Nesse caso, a solução possível, dada nas notas devolutivas e decisões administrativas, seria a alteração de propósito da doação, antes como adiantamento de legítima, depois como parte disponível, com a lavratura de um testamento, por força do art. 2.006 da lei material. Ou, alternativamente, com o distrato do contrato de doação e celebração de um novo contrato, com os novos termos aditados e com despesas adicionais dos efeitos fiscais – o que, na prática, inviabilizaria o ato.

Por sua vez, requerimentos de registro de escrituras rerratificadoras com aditamento – incluindo, por exemplo, cláusulas de impenhorabilidade e incomunicabilidade – normalmente são recusados e dúvidas são julgadas em desfavor do usuário, sob o fundamento de que *(i)* afronta o ato jurídico perfeito e acabado e *(ii)* a transferência de propriedade já teria ocorrido e não se pode permitir que o próprio interessado vincule o seu bem.

Como exemplo da situação anteriormente citada, leia-se a ementa do Recurso Administrativo julgado pela Corregedoria-Geral da Justiça de São Paulo, já mencionado:

> Registro de imóveis – escritura pública de retificação e ratificação – inclusão de cláusulas de incomunicabilidade, impenhorabilidade e reversão em escritura pública de doação já registrada – qualificação negativa – doadora que embora detenha o usufruto não é mais titular de domínio do imóvel – irrelevância da expressa anuência do atual titular de domínio – doação já aperfeiçoada, não admitindo alteração – precedentes da CGJ e do CSM – retificação do título que implicaria modificação da declaração de vontade das partes e da substância do negócio jurídico realizado e registrado – parecer pelo não provimento do recurso.[66]

Com o devido respeito, esse entendimento não deverá prevalecer, haja vista que é amplamente reconhecida a possibilidade de alteração da manifestação de vontade, desde que haja consenso entre as partes, o que, aliás, constitui uma característica inerente à própria essência das relações contratuais.

---

66 CGJSP, Recurso Administrativo 1030404-77.2023.8.26.0562, Relator Desembargador Francisco Loureiro, *DJ* 28.05.2024.

Considere-se, então, o que se segue:

a) o ato jurídico perfeito, conceito que decorre do princípio da segurança jurídica, tem a sua razão de ser para promover a defesa e a proteção do cidadão em face do próprio Estado, *lato sensu*;
b) as situações analisadas versam sobre relações contratuais, que envolvem direitos privados, disponíveis, normas dispositivas, entre partes maiores e capazes;
c) há ampla liberdade contratual (tudo que não for vedado, será permitido) e a intervenção do Estado deve ser mínima, vide *caput* e Parágrafo único do art. 421 do Código Civil;
d) os contratos admitem alterações, seja para aditar, retificar, novar ou distratar, possibilidade inerente à própria relação contratual.

Portanto, impedir que um contrato retificado pelo notário seja devidamente registrado, diante da vontade de todas as partes, sob o argumento de que se trata de um ato jurídico perfeito e acabado, parece-nos um raciocínio simplista e em desacordo com a verdadeira essência da função notarial e registral, que deve buscar garantir a máxima eficácia às normas constitucionais.

Nosso dever primordial é atender às necessidades dos cidadãos, valorizando o princípio da autonomia privada e buscando sempre soluções, técnicas ou ferramentas que possibilitem a livre manifestação de suas vontades, com segurança, legalidade e transparência.

A possibilidade de rerratificação para aditar cláusulas, como a reserva de usufruto, a imposição de condições ou a declaração de que a doação recai sobre a parte disponível do patrimônio do doador (com cláusula de dispensa de colação), configura uma nova manifestação de vontade das partes, em continuidade à anterior, inerente à própria relação contratual.

Outro ponto igualmente relevante é que o Estado não tem o dever de defender o interesse dos credores ou de terceiros interessados. Embora o Código Civil estabeleça princípios éticos que impõem o cumprimento das obrigações e o respeito ao conceito de *neminem laedere* (não prejudicar ninguém), não compete ao notário, ao registrador ou ao Estado zelar ou proteger os interesses dos credores ou de terceiros interessados, nem supor que a prática de determinado ato possa vir a prejudicar terceiros. Pelo contrário, a presunção deve ser de boa-fé e confiança.

Nesse sentido, a legislação brasileira dispõe de diversos instrumentos criados precisamente para proteger os direitos dos credores ou de terceiros potencialmente prejudicados. Cabe a estes, sem a intervenção do Estado – exceto pela possibilidade de recorrer ao Poder Judiciário –, efetivar os seus direitos.

Não é razoável impedir que inúmeras pessoas exerçam seu legítimo direito de revisar suas relações contratuais – que refletem sua vontade e suas necessidades – com base na alegação de possível prejuízo a terceiros. A impossibilidade de registrar escrituras retificadoras representa, sem dúvida, uma perda mais significativa do que qualquer eventual proteção conferida a terceiros, especialmente quando se considera o número de pessoas envolvidas e beneficiadas.

Destaca-se, ainda, que o cancelamento das cláusulas de inalienabilidade, impenhorabilidade e incomunicabilidade é largamente aceito pelo ordenamento jurídico brasileiro e pela prática notarial e registral, desde que presentes todas as partes, mesmo após o registro do contrato de doação e a averbação dessas cláusulas.

Por que motivo, quando se trata de cancelamento das cláusulas, não se considera que há desrespeito ao ato jurídico perfeito e acabado?

Diante de uma mesma situação, dever-se-ia aplicar as mesmas regras, conforme o princípio *ubi eadem ratio, ibi eadem legis* que significa "onde há a mesma razão, deve haver a mesma disposição legal".

Nesse sentido, o art. 315 do Código de Normas fluminense admite expressamente a lavratura de escritura de rerratificação para corrigir elementos essenciais de contratos, como a identificação das partes ou a descrição do objeto. Esta é uma prática comum nas serventias extrajudiciais, o que ilustra a flexibilidade do ordenamento jurídico em permitir ajustes formais sem comprometer a essência do negócio jurídico.

Apesar da previsão normativa administrativa expressa supracitada, houve recente negativa de registro de escritura retificadora lavrada após a celebração de contrato de compra e venda e de seu registro no Serviço Registral. A retificação visava corrigir a identificação do adquirente, pois, na escritura original, constaram os nomes de ambos os cônjuges como compradores, embora o efetivo adquirente fosse apenas o cônjuge varão, conforme indicado na guia do imposto de transmissão *inter vivos*, que trazia apenas o nome do efetivo comprador.

Com vistas à pretendida correção, a escritura retificadora foi lavrada com a presença de todos: vendedores, comprador e o cônjuge virago (potencial prejudicada com a retificação), com a interveniência da instituição financeira.

Entretanto, houve nota devolutiva pelo registro imobiliário desqualificando o título sob o argumento de que o contrato de compra e venda havia se operado e surtido todos os seus efeitos, não sendo, consequentemente, mais factível a sua retificação e registro, por violação ao ato jurídico perfeito e acabado. Posteriormente, após extensos debates, o registro da rerratificação foi admitido.

Enfatize-se, ainda, que até mesmo o registro é passível de retificação e anulação, sendo a sua presunção relativa, por força do disposto no art. 1.247, do Código Civil e art. 252 da Lei de Registros Públicos.[67]

4.1 • As controvérsias acerca dos princípios do ato jurídico perfeito e do *tempus regit actum*

Neste tópico, serão abordados dois temas de fundamental relevância para a atividade notarial e registral: a correta e adequada aplicação dos princípios do ato jurídico perfeito e do *tempus regit actum* (o tempo rege o ato).

Esses dois princípios – intrinsecamente vinculados ao postulado maior da segurança jurídica – exercem influência decisiva na esfera das serventias extrajudiciais. A aplicação incorreta de qualquer um deles poderá comprometer a estabilidade e previsibilidade dos atos jurídicos, gerando incertezas e inseguranças que colidem com os objetivos centrais do sistema registral e notarial.

O princípio da segurança jurídica constitui, de forma iniludível, um dos pilares do Estado Democrático de Direito, traduzindo-se em expressão do interesse público primário[68] – verdadeiro fundamento de existência do Estado. Esse interesse revela-se atemporal e universal, presente em toda e qualquer sociedade, e encontra a sua razão de ser na promoção da justiça, da segurança e do bem-estar, fins que justificam e legitimam a própria atuação estatal.

---

67 Nesse contexto, como último e irrefutável argumento no sentido da possibilidade de registrar escrituras retificadoras, observa-se que o Projeto de Lei 4/2025, que trata da reforma do Código Civil, ao tratar do art. 2.006, prevê que a dispensa da colação poderá, adicionalmente, ser concedida pelo doador, por meio de escritura pública subsequente ao contrato de doação, sem nenhuma ofensa ao ato jurídico perfeito e acabado.

68 Diante da relevância do entendimento da diferença entre interesse público primário e secundário, no contexto apresentado, colaciona-se ensinamento do atual Ministro do Supremo Tribunal Federal, Luís Roberto Barroso: "O interesse público primário é a razão de ser do Estado, e sintetiza-se nos fins que cabe a ele promover: justiça, segurança e bem-estar social. Estes são os interesses de toda a sociedade. O interesse público secundário é o da pessoa jurídica de direito público que seja parte em uma determinada relação jurídica – que se trate da União, do Estado-membro, do Município ou das suas autarquias. Em ampla medida, pode ser identificado como o interesse do erário, que é o de maximizar a arrecadação e minimizar as despesas. [...] Observa-se o exemplo do erário. Os recursos financeiros proveem os meios para a realização do interesse primário, e não é possível prescindir deles. Sem recursos adequados, o Estado não tem capacidade de promover investimentos sociais nem de prestar de maneira adequada os serviços públicos que lhe tocam. Mas, naturalmente, em nenhuma hipótese será legítimo sacrificar o interesse público primário com o objetivo de satisfazer o secundário. A inversão de prioridade seria patente, e nenhuma lógica razoável poderia sustentá-la" (BARROSO, Luís Roberto. Prefácio: O Estado contemporâneo, os direitos fundamentais e a definição da supremacia do interesse público. In: SARMENTO, Daniel (Org.). *Interesses públicos* versus *interesses privados*: desconstruindo o princípio da supremacia do interesse público. Rio de Janeiro: Lumen Juris, 2005. p. XIII.

Como ilustração prática dessa problemática, destaca-se a decisão proferida pelo Conselho Superior da Magistratura do Tribunal de Justiça do estado de São Paulo, no julgamento da Apelação Cível 1005134-85.2020.8.26.0132.

Trata-se de apelação cível relacionada à inadmissão pelo oficial do registro de imóveis em registrar escritura de doação com reserva de usufruto e a inclusão das cláusulas de inalienabilidade, impenhorabilidade e incomunicabilidade, lavrada em 19 de janeiro de 1998, antes, portanto, da entrada em vigor do Código Civil de 2002, sem a devida indicação de *justa causa*, conforme exigido pelo atual *codex* para as disposições de última vontade.

Os apelantes argumentaram que: (i) o contrato de doação com reserva de usufruto com a inserção das supracitadas cláusulas foi celebrado no ano de 1998, portanto, sob à égide do diploma civil de 1916, que nada exigia para a imposição das aludidas cláusulas nem no caso de testamento, tampouco nos contratos de doação; e que (ii) o art. 1.848, *caput,*[69] do atual Código Civil - que determina a obrigatoriedade de justificativa para a imposição das cláusulas de inalienabilidade, impenhorabilidade e incomunicabilidade - deveria ser aplicado apenas a testamentos, não a doações.

Assinale-se, ainda, que, desde o início, a rerratificação do ato se apresentava inviável, haja vista que, logo após a lavratura do contrato de doação, ocorreu o falecimento de um dos doadores, em 9 de março de 1998. Por conseguinte, inaplicável o art. 2.042[70] do Código Civil de 2002, que previa regra de transição.

Na decisão, o órgão colegiado concluiu que o art. 1.848, em conjunto com o art. 2.042 do Código Civil de 2002, também era aplicável às doações realizadas como adiantamento de legítima. Ademais, considerou que, mesmo que a doação tivesse ocorrido sob à égide do Código Civil de 1916, não se configuraria um ato jurídico perfeito, uma vez que, conforme o entendimento do Conselho de Magistratura paulista, a transmissão da propriedade só se concretiza com o registro. Nesse caso, o pedido de registro foi efetuado em 29 de maio de 2020.

Não obstante as cláusulas em questão terem sido consideradas inválidas (ou seja, ineficazes), o Conselho decidiu que esse fato não atingiria a doação em si.

---

69 CC, art. 1.848: "Salvo se houver justa causa, declarada no testamento, não pode o testador estabelecer cláusula de inalienabilidade, impenhorabilidade, e de incomunicabilidade, sobre os bens da legítima. § 1º Não é permitido ao testador estabelecer a conversão dos bens da legítima em outros de espécie diversa. § 2º Mediante autorização judicial e havendo justa causa, podem ser alienados os bens gravados, convertendo-se o produto em outros bens, que ficarão sub-rogados nos ônus dos primeiros".

70 CC, art. 2.042: "Aplica-se o disposto no *caput* do art. 1.848, quando aberta a sucessão no prazo de um ano após a entrada em vigor deste Código, ainda que o testamento tenha sido feito na vigência do anterior, Lei 3.071, de 1º de janeiro de 1916; se, no prazo, o testador não aditar o testamento para declarar a justa causa de cláusula aposta à legítima, não subsistirá a restrição".

Aplicou-se, como alternativa, caso fosse essa a vontade das partes, o princípio da cindibilidade,[71] permitindo-se o registro da doação sem as referidas cláusulas.

Dessa forma, o recurso foi parcialmente provido, autorizando-se o registro da escritura de doação, mas se desconsiderando as cláusulas de inalienabilidade, impenhorabilidade e incomunicabilidade.

No caso apresentado é indiscutível que o contrato de doação foi celebrado em conformidade com as normas da legislação civil vigente à época de sua celebração e aperfeiçoamento.

A controvérsia, amplamente discutida, no julgamento da Apelação Cível 1005134-85.2020.8.26.0132, pelo Conselho Superior da Magistratura do Tribunal de Justiça de São Paulo, derivou de uma interpretação do art. 1.245 da lei substantiva,[72] que dispõe que a transferência da propriedade imóvel ocorre com o registro imobiliário.

Segundo o entendimento do Conselho paulista, o contrato de doação só se aperfeiçoaria com o devido registro e, por consequência, a lei aplicável para a qualificação registral seria aquela vigente no momento do ato do registro.

---

[71] O princípio da cindibilidade registral, previsto no inc. XV do art. 1.047 do Código de Normas da Corregedoria do estado do Rio de Janeiro, é um conceito do Direito que se refere à possibilidade de dividir ou separar um ato jurídico em partes distintas, desde que a separação não contrarie a sua natureza ou o propósito do ato. Assim, caso um documento contenha múltiplas disposições ou atos registráveis, apenas a parte que está em conformidade com a lei será objeto de registro, enquanto a parte inválida será rejeitada, evitando-se, dessa forma, a invalidação total do ato, quando apenas parte dele está em desacordo com os requisitos legais. Salienta-se, ainda, que o princípio da cindibilidade registral tem uma forte relação com a máxima jurídica, *utile per inutile non vitiatur*, que significa que o útil não é prejudicado pelo inútil e pas de *nullité sans grief* (o ato não será declarado nulo sem que seja provado o seu prejuízo), art. 283, do Código de Processo Civil. Dessa forma, em um ato ou um negócio jurídico, a parte válida (útil) não é comprometida ou anulada pela parte inválida ou ineficaz (inútil), desde que o vício não comprometa a essência do negócio, convergindo com os princípios da autonomia privada e da conservação dos contratos. Em outras situações, é possível cindir o título, a requerimento dos interessados, podendo ser realizado o registro de certos atos contidos em um único título, deixando-se o registro de outros atos para um momento futuro, desde que não haja um vínculo de interdependência que impeça a cisão, sob pena de acarretar a ruptura do seu sentido jurídico, como está previsto no inc. XV do art. 1.047 do Código de Normas da Corregedoria-Geral do estado do Rio de Janeiro. Nesse sentido, o § 1º do referido art. 1.047, do já citado Código de Normas fluminense, determina que é possível cindir os títulos, conforme se verifica a seguir: I) negócios jurídicos que envolvam mais de um imóvel; II) a compra e venda ou formal de partilha em que haja notícia de uma construção, para registro da transferência do lote, deixando a averbação da acessão para o futuro; III) a cisão do formal de partilha para registro da transferência do imóvel pertencente a um dos herdeiros.

[72] CC, art. 1.245: "Transfere-se entre vivos a propriedade mediante o registro do título translativo no Registro de Imóveis. § 1º Enquanto não se registrar o título translativo, o alienante continua a ser havido como dono do imóvel. § 2º Enquanto não se promover, por meio de ação própria, a decretação de invalidade do registro, e o respectivo cancelamento, o adquirente continua a ser havido como dono do imóvel".

Imprescindível que se observe que há dois momentos distintos: *(i)* o da formação do contrato, com a manifestação de vontade das partes diante do notário; e *(ii)* o do ato do registro, com a qualificação do título pelo oficial de registro.

Na formação do contrato de doação, cabe ao notário analisar a validade do ato conforme a legislação vigente à época da sua realização. Nessa etapa, prevalecem as normas de direito material.

Em ato subsequente, de registro do título, cabe ao registrador realizar a qualificação, observando os elementos atinentes ao registro imobiliário, como os princípios da especialidade objetiva e subjetiva, da continuidade registral, entre outros, de forma que sejam cumpridos esses requisitos.

Dessa forma, ainda que o Registro Imobiliário seja essencial para garantir a publicidade e segurança jurídica da transferência de propriedade, o ato do registro não integra o momento de formação do contrato de doação. A sua função é conferir oponibilidade *erga omnes* – ou seja, tornar o ato conhecido e eficaz perante terceiros – e disponibilidade, conferindo-lhe presunção de veracidade e autenticidade.

Melhor esclarecendo o exposto anteriormente, analise-se as palavras do jurista e doutrinador Caio Mário da Silva Pereira:

> De início, é de atentar-se na consequência *obrigatória* do contrato. Não gera efeitos reais, o que, aliás, é regra vigente em nosso direito. Não opera, por si só, a transferência do domínio. Bastaria a menção deste princípio para a fixação de sua primeira consequência: pelo nosso direito, a doação não transfere, por si só, o domínio; é mister se lhe siga um fato revestido deste poder, que é a tradição real para os móveis, ou inscrição para os imóveis.
>
> Acontece que o art. 538, declarando que pelo contrato de doação uma pessoa transfere bens de seu patrimônio para o de outra que os aceita, suscita dúvida, parecendo induzir uma exceção à regra geral, com o que lhe atribuiria esta consequência translatícia direta da propriedade. Mera aparência, contudo. A regra dominante da aquisição da propriedade esta firmemente enunciada no art. 1.245 em relação aos imóveis, e art. 1.267, para as coisas móveis.
>
> A doação, repetimos, gera efeitos obrigatórios e não reais, e tem o sentido de *ato causal*, para que o fato subsequente (transcrição ou tradição) produza efeito aquisitivo. Cria obrigação de transferir a propriedade da coisa doada, mas não tem o efeito real de realizar aquela transmissão. E é somente neste sentido que se pode dizer que a doação é um ato translatício do domínio.[73]

Essa distinção é crucial para preservar a segurança jurídica tanto na formação do contrato como em sua execução posterior.

---

[73] PEREIRA, Caio Mário da Silva. *Instituições do Direito Civil*. v. III. Contratos. 17. ed. Rio de Janeiro: Forense, 2013. p. 224.

Reitere-se que a doação é, em regra, um contrato consensual, aperfeiçoando-se pelo simples acordo de vontades entre as partes. Enquanto contratos consensuais se perfazem com o consentimento mútuo, contratos reais exigem a entrega efetiva ou simbólica do objeto para se aperfeiçoarem.

No caso de uma doação pura e simples, o contrato se forma e se aperfeiçoa quando o doador manifesta a sua intenção de doar e o donatário a aceita.

Outro ponto relevante para a análise deste caso prático – e de situações similares – é o entendimento do princípio do *tempus regit actum*.

Esse princípio, aplicado no Direito Contratual e em outros ramos do Direito, determina que os atos jurídicos devem ser regidos pela legislação vigente no momento de sua prática. Sendo assim, a validade, a eficácia e os requisitos do ato jurídico devem ser avaliados de acordo com a norma aplicável na data de sua realização.

Conquanto o Código Civil não mencione explicitamente esse princípio, este é amplamente refletido em diversos artigos que regulam a aplicação temporal das normas jurídicas relativas a contratos e obrigações. Além disso, decorre diretamente do princípio da segurança jurídica, fundamental para a garantia da estabilidade nas relações jurídicas.

Por essa razão, o princípio do *tempus regit actum* é essencial para garantir previsibilidade legal e segurança jurídica, permitindo que as partes tenham confiança de que os atos praticados sob determinada norma serão respeitados. Simultaneamente, reforça a estabilidade registral, evitando a aplicação retroativa de novas normas que poderiam comprometer a integridade e a confiabilidade do sistema de registros públicos.

Todavia, com todo o respeito, os princípios do *tempus regit actum* e do ato jurídico perfeito têm sido, no entendimento desta autora, reiteradamente invocados, de forma equivocada, no âmbito da qualificação registral, como demonstrado no exemplo apresentado, impondo e criando óbices sob aspectos inerentes à formação do contrato, promovendo a suscitação de dúvida em matérias previamente examinadas e de competência do tabelião –, que não guardam relação direta com a atividade registral propriamente dita, mas se referem ao conteúdo de direito material subjacente àquele negócio jurídico.

Portanto, é importante que a qualificação registral cumpra a sua função sem comprometer a validade e a eficácia dos atos jurídicos praticados e analisados pelo notário, à época de sua realização.

PARTE II

CONTRATO DE DOAÇÃO

1. CARACTERÍSTICAS DO CONTRATO DE DOAÇÃO

A parte II deste livro trata dos aspectos notariais e registrais do contrato de doação. Antes de aprofundar o exame desses assuntos, é necessário apresentar uma breve contextualização sobre o objeto, forma e as principais características desse tipo de contrato.

O contrato de doação é um contrato típico[1] regulado pelos arts. 538 a 564 do Código Civil e consiste no instrumento em que um sujeito, denominado doador, transfere bens ou direitos de seu patrimônio para o de outro sujeito, sendo esse último chamado de donatário.[2]

A doação requer a intenção legítima de doar algo a *outrem* como expressão de mera liberalidade, consubstanciado no *animus donandi*. Em contrapartida, o ato de liberalidade exige a aceitação daquele que recebe a coisa ou o direito doado para que o contrato possa se aperfeiçoar. Decerto, uma vez realizado o acordo entre doador e donatário, o contrato está consumado.

---

1 De acordo com Orlando Gomes, o contrato de doação é também um negócio de natureza especial (GOMES, Orlando. *Contratos*. 24. ed. Rio de Janeiro: Forense, 2001. p. 211-212).

2 A concepção da doação como ato unilateral tem raízes no Direito Romano, conforme delineado nas *Institutas* de Justiniano, na quais a *donatio* era compreendida como uma liberalidade que dependia essencialmente da manifestação de vontade do doador, sendo a aceitação do donatário apenas uma condição para a eficácia do ato, e não um elemento estrutural de um contrato. Nessa mesma linha, o Código Civil francês de 1804, influenciado pela tradição romana e pela doutrina clássica, especialmente por Pothier, também concebeu a doação entre vivos como um ato unilateral com aceitação, nos termos do art. 894, mantendo o foco na vontade de se despojar gratuitamente de um bem. Em contraste, o direito privado contemporâneo, como o brasileiro, adota uma visão mais moderna, qualificando a doação como um contrato unilateral: embora haja o encontro de vontades entre doador e donatário, apenas o primeiro assume obrigações jurídicas, o que confere ao instituto a forma contratual, mas com conteúdo obrigacional unilateral. Essa evolução reflete uma transição de um formalismo romano para uma teoria geral dos contratos mais ampla e funcional.

Sobre a aceitação do contrato de doação,[3] ainda que o texto do art. 538 da lei substantiva não seja expresso quanto à essencialidade da aceitação, a sua necessidade é imprescindível para a formação do contrato. Nesse sentido, importante salientar que o doador poderá fixar prazo para o donatário declarar se aceita ou não a liberalidade e, ciente do prazo, o silêncio do donatário importará na sua aceitação, excetuando-se apenas se a doação for com encargo.[4]

No caso de doação realizada em benefício do absolutamente incapaz, dispensa-se a aceitação,[5] desde que se trate de doação pura e que o absolutamente incapaz não esteja sujeito à tutela ou curatela,[6] devendo, nessas hipóteses, a doação depender de expressa aceitação e autorização judicial.[7]

Por sua vez, se a doação for efetivada em favor do nascituro, esta deverá ser aceita pelos seus representantes legais ou pelo curador do ventre.[8] Nesta última hipótese, dependerá de autorização judicial.

E, se a doação for celebrada em favor de entidade futura, por motivos óbvios, não haverá aceitação, por força do preceito contido no art. 554 do Código Civil, cabendo esclarecer que, até o presente momento, pelo menos no estado do Rio de Janeiro, não se tem notícia da lavratura desse tipo de doação e, por essa razão, esse tópico não será abordado, dada a ausência de relevância.

Sobre a questão da aceitação pelo menor de 16 anos e pelo relativamente incapaz, bem como pelo nascituro, esta temática será tratada em capítulo próprio.

Quanto à obrigatoriedade do *animus donandi* para o aperfeiçoamento do contrato de doação, que se encontra disciplinado no Título V dos Contratos

---

3 Conquanto já estivesse implícita no art. 538 do Código Civil, a necessidade de aceitação da doação, há previsão expressa com a redação do Projeto de Lei 4/2025, que trata da reforma do Código Civil.

4 CC, art. 539: "O doador pode fixar prazo ao donatário, para declarar se aceita ou não a liberalidade. Desde que o donatário, ciente do prazo, não faça, dentro dele, a declaração, entender-se-á que aceitou, se a doação não for sujeita a encargo".

5 Conforme determina o art. 543 do Código Civil, "Se o donatário for absolutamente incapaz, dispensa-se a aceitação, desde que se trate de doação pura". Faz-se a ressalva que com a nova redação prevista no Projeto de Lei 4/2025, a aceitação do absolutamente incapaz permanecerá dispensada, no entanto, os seus representantes poderão não aceitar a pretendida doação, tendo, nesse caso, que sublinhar a não aceitação com uma justa causa.

6 CC, art. 1.778. "A autoridade do curador estende-se à pessoa e aos bens dos filhos do curatelado, observado o art. 5º".

7 Conforme expresso no inc. II do art. 1.748 e no art. 1.774, ambos do diploma civil.

8 Conforme disposto no art. 542 c/c arts. 1.779, 1.774 e 1.748, II, todos do Código Civil.

CC, art. 542: "A doação feita ao nascituro valerá, sendo aceita pelo seu representante legal".

CC, art. 1.779: "Dar-se-á curador ao nascituro, se o pai falecer estando grávida a mulher, e não tendo o poder familiar. Parágrafo único. Se a mulher estiver interdita, seu curador será o do nascituro".

CC, art. 1.774: "Aplicam-se à curatela as disposições concernentes à tutela, com as modificações dos artigos seguintes".

CC, art. 1.748: "Compete também ao tutor, com autorização do juiz: II – aceitar por ele heranças, legados ou doações, ainda que com encargos".

em Geral do Código Civil, essa matéria será abordada no capítulo que trata da promessa de doação.

No que tange à forma, o contrato de doação será efetivado por escritura pública[9] ou por instrumento particular, à exceção dos bens móveis de pequeno valor, em que se admite a doação verbal, desde que realizada a tradição – ou seja, a entrega do bem –, caso em que a doação se caracterizará como um contrato real.[10]

O contrato de doação pode ser classificado como real ou consensual. A principal diferença entre eles está no momento de sua formação. Os contratos consensuais se formam pelo simples acordo de vontades entre as partes, não se exigindo a entrega do bem ou qualquer formalidade adicional – como ocorre com o contrato de doação e o de compra e venda.

Em contrapartida, os contratos reais, como o mútuo, o comodato e o depósito, são aqueles que só se consideram formados e produzem efeitos jurídicos com a entrega da coisa, ou seja, além do acordo de vontades é imprescindível a entrega do bem (*traditio*).

A doação é, portanto, em regra, um contrato unilateral, consensual, gratuito, que deve ser interpretado restritivamente, por se tratar de negócio jurídico benéfico, nos termos do art. 114 do Código Civil.

O contrato de doação é unilateral porque apenas uma das partes, no caso o doador, contrai as obrigações decorrentes do contrato. Logo, a liberalidade e a mutação patrimonial – esta última caracterizada como o aumento patrimonial do donatário em detrimento do patrimônio do doador – são fundamentais para a caracterização do contrato de doação.

Frise-se que, nos contratos unilaterais não há que se cogitar em alguns institutos característicos dos contratos bilaterais, *e.g.*, cláusula resolutiva tácita, exceção do contrato não cumprido, vícios redibitórios, evicção de direito, direito de preferência, arras ou sinal.[11]

Em relação ao objeto, o contrato de doação poderá ser de bens móveis e imóveis, bens corpóreos e incorpóreos, presentes e futuros, direitos reais e pessoais, vantagens de qualquer espécie.

Além disso, o bem a ser doado deve, a princípio, pertencer ao doador no momento da doação, por força do dispositivo contido no art. 538 do Código Civil, que determina que o bem transmitido deve sair do patrimônio do doador.

---

9 Conforme determina o art. 108 c/c inc. IV do art. 166, ambos do Código Civil; e o item 33 do inc. I do art. 167 da Lei 6.015/1973.

10 CC, art. 541: "A doação far-se-á por escritura pública ou instrumento particular. Parágrafo único. A doação verbal será válida, se, versando sobre bens móveis e de pequeno valor, se lhe seguir *incontinenti* a tradição".

11 Conforme art. 552 c/c Parágrafo único do art. 441, ambos do Código Civil.

Todavia, oportuno trazer ao debate a lição do doutrinador Agostinho Alvim, no seu *Livro da doação*, que trata da doação de bens futuros, que a seguir se reproduz:

> A coisa alheia não pode ser objeto da doação, mas a aquisição posterior do domínio revalida a doação, nos termos do art. 622, do Código Civil (1916).[12]
> A coisa futura pode ser objeto de doação; ex.: os frutos que eu colher este ano; o primeiro bezerro que nascer de tal vaca que me pertence. Isso não é promessa de doar, e, sim, doação condicional: se colher, se nascer.[13]

Impõe-se, igualmente, conferir os preciosos ensinamentos do mestre Caio Mário da Silva Pereira, que assim se manifesta sobre a doação de bens futuros:

> Não é, porém, vedada a doação de bens futuros. O ato terá o caráter de contrato condicional e não chegará a produzir nenhum efeito, se a coisa doada não vier a ter existência e disponibilidade por parte do doador.[14]

Em relação à doação de coisa alheia, embora Pontes de Miranda, em sua obra *Tratado de Direito Privado*, tenha se referido exclusivamente à compra e venda - ao abordar a distinção entre eficácia relativa e a eficácia num só ramo, dando como exemplo, a venda realizada por quem não era dono -, idêntico raciocínio pode ser aplicado aos contratos de doação.

> Quem vende coisa alheia vende com toda a eficácia do negócio jurídico de direito das obrigações; o que não pode ter eficácia é o acordo de transmissão (não tem nenhuma), ou a tradição, por se tratar de coisa alheia.[15]

Para o autor, a venda realizada por pessoa que não seja dona do bem não é nula, porque o negócio jurídico, em si, é válido, no sentido de que todos os elementos essenciais do contrato estão presentes - vontade, objeto, preço. Essa venda, porém, é ineficaz em relação ao verdadeiro proprietário, ou seja, o contrato de compra e venda não gera efeitos jurídicos enquanto o vendedor não for o dono do bem.

---

12 CC/1916, art. 622: "Feita por quem não seja proprietário, a tradição não alheia a propriedade. Mas, se o adquirente, estive de boa-fé, e o alienante adquirir depois o domínio, considerar-se revalidada a transferência e operado o efeito da tradição, desde o momento do seu ato. Parágrafo único. Também não transfere o domínio a tradição, quando tiver por título um ato nulo".

13 ALVIM, Agostinho. *Da doação*. 3. ed. São Paulo: Saraiva, 1980. p. 11.

14 PEREIRA, Caio Mário da Silva. *Instituições do Direito Civil* - Contratos. v. III. 17. ed. Rio de Janeiro: Forense, 2013. p. 218.

15 PONTES DE MIRANDA, Francisco Cavalcanti. *Tratado de Direito Privado* - Parte Geral. t. V. 3. ed. Rio de Janeiro: Borsoi, 1968. p. 74.

Segundo Pontes de Miranda, a venda é ineficaz porque, embora o negócio jurídico seja formalmente correto, o vendedor não possui legitimidade para transferir a propriedade do bem. No entanto, caso venha adquirir a propriedade posteriormente, a venda poderá tornar-se eficaz, já que ele passaria a ter o direito de transferir a titularidade.

Contudo, esse entendimento sobre a possibilidade de doação de bens futuros e de coisas alheias é rechaçado por outro doutrinador do Direito Civil, Orlando Gomes, segundo o qual:

> O bem doado deve pertencer ao doador no momento em que doa, nula sendo, desse modo, *a doação de coisas alheias* e a *doação de coisa futura.*[16]

Atente-se que a nossa legislação civil não permite que seja objeto de doação ou de promessa de doação a herança de pessoa viva, por contrariar o disposto no art. 426 do Código Civil. Da mesma forma, não se admite a doação que preveja objetos ilícitos ou impossíveis, como órgãos humanos e materiais genéticos.

Em relação às modalidades, a doação poderá ser:

a) Doação contemplativa ou meritória (art. 540 do Código Civil): é a doação realizada em razão do merecimento do donatário. Ou seja, o doador reconhece algum mérito, qualidade ou ação do beneficiário que justifique o ato. Destaque-se o caráter subjetivo dessa modalidade, pois depende da avaliação do doador sobre o merecimento do donatário;
b) Doação remuneratória (arts. 540, 882 e 2.011, do Código Civil): é a modalidade de doação realizada como uma forma de recompensa por algum benefício prestado pelo donatário ao doador, geralmente relacionado ao cumprimento de obrigações naturais - aquelas que, não juridicamente exigíveis, possuem relevância moral ou social (p. ex.: serviços prestados sem contrato ou ações que despertaram a gratidão do doador);
c) Doação com encargo, onerosa ou modal (art. 540, 136 e 539 do Código Civil): ocorre quando o donatário recebe o bem com a condição de cumprir uma obrigação acessória imposta pelo doador, configurando um *ônus* ou modalidade na doação, devendo o encargo ser possível e lícito. Exemplo: um imóvel doado com a obrigação de que o donatário o utilize para fins sociais ou permita que um familiar do doador resida nele;
d) Doação em forma de subvenção periódica (art. 545, do Código Civil): refere-se à doação realizada em parcelas regulares, geralmente com

---

[16] GOMES, Orlando. *Contratos*. 24. ed. Rio de Janeiro: Forense, 2001. p. 214.

caráter assistencial ao beneficiário, assemelhando-se a alimentos voluntários. Não decorre de obrigação legal, mas sim de um ato de liberalidade do doador;

e) Doação em contemplação de casamento futuro ou prole eventual (art. 546 do Código Civil): é a modalidade vinculada a eventos futuros, como o casamento ou o nascimento de filhos. No caso do casamento, a doação ocorre em favor dos noivos e pode ser condicionada à realização do matrimônio. Já no caso da eventual prole, destina-se aos filhos que vierem a nascer. As duas hipóteses têm caráter condicional, pois dependem da ocorrência de eventos futuros e incertos.

Os diferentes tipos de doação demonstram a flexibilidade desse modelo contratual, que poderá atender a diversas finalidades, desde o reconhecimento de méritos até o suporte do doador ao donatário, em situações específicas.

2. TRIBUTOS RELACIONADOS À DOAÇÃO DE BEM IMÓVEL

2.1 • Breve introdução

O Direito Tributário é um dos temas mais complexos e desafiadores do universo jurídico, sendo muitas vezes incompreensível e inacessível para a maioria das pessoas.

Esse ramo do Direito é construído sobre uma rede intrincada de normas legais, administrativas, federais, estaduais e municipais, sujeitas a constantes alterações, o que o torna ainda mais distante para a maioria das pessoas. Esse cenário caótico em relação aos tributos já foi descrito pelo ex-Ministro da Fazenda Paulo Guedes, em veículo jornalístico, como um "manicômio tributário".

Essa complexidade, no entanto, não é um fenômeno recente. Já no século XIX, o jurista Augusto Teixeira de Freitas foi incumbido, em 1855, por determinação do governo imperial, da elaboração da *Consolidação das Leis Civis.*[17] O seu objetivo foi reunir, normatizar e sistematizar a legislação civil vigente à época, marcada pela dispersão e obscuridade, de modo a conferir aos preceitos legais maior clareza, coerência e efetividade, facilitando, assim, a sua compreensão e aplicação.

Parece-nos, porém, que nosso país não avançou muito nessa direção.

---

17 FREITAS, Augusto Teixeira de. *Consolidação das leis civis*. v. 1. Edição fac-similar. Brasília: Senado Federal, Conselho Editorial, 2003.

2.2 • Imposto de transmissão *causa mortis* e doação

O imposto sobre transmissão *causa mortis* e doação – abreviado como ITCMD, ITD, ITCD, a depender do estado federativo – possui competência estadual[18] e está previsto no inc. I do art. 155 da Constituição Federal que determina a sua incidência sobre quaisquer bens ou direitos.

No tocante ao contribuinte do imposto, nem a Constituição da República tampouco o Código Tributário Nacional (CTN) definem, expressamente, quem é o contribuinte do referido imposto.[19]

Com efeito, a definição do contribuinte do imposto, no estado do Rio de Janeiro, encontra-se na Lei Estadual 7.174/2015, em seu art. 10[20] que define o contribuinte do contrato de doação como o donatário, estabelecendo igualmente em seu art. 11, a possibilidade da responsabilidade solidária do doador, caso o donatário não seja o contribuinte.

No que diz respeito às alterações recentes acerca do imposto de transmissão *causa mortis* e doação: com a promulgação da Emenda Constitucional 126, em 21 de dezembro de 2022, ficou estabelecido[21] a não incidência do imposto sobre doações destinadas, no âmbito do Poder Executivo da União, a projetos socioambientais, ações voltadas para a mitigação dos efeitos das mudanças climáticas e às instituições federais de ensino.

No ano seguinte, a Emenda Constitucional 132, de 29 de dezembro de 2023, promoveu outras importantes alterações, dando nova redação ao inc. II e incluindo os incs. VI e VII ao § 1º do art. 155 da Constituição Federal.

O inc. II do § 1º foi alterado para estabelecer que a competência para a cobrança do imposto de transmissão *causa mortis* e doação sobre bens móveis, títulos e créditos é do estado[22] da localidade do domicílio do falecido ou da residência do doador.

Essa mudança elimina a possibilidade de escolha do local para o processamento do inventário, o que antes permitia estratégias de planejamento sucessório

---

18 O imposto de transmissão *causa mortis* e doação (ITCMD ou ITD) possui competência estadual e do Distrito Federal.

19 O art. 121 do CTN estabelece que o sujeito passivo da obrigação tributária principal é a pessoa obrigada ao pagamento de tributo ou penalidade pecuniária e o Parágrafo único desse artigo define duas categorias de sujeitos passivos: (i) o contribuinte, que é aquele que possui relação pessoal e direta com a situação que constitui o fato gerador do tributo; e (ii) o responsável, aquele cuja obrigação decorre de disposição expressa de lei, sem revestir a condição de contribuinte.

20 Lei 7.174/2015, art. 10: "O contribuinte do imposto é o beneficiário, usufrutuário, cessionário, fiduciário, herdeiro, legatário ou donatário, assim entendida a pessoa em favor da qual se opera a transmissão do bem ou direito, por doação ou *causa mortis*".

21 Alteração prevista com a inclusão do inc. V ao § 1º do art. 155 da CF/1988.

22 São competentes os estados – ou o Distrito Federal – do último domicílio do *de cujus* e onde tem domicílio o doador.

visando à redução da carga tributária, aproveitando alíquotas mais favoráveis em determinados estados. Agora, a competência é vinculada ao domicílio do *de cujus* ou do doador, conforme o caso, restringindo a flexibilidade anteriormente existente.

Já o inc. VI do § 1º determinou a obrigatoriedade da aplicação de alíquotas progressivas com base no valor do quinhão, do legado ou da doação e, no inc. VII do § 1º definiu-se a não incidência do imposto sobre contribuições e ações destinadas a instituições sem fins lucrativos que exerçam atividades com finalidade de relevância pública e paz social.

Quanto ao novo mandamento constitucional que determina a obrigatoriedade da progressividade do imposto, destaque-se que alguns estados da federação já aplicavam essa regra há anos, como é o caso do Rio de Janeiro. A legislação fluminense, por meio da revogada Lei 1.427/1989, estabelecia uma alíquota fixa de 4% para a tributação de doações e heranças. Com a edição da Lei 7.174/2015, o estado do Rio de Janeiro implementou o critério da progressividade, estabelecendo alíquotas de 4,5% para valores até 400 mil UFIR-RJ[23] e 5% para valores superiores a esse limite.[24]

Com a entrada em vigor da Lei Estadual 7.786/2017, que alterou o art. 26 da Lei 7.174/2015, ampliou-se a progressividade, com as alíquotas do imposto variando de 4% a 8%, conforme o valor da base de cálculo. Assim, de 16.02.2018 até a presente data, a tabela progressiva do imposto funciona da seguinte forma: 4,0% para valores até 70 mil UFIR-RJ; 4,5% para valores acima de 70 mil e até 100 mil UFIR-RJ; 5% para valores acima de 100 mil e até 200 mil UFIR-RJ; 6% para valores acima de 200 mil e até 300 mil UFIR-RJ; 7% para valores acima de 300 mil e até 340 mil UFIR-RJ; e, finalmente, 8% para valores acima de 400 mil UFIR-RJ.

Embora a legislação do estado do Rio de Janeiro esteja aparentemente em conformidade com o inc. VI do § 1º do art. 155 da Constituição Federal, ao adotar alíquotas progressivas, há uma discrepância entre a norma estadual e o texto constitucional, no que se refere ao imposto sobre transmissão *causa mortis*. A divergência está na definição da base de cálculo: enquanto a lei estadual determina que a alíquota será aplicada com base no valor total dos bens e direitos

---

23 Unidade Fiscal de Referência do Estado do Rio de Janeiro.

24 As alíquotas de 4,5 e 5% do ITCMD de quaisquer bens ou direitos no estado do Rio de Janeiro foram estabelecidas pela Lei Estadual 7.174/2015 (sancionada em 28 de dezembro de 2015) e ficaram vigentes entre 29.03.2016 e 15.02.2018. Conforme o art. 47 da referida lei, as alíquotas entraram em vigor em 29.03.2016, respeitando o prazo de noventena previsto na Constituição Federal.

O estado do Rio de Janeiro, por meio da Lei 7.174/2015, implementou a progressividade das alíquotas do ITD, estabelecendo alíquotas de 4,5% para valores até 400 mil UFIR-RJ e 5% para valores superiores a esse valor. No entanto, em 16 de novembro de 2017, foi sancionada a Lei 7.786/2017, que promoveu alterações significativas nas alíquotas do imposto. A nova legislação entrou em vigor em 17 de novembro de 2017, mas, em razão do princípio da anterioridade nonagesimal previsto na Constituição Federal, as alterações passaram a produzir efeitos a partir de 15 de fevereiro de 2018.

transmitidos, a Constituição estabelece que, em transmissões *causa mortis* com alíquotas progressivas, a base de cálculo deve considerar o valor do quinhão ou do legado, e não o montante integral da herança.

Neste sentido, leia-se o ensinamento do tributarista Hugo de Brito Machado:

> A função do imposto sobre heranças e doação é fiscal. Ele tem a finalidade de gerar recursos financeiros para os cofres públicos. Isso não quer dizer que não possa ter função extrafiscal. Todo tributo pode. No caso do imposto sobre heranças e doações, a função extrafiscal possível consiste em desestimular o acúmulo de riqueza, ou, em outras palavras, desestimular a concentração de renda. Basta a instituição de alíquota progressivas, com percentuais bastante elevados para os valores mais expressivos. **Tal progressividade, como adiante será explicado, deve ser em função da parcela de bens recebida por cada herdeiro, legatário ou donatário. Não em função da totalidade dos bens deixados pelo autor da herança, ou doados.**[25] (grifou-se)

Prosseguindo na análise da base de cálculo desse tributo, e dentro do contexto supramencionado, é relevante mencionar, a título ilustrativo, a possibilidade de se questionar, tanto na esfera administrativa quanto na judicial, o valor utilizado como base de cálculo do imposto de transmissão *causa mortis* e doação para efeito de cobrança pela fazenda estadual fluminense.

A possibilidade de discussão sobre a base de cálculo do tributo foi suscitada no julgamento do Tema Repetitivo 1.113 pelo Superior Tribunal de Justiça. Nessa decisão, a Corte Superior firmou a tese de que, nos contratos de compra e venda de imóveis, a base de cálculo do ITBI deve ser o valor de mercado do imóvel em condições normais, desvinculado do valor utilizado para o cálculo do IPTU – que não pode ser considerado como parâmetro mínimo.

Estabeleceu-se, ainda, que a boa-fé é presumida, só podendo ser ilidida, por meio de procedimento administrativo formal, que garanta o direito ao contraditório e a ampla defesa.[26]

Conquanto a supramencionada decisão do nosso Tribunal Superior se refira ao imposto de transmissão *inter vivos*, a mesma lógica deve aplicada ao imposto sobre *causa mortis* e doação, pois onde há a mesma razão, deve haver a mesma disposição (*ubi eadem ratio, ibi eadem dispositivo*).

---

25 MACHADO, Hugo de Brito. *Curso de Direito Tributário*. 37. ed. São Paulo: Malheiros. 2016. p. 366.

26 Lei 5.172/1966 (Código Tributário Nacional – CTN), art. 148: "Quando o cálculo do tributo tenha por base, ou tome em consideração, o valor ou o preço de bens, direitos, serviços ou atos jurídicos, a autoridade lançadora, mediante processo regular, arbitrará aquele valor ou preço, sempre que sejam omissos ou não mereçam fé as declarações ou os esclarecimentos prestados, ou os documentos expedidos pelo sujeito passivo ou pelo terceiro legalmente obrigado, ressalvada, em caso de contestação, avaliação contraditória, administrativa ou judicial".

Retornando à questão da alíquota do imposto de transmissão sobre *causa mortis* e doação, essa alíquota não pode exceder o limite máximo estabelecido pela Constituição Federal. Atualmente, o teto constitucional é de 8%, conforme disposto no inc. IV do § 1° do art. 155 da Constituição Federal e na Resolução 9/1992 do Senado Federal.[27]

Mencione-se, por oportuno, que já se encontra em trâmite no Senado Federal um Projeto de Resolução de 57, de 2019,[28] de autoria do Senador Cid Gomes, elevando essa alíquota para 16%.

A justificativa desse aumento está em aproximar o Brasil das alíquotas praticadas pelos países desenvolvidos, que tributam fortemente a herança, tanto aquela realizada em vida como aquela recebida após a morte, progressivamente, a depender da capacidade econômica de cada um.

Além disso, as elevadas alíquotas exigidas por alguns países estrangeiros (40%, nos Estados Unidos; 50%, na Suíça; 55%, no Japão; e 60%, na França) têm como principal fundamento a busca por um impacto moral significativo. Essas altíssimas alíquotas visam promover a justiça fiscal, desincentivando, simultaneamente, a falta de esforço do donatário ou do herdeiro.

Cita-se, também, como repúdio à falta de esforço dos herdeiros e donatários e as consequências deletérias que essa ausência de esforço representa para a sociedade, o movimento liderado pela organização filantrópica *The Giving Pledge* (A Promessa, em livre tradução), fundada em 2010, por Bill e Melinda Gates e Warren Buffett, que incentiva pessoas e famílias com grandes fortunas em todo o mundo a contribuir com parte significativa de suas riquezas para causas sociais, por meio de doações ou em seus testamentos.

Ressalte-se que o único brasileiro a integrar esse movimento é Elie Horn, empresário do setor imobiliário. Horn anunciou a sua adesão ao *The Giving Pledge* em 2015, comprometendo-se a doar pelo menos metade de sua fortuna a causas filantrópicas.

2.2.1. Imposto de transmissão causa mortis e doação – no exterior

Diante de um mundo cada vez mais globalizado, é igualmente relevante abordar a tributação de doações e heranças relacionadas ao exterior. Essa matéria

---

27 Resolução 9/1992: "Art. 1° A alíquota máxima do imposto de que trata a alínea 'a', inc. I, do art. 155 da Constituição Federal será de oito por cento, a partir de 1° de janeiro de 1992. Art. 2° As alíquotas dos impostos, fixadas em lei estadual, poderão ser progressivas em função do quinhão que cada herdeiro efetivamente receber, nos termos da Constituição Federal".

28 BRASIL. Senado Federal. Projeto de Resolução do Senado 57/2019. Estabelece alíquota máxima para o Imposto sobre Transmissão *Causa Mortis* e Doação, de que trata o inc. I do *caput* e o inc. IV do § 1° do art. 155 da Constituição Federal. Disponível em: https://www25.senado.leg.br/web/atividade/materias/-/materia/137288. Acesso em: 15 ago. 2024.

está disciplinada no inc. III do § 1º do art. 155 da Constituição Federal, que determina que a competência para instituir imposto sobre transmissão *causa mortis* e doação cabe aos estados e ao Distrito Federal, devendo ser regulamentada por lei complementar.

Na ausência da edição da necessária lei complementar e, consequentemente, da regulamentação específica sobre a matéria, os estados da federação passaram a legislar autonomamente, definindo alíquotas e critérios de arrecadação próprios. Como resultado, diversas normas estaduais foram questionadas judicialmente, conduzindo à declaração de inconstitucionalidade de vários dispositivos.

Nessa linha de intelecção, o Supremo Tribunal Federal declarou a inconstitucionalidade do inc. II do art. 5º da Lei 7.174/2015[29] do estado do Rio de Janeiro, em julgamento da Ação Direta de Inconstitucionalidade (ADI 6826), realizado em 24.03.2022. Em razão dessa decisão, a Secretaria de Fazenda do estado do Rio publicou a Resolução 411/2022, determinando a suspensão da lavratura de autos de infração e o cancelamento dos já emitidos nas hipóteses previstas no aludido dispositivo legal.

Ainda nessa mesma direção, a Corte Suprema ao julgar o Recurso Extraordinário 851.108/SP, sob a sistemática da Repercussão Geral estabeleceu a seguinte tese (Tema 825):

> É vedado aos estados e ao Distrito Federal instituir o ITCMD nas hipóteses previstas no art. 155, § 1º, III, da Constituição Federal, sem a intervenção da lei complementar exigida pelo referido dispositivo constitucional.

À vista desse vácuo legislativo e enquanto não editada a necessária lei complementar para regulamentar a matéria, o Parlamento, por meio da Emenda Constitucional 132/2023, autorizou os estados a tributarem doações e heranças relacionadas ao exterior, conforme previsto no art. 16 da citada emenda.

O supracitado art. 16 da Emenda Constitucional 132/2023 estabelece que: (i) para bens imóveis situados no Brasil, a tributação será de competência do estado onde o bem se encontrar, independentemente do domicílio do doador e do donatário; (ii) para bens móveis situados no Brasil, caso o doador resida no exterior, a competência para tributar será do estado onde o donatário ou legatário tem domicílio; (iii) se o bem estiver localizado no exterior, o art. 16 prevê apenas tributação no caso de herança, estabelecendo que a competência para tributar caberá ao estado de domicílio do *de cujus* e caso o falecido tenha domicílio no exterior, será competente o estado onde tiver domicílio o herdeiro ou legatário.

---

[29] Lei 7.174/2015, art. 5º: "O imposto é devido ao estado do Rio de Janeiro: [...] II – na transmissão de bem móvel ou de bem imóvel situado no exterior, bem como de direitos a eles relativos, se nele estiver localizado o domicílio".

Contudo, permanece a lacuna legislativa no que tange à tributação das doações de bens móveis e imóveis situados no exterior, haja vista que o art. 16 da Emenda Constitucional 132/2023 trata apenas da tributação da herança.[30]

2.3 • Imposto de renda sobre o ganho de capital

Importante ainda observar que, no âmbito dos contratos de doação e das transmissões *causa mortis*, além da possibilidade tangível de aumento da alíquota do imposto sobre transmissão *causa mortis* e doação, que tem como fato gerador a transmissão de propriedade de quaisquer bens e direitos, há a possibilidade de a União tributar o imposto de renda das pessoas físicas (IRPF) sobre eventual ganho de capital.

Trata-se, portanto, de imposto sobre a renda, de competência da União, que tem como fato gerador o ganho de capital – ou seja, a diferença positiva entre o valor de alienação de bens ou direitos e o respectivo custo de aquisição, conforme estabelece o art. 2º da Instrução Normativa da Secretaria da Receita Federal 84, de 2001.[31]

---

30 Essa omissão normativa foi ressaltada pelo Professor Dr. Daniel Bucar, especialista em Direito Civil e Doutor pela Universidade do Estado do Rio de Janeiro, durante evento promovido pela Escola de Magistratura do Estado do Rio de Janeiro (EMERJ) em 24 de outubro de 2024. O referido evento foi presidido pela Desembargadora Kátia Maria Monnerat, que ocupa a presidência do Fórum Permanente de Direito de Família e Sucessões. No mesmo evento, a advogada e conferencista Ana Luiza Nevares propôs uma reflexão acerca do art. 16 da Emenda Constitucional nº 132/2023, questionando a sua autoaplicabilidade. Além disso, suscitou questão fundamental: seria imprescindível que os estados internalizassem essa disposição, sobretudo nos casos em que normas estaduais tenham sido declaradas inconstitucionais, como ocorreu no Estado do Rio de Janeiro? Ao concluir a sua análise, a jurista enfatizou que ainda há consideráveis incertezas sobre o tema. Assim, essa insegurança jurídica apontada por Ana Luiza Nevares, decorre da impossibilidade de restaurar a vigência de uma norma anteriormente declarada inconstitucional. Trata-se do conceito da repristinação previsto no § 3º, do art. 2º, da Lei de Introdução às Normas do Direito Brasileiro (Decreto-Lei 4.657/1942) que prevê: "Art. 2º. Não se destinando à vigência temporária, a lei terá vigor até que outra a modifique ou revogue. § 3º Salvo disposição em contrário, a lei revogada não se restaura por ter a lei revogadora perdido a vigência. Nesse contexto, ainda que as Mesas da Câmara dos Deputados e do Senado Federal tenham posteriormente às decisões do Supremo Tribunal Federal acima narradas, promulgado a Emenda Constitucional nº 132/2023, conferindo autorização aos estados para tributar, essa medida seria questionável. Considerando a atual conjuntura, conclui-se que seria necessária a edição de lei complementar e de uma nova legislação estadual para disciplinar a tributação de bens localizados no exterior. A regulamentação desse tema provavelmente ocorrerá com a eventual aprovação do Projeto de Lei Complementar nº 108/2024, uma das principais iniciativas voltadas à normatização da Reforma Tributária em curso no Brasil. O projeto propõe alterações significativas, com o objetivo de promover a uniformização das legislações estaduais.

31 O ganho de capital encontra-se regulamentado pelas seguintes leis: Lei 7.713/1988, Lei 8.981/1995, Lei 9.532/1997, Lei 11.196/2009, Lei 13.259/2016, bem como pelas Instruções Normativas da Secretaria da Receita Federal 84, de 11.10.2001, e 599, de 28.12.2005. De acordo com o art. 2º da Instrução Normativa da Secretaria da Receita Federal 84, "Considera-se ganho de capital a diferença positiva entre o valor de alienação de bens ou direitos e o respectivo custo de aquisição". A mesma Instrução

No caso do imposto de renda sobre o ganho de capital, o contribuinte, em regra, é o doador, nos termos do inc. II, § 2º, do art. 23 da Lei 9.532/1997.

Adicionalmente, esclareça-se que, caso o doador residente no Brasil não efetue o pagamento do citado imposto, o inc. I do art. 131 do Código Tributário Nacional – que trata da responsabilidade tributária de terceiros – atribui ao adquirente, ou seja, ao donatário, a responsabilidade pessoal pelo pagamento do tributo.

Na hipótese de o doador ser domiciliado no exterior, a obrigação de retenção e recolhimento do imposto de renda sobre o ganho de capital recai sobre o donatário ou seu procurador, conforme previsto no art. 26 da Lei 10.833/2003.

Essa questão da tributação atinente ao ganho de capital sobre doações e heranças tem sido objeto de intensos debates no Supremo Tribunal Federal. O tema é objeto do Recurso Extraordinário 1.522.312/SC, que teve repercussão geral reconhecida em 25.04.2025 pelo Plenário Virtual da Corte.[32]

Até o momento, a posição da Corte Constitucional brasileira é incerta, com decisões pró-contribuinte e pró-fazenda, conforme se pode verificar por meio da leitura dos recentes julgamentos: AgReg no RE 1269201/RS,[33] de 2021; AgReg no RE 1387761/ES,[34] de 2023; AgReg no RE 1.425.609/GO;[35] e AgReg no RE 1.439.539/RS[36] de 2024.[37]

Normativa, em seu art. 3º, determina que: "Estão sujeitas à apuração de ganho de capital as operações que importem: I – alienação, a qualquer título, de bens ou direitos ou cessão ou promessa de cessão de direitos à sua aquisição, tais como as realizadas por compra e venda, permuta, adjudicação, desapropriação, dação em pagamento, procuração em causa própria, promessa de compra e venda, cessão de direitos ou promessa de cessão de direitos e contratos afins; II – transferência a herdeiros e legatários na sucessão *causa mortis*, a donatários na doação, inclusive em adiantamento da legítima, ou atribuição a ex-cônjuge ou ex-convivente, na dissolução da sociedade conjugal ou união estável, de direito de propriedade de bens e direitos adquiridos por valor superior àquele pelo qual constavam na Declaração de Ajuste Anual do *de cujus*, do doador, do ex-cônjuge ou ex-convivente que os tenha transferido".

32 STF, RE 1.522.312/SC, Rep. Geral Tema 1.391: "Constitucionalidade da incidência de Imposto de Renda de Pessoa Física (IRPF) sobre o ganho de capital na doação a título de adiantamento de legítima". Disponível em: https://portal.stf.jus.br/processos/detalhe.asp?incidente=7074589. Acesso em: 10.05.2025.

33 STF, AgReg no RE 1.269.201/RS, 2ª Turma, Relatora Ministra Cármen Lúcia, *DJe* 24.02.2021. Disponível em: https://portal.stf.jus.br/processos/detalhe.asp?incidente=5916829. Acesso em: 20 ago. 2024.

34 STF, AgReg no RE 1.387.761, 1ª Turma, Relator Ministro Luís Roberto Barroso, *DJe* 28.02.2023. Disponível em: https://portal.stf.jus.br/processos/detalhe.asp?incidente=6422025. Acesso em: 20 ago. 2024.

35 STF, AgReg no RE 1.425.609, 2ª Turma, Relator Ministro Gilmar Mendes, j. 17.05.2024, pendente de trânsito em julgado. Disponível em: https://portal.stf.jus.br/processos/detalhe.asp?incidente=6587878. Acesso em: 29 set. 2024.

36 STF, Agr no RE 1.439.539/RS, 1ª Turma, Relator Ministro Flávio Dino, j. 22.10.2024. Disponível em: https://portal.stf.jus.br/processos/detalhe.asp?incidente=6651871. Acesso em: 18 nov. 2024.

37 Os dois últimos julgamentos ainda não haviam transitado em julgado até a data de fechamento desta edição.

Aqueles que defendem a não incidência do imposto sobre doações e heranças argumentam, em apertada síntese, a ausência de acréscimo patrimonial do doador ou do *de cujus* no momento da transmissão, que, nas duas hipóteses, sucessão ou doação, dar-se-á de forma gratuita.[38]

Dessa forma, até que a Corte Suprema defina a sua posição sobre essa pauta, com efeito *erga omnes*, a União mantém a tributação do ganho de capital nas doações e transmissões *causa mortis* com base na legislação supramencionada.[39]

2.4 • Imposto de doação no contrato de permuta

O contrato de permuta – também denominado troca ou escambo – remonta às formas mais primitivas de comércio da humanidade, sendo anterior até mesmo ao surgimento da moeda e, consequentemente, ao contrato de compra e venda. A troca constitui, de fato, o protótipo dos contratos onerosos, decorrente do anseio natural dos indivíduos de trocar bens ou serviços para suprir suas necessidades.

O contrato de permuta representa, inquestionavelmente, um verdadeiro desafio para aquele que opta por essa modalidade contratual. O obstáculo, contudo, não decorre da complexidade jurídica do tipo contratual, mas sim das dificuldades práticas relativas à sua operabilidade no campo do Registro Imobiliário, mormente, do recolhimento correto do tributo incidente.

A permuta é caracterizada como negócio jurídico bilateral e oneroso, por meio do qual as partes se obrigam reciprocamente a transferir a propriedade de bens ou direitos, sem que o pagamento em dinheiro constitua o elemento principal da prestação.[40]

---

[38] O inc. III do art. 153 da Constituição da República concede à União a competência para instituir o imposto de renda, que deverá incidir sobre acréscimos patrimoniais; e o art. 43 do CTN define o fato gerador do imposto de renda como a aquisição da disponibilidade econômica ou jurídica da renda e proventos de qualquer natureza.

[39] No que diz respeito ao ganho de capital, cabe ainda mencionar que, em setembro de 2024, foi promulgada a Lei Federal 14.973/2024, regulamentada pela Instrução Normativa da Receita Federal 2.222/2024. Essa legislação permitiu a atualização do valor de bens imóveis para o valor de mercado, com a aplicação de alíquotas reduzidas. Os contribuintes tiveram até dia 16 de dezembro de 2024 para aderir à proposta da nova lei, sendo a decisão tomada definitiva e irretratável pela Receita Federal. Dessa forma, o Governo buscou antecipar e garantir a arrecadação de receitas. Certamente, a nova legislação somente representaria vantagens ao contribuinte se os bens imóveis fossem alienados após 15 anos da data de atualização de seus valores. No entanto, se a intenção for alienar o imóvel a curto prazo, há outras normas vigentes que dispõem sobre ganho de capital que se mostram mais vantajosas.

[40] Nesse sentido, o art. 533 do Código Civil dispõe: "Aplicam-se à troca as disposições referentes à compra e venda, com as seguintes modificações: se um dos contratantes recebeu a coisa permutada e provou não ser dono, não pode ser obrigado a entregar a que ofereceu em troca, salvo se quiser fazê-lo, retendo a que recebeu".

No tocante à disciplina registral, cumpre observar o disposto no art. 187 da Lei de Registros Públicos,[41] que determina que, pertencendo os imóveis à mesma circunscrição, serão feitos os registros nas matrículas correspondentes, sob um único número de ordem no protocolo.

A complexidade se acentua quando, além da troca de bens imóveis, há compensação financeira decorrente da diferença de valores entre os bens permutados – situação equivocada e comumente denominada *permuta com torna*.[42]

No estado do Rio de Janeiro, a incidência tributária sobre a torna ou reposição se encontra disciplinada no inc. X do art. 5º da Lei Municipal 1.368/1988[43] que foi alterada pelo art. 1º da Lei Municipal 5.740/2014.

Conforme se depreende da leitura do supramencionado dispositivo legal, verifica-se que, ao menos no município do Rio de Janeiro, não há previsão legal para a cobrança do imposto de torna ou de reposição em contratos de permuta com compensação financeira, uma vez que essa operação não configura fato gerador do tributo.

É importante destacar também que, nos contratos de permuta com valor complementar, o fato gerador do imposto sobre transmissão *inter vivos* (ITBI) decorre da própria permuta, não da quantia adicional.

A distinção entre o contrato de compra e venda e o contrato de permuta deve se basear, conforme a doutrina e jurisprudências majoritárias, no critério objetivo da predominância da prestação: se em bens ou em dinheiro.[44]

---

41 Lei de Registros Públicos, art. 187: "Em caso de permuta, e pertencendo os imóveis à mesma circunscrição, serão feitos os registros nas matrículas correspondentes, sob um único número de ordem no Protocolo" (Renumerado do art. 188, com nova redação pela Lei 6.216/1975).

42 A autora entende que a nomenclatura *permuta com torna* é inadequada, por induzir a interpretações equivocadas. A esse respeito, recomenda-se a leitura do artigo de sua autoria, "Contrato de permuta com parte do pagamento em dinheiro", publicado no site do Jusbrasil, em 12.07.2016.

43 Lei 1.364/1988, art. 5º: "Compreendem-se na definição do fato gerador as seguintes mutações patrimoniais, envolvendo bens imóveis ou direitos a eles relativos: [...] X – tornas ou reposições que ocorram nas partilhas ou divisões efetuadas em virtude de dissolução da sociedade conjugal, por separação judicial ou divórcio, de sucessão e de extinção de condomínio de imóveis, levando-se em conta exclusivamente os imóveis situados no Município do Rio de Janeiro; (Redação dada pela Lei 5740/2014.)".

44 Carlos Roberto Gonçalves assim se manifesta: "Quando um dos contratantes faz reposição parcial em dinheiro, a troca não se transmuda em compra e venda, salvo se representar mais da metade do pagamento. Assim, se um contratante recebe coisa que vale R$ 100,00 e entrega outra que vale R$ 30,00, fazendo a reposição da diferença (R$ 70,00) em dinheiro, terá havido compra e venda" (GONÇALVES, Carlos Roberto. *Direito Civil brasileiro, contratos e atos unilaterais*. 22. ed. São Paulo: Saraiva, 2025. p. 257).

Para Orlando Gomes, "Não é da essência da *troca* que as *coisas* tenham valor igual. A desigualdade somente desfigura a permuta, quando o contratante, que dá coisa de valor menor, completa sua prestação com dinheiro e o complemento é mais valioso" (GOMES, Orlando. *Contratos*. 24. ed. Rio de Janeiro: Forense, 2001. p. 269).

Cumpre salientar, igualmente, que não se deve confundir *preço* com *pagamento*.

Preço é o valor estipulado pelas partes no título, sendo elemento essencial do contrato de compra e venda, conforme o art. 481 do Código Civil, que estabelece que "*Pelo contrato de compra e venda, um dos contratantes se obriga a transferir o domínio de certa coisa, e o outro, a pagar-lhe certo preço em dinheiro*". O preço pode ser em dinheiro ou representado por título de crédito (cheque, nota promissória etc.); deve ser determinado ou determinável; se não houver preço, não há compra e venda, podendo ser outro tipo de contrato (como doação ou permuta).

Em contrapartida, o pagamento é o ato de cumprir a obrigação de pagar o preço. O pagamento pode ser realizado à vista, a prazo, em parcelas; envolve questões como: forma, tempo, lugar e eventual inadimplemento. Por fim, o preço pode ter sido fixado, mas o pagamento pode ainda não ter ocorrido.

À vista da densidade e das sutilezas jurídicas envolvidas no contrato de permuta - especialmente no que tange aos seus efeitos tributários -, é comum que as partes optem por modelos contratuais alternativos, como a formalização de duas operações sucessivas de compra e venda ou a combinação de uma compra e venda com dação em pagamento referente à diferença entre os valores dos bens permutados.

Contudo, essas construções jurídicas, embora frequentemente utilizadas na prática negocial e sem qualquer juízo de valor, podem ensejar implicações nefastas. Além de aumentarem o risco de autuações fiscais, podem ser caracterizadas como negócios simulados,[45] à medida que ocultam a verdadeira natureza do negócio jurídico subjacente, apresentando declarações, condições ou cláusulas que não correspondem à realidade dos fatos.

Faz-se, igualmente, pertinente analisar outra questão relevante, que envolve o contrato de permuta: a possibilidade de incidência do imposto sobre doações nas permutas em que não há qualquer compensação financeira entre os bens permutados.

Inúmeros tribunais têm reconhecido - a ver desta autora de forma acertada - que, nas hipóteses em que a troca de imóveis ocorre sem o pagamento adicional em dinheiro para equilibrar eventuais disparidades de valor, inexiste fato gerador do imposto de doação, uma vez que não se caracteriza ato de liberalidade, mesmo que os bens possuam valores de mercado distintos.

---

45 Código Civil, art. 167: "É nulo o negócio jurídico simulado, mas subsistirá o que se dissimulou, se válido for na substância e na forma. § 1º Haverá simulação nos negócios jurídicos quando: [...] II – contiverem declaração, confissão, condição ou cláusula não verdadeira".

Esse entendimento foi reforçado em decisões como a do Conselho Superior da Magistratura do estado de São Paulo, cuja ementa dispõe:

> Permuta de imóveis com valores venais distintos, mas convencionados de igual valor, sem torna ou outra contraprestação, não caracteriza doação, não havendo liberalidade que justifique a incidência do ITCMD. A exigência de ITCMD extrapola a qualificação registral, pois não há previsão legal para tal incidência sem evidência de simulação ou fraude, que não pode ser presumida.[46]

Dessa forma, à luz da jurisprudência atual, não se admite a incidência do imposto sobre doações no contrato de permuta, repita-se, quando não houver previsão de compensação financeira no ajuste contratual.

Cumpre salientar, entretanto, que no estado do Rio de Janeiro há expressa previsão legal autorizando a exigência do imposto sobre doações nas hipóteses de permuta em que se verifique diferença de valores entre os bens permutados, ainda que ausente compensação financeira. Inclusive, esse assunto foi objeto da Consulta 13 de 03.04.2025 (Consulta Jurídico-Tributária (95757626).[47]

Então, confira-se, o que dispõe o inc. IV do art. 4º da Lei Estadual 7.174/2015, *in verbis*:

> Art. 4º A doação se opera nos termos da lei civil quando uma pessoa, por liberalidade, transfere bens ou direitos do seu patrimônio para o de outra que os aceita expressa, tácita ou presumidamente, com ou sem encargo, em especial nos casos de:
>
> [...]
>
> IV – permuta, quando uma das partes receber montante que exceda o recebido pela outra parte;

Por fim, sobre o eventual ganho de capital em permutas de imóveis sem complemento em dinheiro (*sic* torna), a Receita Federal publicou a Solução de Consulta Cosit 166/2019[48] e a Procuradoria-Geral da Fazenda Nacional firmou o Parecer

---

46 TJSP, Apelação Cível 1016128-54.2023.8.26.0590, Conselho Superior da Magistratura, Relator Francisco Loureiro, j. 23 jan. 2025.

47 Consulta Jurídico-Tributária (95757626). Disponível em: https://www.legisweb.com.br/legislacao/?id=478651. Acesso em: 20 maio 2025.

48 Consulta Cosit 199/2019. Receita Federal. Disponível em: http://normas.receita.fazenda.gov.br/sijut2consulta/link.action?idAto=101302&visao=anotado. Acesso em: 20 mar. 2015. "Assunto: imposto sobre a renda de pessoa física – IRPF: permuta de terreno com casa por unidades imobiliárias a serem nele construídas. Exclusão na determinação do ganho de capital". A permuta exclusivamente de unidades imobiliárias, objeto de escritura pública, sem recebimento de parcela complementar em dinheiro, denominada torna, é excluída na determinação do ganho de capital da pessoa física. Considera-se custo de aquisição de imóvel adquirido por permuta com outro imóvel, o mesmo valor do imóvel dado em permuta, ou proporcionalmente, quando o permutante receber duas ou mais unidades imobiliárias. Dispositivos legais: Regulamento do Imposto sobre a Renda aprovado pelo Decreto 9.580, de 22 de novembro de 2018 (RIR/2018), art. 128, § 4º, inc. II, art. 132, inc. II e § 2º,

PGFN/CRJ/COJUD SEI 8.694/2021/ME, processo SEI 10951.102571/2021-25[49] esclarecendo que não haverá ganho de capital a ser tributado pelo imposto de renda na permuta sem torna. Por sua vez, se houver complemento em dinheiro na permuta, o ganho de capital deverá ser apurado apenas sobre o valor da torna. Esse cálculo deve ser feito nos moldes da Instrução Normativa SRF 84/2001, e o imposto pode variar de 15 a 22,5%, conforme a Lei 13.259/2016.

3. CONTRATO DE DOAÇÃO SOB O ASPECTO NOTARIAL E REGISTRAL

Neste capítulo, inicia-se a dissertação sobre o contrato de doação e o seu reflexo na esfera notarial e registral, restringindo, consequentemente, esse estudo ao contrato de doação de bem imóvel.

Durante 27 anos diante do 15º Ofício de Notas da Capital do Rio de Janeiro, a autora constatou que a lavratura da escritura de doação, em geral, não recebe a merecida atenção, sendo esse tipo contratual frequentemente considerado um ato simples e automático. Essa percepção decorre, em grande medida, da equivocada suposição de que essa modalidade contratual não envolve um grau significativo de complexidade.

A elaboração da escritura pública de doação demanda do notário e dos profissionais do Direito um conhecimento profundo e integrado da matéria, aliado a um domínio sólido sobre o Direito das Obrigações, dos Contratos, do Direito de Família, do Direito Empresarial e, sobretudo, do Direito Sucessório, cujas consequências são determinantes no campo do Direito Notarial e Registral.

Por conseguinte, é um equívoco tratar o contrato de doação como uma transação simples, pois, na realidade, configura-se como um dos instrumentos jurídicos mais complexos e desafiadores a serem formalizados.

---

art. 134, § 3º, e art. 136, § 1º; Instrução Normativa SRF 84, de 11 de outubro de 2001, arts. 12 e 29, inc. IV, Instrução Normativa SRF 107, de 14 de julho de 1988.

49 Parecer da Procuradoria-Geral da Fazenda Nacional. Gov.br. Disponível em: https://www.gov.br/pgfn/pt-br/assuntos/representacao-judicial/documentos-portaria-502/parecer-8694-2021.pdf/view. Acesso em: 20.03.2025. "Documento Público. Ausência de sigilo. Análise de inclusão de tema em lista de dispensa. Inscrição na base de cálculo do IRPJ, CSLL, PIS e Cofins das empresas do ramo imobiliário, que apuram seus tributos pela sistemática do lucro presumido, dos valores dos imóveis recebidos por meio de permuta, sem a chamada 'torna', como parte de pagamento na aquisição de outro. Jurisprudência consolidada do Superior Tribunal de Justiça. Inclusão de tema em lista de dispensa de contestar e de recorrer. Art. 2º, VII da Portaria PGFN 502, de 2016. Art. 19, inc. VI, c/c art. 19-A, *caput* e inc. III, da Lei 10.522 de 2002. Processo SEI 10951.102571./2021-25".

A propósito, o jurista Agostinho Alvim, assim já se pronunciava:

> Não nos ocorre nenhum outro contrato que apresente tantas peculiaridades, ou originalidades, como a doação, conforme procuraremos assinalar, no decorrer deste trabalho.[50]

Na maioria das vezes, as pessoas que procuram o Serviço Notarial para realizar um contrato de doação não sabem exatamente o que pretendem, tampouco as consequências jurídicas daquele ato. O usuário simplesmente informa ao notário que pretende doar um bem imóvel a determinada pessoa, geralmente a um descendente. A partir daí, começa o trabalho do tabelião de notas, responsável por garantir a publicidade, autenticidade, legalidade, segurança e eficácia dos atos jurídicos.

Para elaborar um contrato de doação que reflita fielmente a vontade das partes e, simultaneamente, confira segurança jurídica – minimizando os riscos de disputas futuras –, recomenda-se aos profissionais do Direito, que preparem um *checklist*, a fim de que nenhuma informação ou indagação seja esquecida ou desconsiderada.

Considerando o exposto, devem ser analisados os seguintes pontos:

a) A doação terá por finalidade o adiantamento de legítima, será da parte disponível, tratar-se-á de partilha em vida ou nenhuma dessas hipóteses, posto que o donatário não é herdeiro necessário?
b) A doação será com ou sem reserva de usufruto? E, se houver a reserva do usufruto, com ou sem direito de acrescer, nos termos do art. 1.411, do Código Civil?[51]
c) A doação será com ou sem cláusula de reversão? E como se dará essa reversão?
d) A doação será com ou sem as cláusulas protetivas de impenhorabilidade e de incomunicabilidade? E a cláusula restritiva de inalienabilidade? Havendo a inclusão das aludidas cláusulas, estas serão vitalícias ou temporárias? E em relação à extensão dessas cláusulas, serão de natureza absoluta ou relativa?

---

[50] ALVIM, Agostinho. *Da doação*. 3. ed. São Paulo: Saraiva, 1980. p. 5.

[51] CC, art. 1.411: "Constituído o usufruto em favor de duas ou mais pessoas, extinguir-se-á a parte em relação a cada uma das que falecerem, salvo se, por estipulação expressa, o quinhão desses couber ao sobrevivente".

e) A doação será com ou sem a cláusula de acrescer, nos termos do art. 551, do Código Civil,[52] que estabelece que a doação em comum a mais de uma pessoa, denominada doação conjuntiva - salvo declaração em contrário - entende-se distribuída entre elas por igual?

f) A doação será com a cláusula de acrescer e de reversão, sequencial e simultaneamente?

g) Na hipótese de doação entre cônjuges e companheiros, o regime de bens da relação matrimonial permite a doação sem ressalvas?

Além do *checklist*, recomenda-se que o doador preencha um questionário - disponível na Parte III deste Livro, dedicada à Prática Notarial - com o objetivo de fornecer um panorama geral sobre a pessoa interessada em doar seu bem imóvel. Trata-se de uma lista de perguntas simples e intuitiva, que auxilia na coleta de informações preliminares. No entanto, nada substitui a entrevista pessoal entre o doador e o notário, essencial para uma compreensão mais aprofundada da situação narrada e do seu objetivo.

Concluída a *anamnese* sugerida e identificados os pressupostos específicos do contrato a ser elaborado, deve atentar-se ao seguinte: quando o doador for pessoa natural, é obrigatória a inclusão na escritura da chamada "reserva de parte" - ou seja, a garantia de que o doador manterá renda suficiente para sua própria subsistência. A inobservância dessa exigência pode acarretar a nulidade do negócio jurídico, conforme prevê o art. 548 do Código Civil.[53]

Em contrapartida, quando o doador for uma pessoa jurídica, não se aplica o disposto no referido art. 548. A jurisprudência atual entende que essa norma se fundamenta no princípio da dignidade da pessoa humana, aplicável exclusivamente às pessoas naturais.

Outro aspecto relevante que evidencia a complexidade do contrato de doação surge quando se pretende adquirir um bem que tenha sido recebido por doação. Nesse caso, é recomendável que a *due diligence* daquela negociação não se restrinja à verificação da matrícula do imóvel, devendo estender-se à análise da escritura de doação, a fim de verificar a existência de condições contratuais que possam impactar a aquisição daquele bem. Ressalte-se que a existência de cláusulas de inalienabilidade, impenhorabilidade e incomunicabilidade, de reversão ou de

---

52 CC, art. 551: "Salvo declaração em contrário, a doação em comum a mais de uma pessoa entende-se distribuída entre elas por igual. Parágrafo único. Se os donatários, em tal caso, forem marido e mulher, subsistirá na totalidade a doação para o cônjuge sobrevivo".

53 CC, art. 548: "É nula a doação de todos os bens sem reserva de parte, ou renda suficiente para a subsistência do doador".

acrescer, bem como a eventual menção a adiantamento de legítima e outras informações relevantes nem sempre estão averbadas na matrícula do imóvel.

Como pode se perceber, a realização de um contrato de doação que corresponda fielmente à vontade das partes e assegure a necessária segurança jurídica é, sem dúvida, uma tarefa desafiadora. Trata-se de um trabalho complexo e casuístico que exige análise minuciosa de todos os detalhes e possibilidades jurídicas, sob pena de haver consequências indesejáveis – e, em alguns casos, irreversíveis – decorrentes de um contrato celebrado sem o devido cuidado.

3.1 • Doação como adiantamento de legítima e a obrigação de colacionar

A doação como adiantamento de legítima é uma forma de antecipar, ainda em vida, parte da herança que um herdeiro necessário teria direito após a morte do doador. Em regra, são doações realizadas pelos pais a seus filhos, com a intenção de que esse valor ou bem seja posteriormente descontado da parte que esse herdeiro receberia, futuramente, por herança.

Sob o aspecto sucessório, a legítima – também denominada reserva – é a parte da herança que a lei destina obrigatoriamente aos herdeiros necessários[54] independentemente da vontade do testador.

A determinação legal imposta ao testador de só poder dispor de 50% de sua herança – por força do disposto nos arts. 1.789 e 1.846, ambos da lei civil – tem como escopo viabilizar o equilíbrio entre a vontade do testador e a proteção dos interesses dos herdeiros necessários, visando, igualmente, preservar tanto os laços familiares como a estabilidade econômica dos herdeiros.

Assim sendo, a herança deixada por uma pessoa deverá ser dividida da seguinte forma: 50% correspondente à legítima deve ser reservada aos seus herdeiros necessários; 50% correspondente à quota disponível, o testador poderá dispor, por testamento, da forma desejada, atentando-se apenas para as vedações contidas no art. 1.801 do Código Civil.[55]

Em relação à doação, quando configurada como adiantamento de legítima, deve-se aplicar a mesma regra do direito sucessório, *i.e.*, o doador somente

---

54 NEVARES, Ana Luiza Maia. O princípio da intangibilidade da legítima. In: MORAES, Maria Celina Bodin de. (Coord.) *Princípios do Direito Civil contemporâneo*. São Paulo: Editora Renovar, 2006. p. 459.

55 Deve-se atentar ao regime de bens do falecido, devendo-se, primeiramente, separar a meação do cônjuge. A meação não é herança, é o direito do cônjuge ou companheiro sobrevivente sobre os bens comuns adquiridos durante o casamento ou a união estável. De acordo com Maria Berenice Dias, "é o regime de bens que permite saber se existe direito à meação" (DIAS, Maria Berenice. *Manual de Direito das Famílias*. 9. ed. São Paulo: Revista dos Tribunais, 2013. p. 229). Esse conceito está intimamente ligado ao patrimônio do casal e à forma como esses bens serão divididos em caso de separação, divórcio ou falecimento de um dos cônjuges ou companheiros.

poderá doar aquilo que, em tese, poderia dispor em testamento, no momento da liberalidade, conforme art. 549, do diploma civil.[56]

A lei civil contempla a doação a herdeiros necessários como hipótese de adiantamento da herança em seu art. 544, vejamos:

> Art. 544. A doação de ascendente a descendentes, ou de um cônjuge a outro, importa adiantamento do que lhes cabe por herança.[57]

Desse modo, o contrato de doação só poderá ser considerado adiantamento de legítima – assim como só poderá ser considerado da parte disponível ou de partilha em vida – quando o doador tiver herdeiros necessários, ou seja, descendentes, ascendentes, cônjuges. Na ausência de herdeiros necessários, não haverá legítima e o doador terá a liberdade de dispor de seus bens da forma que desejar, sem a restrição dos 50%, devendo apenas resguardar bens suficientes para sua subsistência.

Pertinente esclarecer que a legítima representa, por determinação legal, 50% da herança deixada pelo falecido – e não 50% de seu patrimônio. A herança é formada pelo conjunto de bens deixados pelo falecido após o pagamento de dívidas e outras obrigações; já o patrimônio representa a totalidade dos bens, direitos e obrigações de uma pessoa, incluindo tanto os créditos quanto as dívidas.

A doação é considerada, portanto, adiantamento de legítima quando os ascendentes – como pais ou avós – transferem bens a um ou mais descendentes ou quando é realizada entre cônjuges,[58] sem contemplar igualmente todos os herdeiros necessários. Nessas situações, presume-se que o doador não teve a intenção de favorecer patrimonialmente o donatário em prejuízo dos demais herdeiros, mas apenas antecipar a parte que, futuramente, lhe caberia por ocasião da sucessão.

---

56 CC, art. 549: "Nula é também a doação quanto à parte que exceder à de que o doador, no momento da liberalidade, poderia dispor em testamento".

57 O Projeto de Lei 4/2025 propõe um novo texto para o art. 544: "A doação de ascendente a descendente importa adiantamento de legítima, respeitadas as exigências legais para a dispensa de colação".

58 Mister registrar que o companheiro alcançou a igualdade de direitos sucessórios em relação ao cônjuge por força do julgamento do RE 878.694/MG, em decisão proferida em 10.05.2017, em regime de repercussão geral (Tema 809, Relator Ministro Luís Roberto Barroso). Contudo, é importante destacar que, embora o Supremo Tribunal Federal tenha equiparado os direitos sucessórios do companheiro aos do cônjuge, nos termos do art. 226 § 3º da Constituição Federal, essa equiparação restringe-se à ordem de vocação hereditária, conforme estabelecido no art. 1.829 do Código Civil. O companheiro não foi incluído entre os herdeiros necessários, conforme definido no art. 1.845 do Código Civil, que contempla apenas os descendentes, ascendentes e cônjuge sobrevivente; no entanto, em termos práticos, cônjuges e companheiros têm os mesmos direitos, devendo o companheiro fazer jus à cota obrigatória da herança.

Nessa perspectiva e com o intuito de proteger a legítima dos demais herdeiros necessários, o legislador estabeleceu o instituto da colação.[59] Ressalte-se, todavia, que a obrigação de colacionar as doações realizadas, a fim de equalizar as legítimas, por determinação legal, recai exclusivamente sobre os descendentes.

Confira-se o que determina o art. 2.002 da lei civil:

> Art. 2.002. **Os descendentes** que concorrerem à sucessão do ascendente comum **são obrigados, para igualar as legítimas, a conferir o valor das doações que dele em vida receberam**, sob pena de sonegação,
>
> Parágrafo único. Para o cálculo da legítima, o valor dos bens conferidos ser computado na parte indisponível, sem aumentar a disponível. (grifou-se)

Aliás, se houver herdeiros necessários e a escritura for silente quanto à sua finalidade - se a doação corresponde a adiantamento de legítima ou à parte disponível, ou ainda à partilha em vida –, essa doação será considerada adiantamento de legítima, visto que se trata de regra obrigatória expressamente prevista no art. 544 da legislação civil. Entretanto, há exceções pontuais, que serão apresentadas a seguir.

Imagine-se, por exemplo, um avô, com três filhos vivos, que decide doar determinado bem ao seu neto. Essa doação, apesar de realizada a herdeiro necessário, não será tratada como adiantamento de legítima, conforme previsão legal do Parágrafo único do art. 2.005 do Código Civil, que dispõe da seguinte forma:

> Art. 2.005. São dispensadas da colação as doações que o doador determinar saiam da parte disponível, contanto que não a excedam, computado o seu valor ao tempo da doação.
>
> Parágrafo único. **Presume-se imputada na parte disponível a liberalidade feita a descendente que, ao tempo do ato, não seria chamado à sucessão na qualidade de herdeiro necessário.** (grifou-se)

Adicionalmente e no mesmo sentido do texto legal, leia-se a seguir os ensinamentos do professor Carlos Roberto Gonçalves, *in verbis*:

> A doação do avô a um neto não importa adiantamento de legítima, quando apenas concorrerem os filhos do doador, inclusive o pai do donatário. O neto somente estará obrigado à colação se suceder no lugar do pai, por estirpe ou por representação.[60]

---

59 Colação é o ato de conferência dos bens ou valores que um herdeiro necessário recebeu do falecido em vida, a título de doação, com o objetivo de integrá-los ao monte partilhável da herança, assegurando a correta apuração da legítima – parte da herança reservada por lei aos herdeiros necessários. Essa conferência busca garantir a igualdade entre os quinhões, evitando que um herdeiro receba mais do que os outros herdeiros necessários.

60 GONÇALVES, Carlos Roberto. *Direito Civil Brasileiro* – Contratos e atos unilaterais. 10. ed. v. 3. São Paulo: Saraiva, 2013. p. 292.

Do mesmo modo, a doação realizada de um descendente a seu ascendente não configura adiantamento de legítima. Não obstante as discussões existentes sobre esse tópico, o fato é que não há previsão legal que autorize a presunção de adiantamento de legítima em doações de descendente para ascendente.

Reitere-se, o art. 544, do diploma civil, determina que somente há adiantamento de legítima nos casos de doação de ascendente a descendente ou de um cônjuge[61] a outro, restando silente quanto à doação do descendente ao ascendente.

Por sua vez, o art. 2.003 do Código Civil estabelece que a finalidade da colação é igualar as legítimas dos descendentes e do cônjuge sobrevivente, sem qualquer menção aos ascendentes; já o § 3º do art. 2.007 dispõe que apenas as doações feitas a herdeiros necessários, que excedam a parte de que o doador poderia dispor ao tempo da liberalidade, estão sujeitas à redução.[62]

Dessa forma, verifica-se uma antinomia entre o art. 544 do Código Civil, que prevê o adiantamento da legítima nas doações entre cônjuges e nas realizadas por ascendentes a descendentes, e o art. 2.002, que impõe apenas aos descendentes a obrigação de colacionar.[63]

Prosseguindo na análise da desnecessidade de colação pelos ascendentes, e adotando esse entendimento, destaca-se a posição do Professor Zeno Veloso, exposta em sua obra *Direito Hereditário do Cônjuge e do Companheiro*, no sentido de excluir os ascendentes da obrigação de colacionar.

> **Não só na brasileira como em muitas legislações estrangeiras, os ascendentes estão dispensados da colação.** No direito português, Pires de Lima e Antunes Varela (Código Civil anotado, cit. V.6, p. 172) dão a explicação que, universalmente, é utilizada: "Não há, de facto, segundo a ordem natural da vida e das coisas, na doação que o filho excepcionalmente faça ao pai ou a um dos avós, nenhuma razão para presumir que a liberalidade seja feita com a idéia de efectuar um simples adiantamento por conta da quota hereditária que, em regime de igualdade com

---

61 O companheiro alcançou a igualdade de direitos sucessórios em relação ao cônjuge por força do julgamento do RE 878.694/MG, em decisão proferida em 10.05.2017, em regime de repercussão geral (Tema 809, Relator Ministro Luís Roberto Barroso). Contudo, é importante destacar que, embora o Supremo Tribunal Federal tenha equiparado os direitos sucessórios do companheiro aos do cônjuge, essa equiparação restringe-se à ordem de vocação hereditária, conforme estabelecido no art. 1.829 do Código Civil. O companheiro não foi incluído entre os herdeiros necessários, conforme definido no art. 1.845 do Código Civil, que contempla apenas os descendentes, ascendentes e cônjuge sobrevivente; no entanto, em termos práticos, cônjuges e companheiros têm os mesmos direitos, devendo o companheiro fazer jus à cota obrigatória da herança.

62 Cabe distinguir colação de redução. De acordo com Maria Berenice Dias, citando Caio Mário da Silva Pereira: "Colação é mera conferência de valores para serem igualados os quinhões, contemplando-se as quotas hereditárias dos que foram prejudicados pelas doações feitas pelo defunto. Redução é a anulação do excedente, podendo alcançar parte ou fulminar totalmente a liberalidade" (DIAS, Maria Berenice. *Manual das Sucessões*. 9. ed. Salvador: JusPodivm, 2024. p. 622).

63 É importante destacar, mais uma vez, que o Projeto de Lei 4/2025, que trata da reforma do Código Civil, prevê a obrigatoriedade de colação dos bens doados por descendentes a ascendentes como adiantamento de legítima, conforme disposto no art. 2.003 de sua redação.

> a mãe ou com os outros avós do doador, será mais tarde devida ao beneficiário. Realmente, se a colação toma por base a presunção de que o doador, nos casos gerais, quer apenas adiantar (antecipar) a herança do herdeiro, e não colocá-lo em situação vantajosa que a dos outros, não é razoável imaginar que o descendente que doa algo ao pai ou à mãe tenha em mente adiantar a herança dos genitores, pois o normal é que os pais morram antes do filho.[64] (grifou-se)

No que concerne à colação, além da antinomia existente entre os arts. 544 e 2.002 do Código Civil, verifica-se outra divergência relacionada ao critério de cálculo do valor a ser colacionado: se deve prevalecer o valor do bem à época da liberalidade, nos termos do art. 2.004 do diploma civil, ou o valor na data da abertura da sucessão, conforme dispõe o Parágrafo único do art. 639 do Código de Processo Civil.[65]

Mister relembrar que – apesar de a lei prever como herdeiros necessários os descendentes, os ascendentes e o cônjuge, a quem pertence, por pleno direito, à legítima – o companheiro alcançou a igualdade de direitos sucessórios em relação ao cônjuge por força do julgamento do RE 878.694/MG, em regime de repercussão geral (Tema 809), de relatoria do Ministro Luís Roberto Barroso.[66]

---

64 VELOSO, Zeno. *Direito hereditário do cônjuge e do companheiro*. São Paulo: Saraiva, 2010. p. 116.

65 CC, art. 2.004: "O valor de colação dos bens doados será aquele, certo ou estimativo, que lhes atribuir o ato de liberalidade. § 1º Se do ato de doação não constar valor certo, nem houver estimação feita naquela época, os bens serão conferidos na partilha pelo que então se calcular valessem ao tempo da liberalidade. § 2º Só o valor dos bens doados entrará em colação; não assim o das benfeitorias acrescidas, as quais pertencerão ao herdeiro donatário, correndo também à conta deste os rendimentos ou lucros, assim como os danos e perdas que eles sofrerem".

CPC/2015, art. 639: "No prazo estabelecido no art. 627, o herdeiro obrigado à colação conferirá por termo nos autos ou por petição à qual o termo se reportará os bens que recebeu ou, se já não os possuir, trar-lhes-á o valor. Parágrafo único. Os bens a serem conferidos na partilha, assim como as acessões e as benfeitorias que o donatário fez, calcular-se-ão pelo valor que tiverem ao tempo da abertura da sucessão".

Ao que tudo indica, essa controvérsia será dirimida caso o Projeto de Lei 4/2025 seja aprovado em sua redação atual, a qual fixa como parâmetro o valor do bem no momento da liberalidade.

Projeto de Lei 4/2025, art. 2.004: "O valor de colação dos bens doados será o valor certo ou estimativo que lhes atribuir o ato de liberalidade, corrigido monetariamente até a data de abertura da sucessão. § 1º Se do ato de doação não constar valor certo, nem houver estimação feita naquela época, os bens serão conferidos pelo que se calcular valessem ao tempo da liberalidade, corrigido monetariamente até a data da abertura da sucessão. § 2º Só o valor dos bens doados entrará em colação; excluindo-se as benfeitorias necessárias e úteis realizadas no bem e os acréscimos decorrentes do seu trabalho, os quais pertencerão ao herdeiro donatário".

66 Decisão proferida em 10.05.2017 pelo Plenário do Tribunal: O Tribunal, apreciando o Tema 809 da repercussão geral, por maioria e nos termos do voto do Ministro Relator, deu provimento ao recurso, para reconhecer de forma incidental a inconstitucionalidade do art. 1.790 do CC/2002 e declarar o direito da recorrente a participar da herança de seu companheiro em conformidade com o regime jurídico estabelecido no art. 1.829 do Código Civil de 2002, vencidos os Ministros Dias Toffoli, Marco Aurélio e Ricardo Lewandowski, que votaram negando provimento ao recurso. Em seguida, o Tribunal, vencido o Ministro Marco Aurélio, fixou tese nos seguintes termos: "É inconstitucional a distinção de regimes sucessórios entre cônjuges e companheiros prevista no art. 1.790

Sendo assim, é natural que o companheiro não faça parte do elenco dos herdeiros necessários, previsto no art. 1.845 e, coerentemente, não tenha sido mencionado nos arts. 544, 2.002 e 2.003, todos do Código Civil.[67]

Embora o Recurso Extraordinário supramencionado tenha reconhecido a igualdade de direitos sucessórios entre cônjuges e companheiros, não se determinou expressamente que o companheiro seja considerado herdeiro necessário. Na prática, contudo, a equiparação dos direitos sucessórios conduz à conclusão lógica de que o companheiro terá direito à quota obrigatória da herança, ainda que essa não seja formalmente denominada de legítima.

É pertinente, ainda, mencionar que o legislador previu, nos arts. 1.992 e seguintes do diploma civil, que o herdeiro que sonegar bens da herança, deixando de colacionar aqueles recebidos em vida como adiantamento de legítima, perderá o direito sobre esses bens. Faz-se a ressalva, porém, que a ação de sonegados deve ser proposta exclusivamente pelos demais herdeiros ou eventuais credores do espólio.

E, por fim, a título de ilustração e curiosidade, no período das Ordenações Afonsinas, Manuelinas e Filipinas – que representaram a ordem jurídica portuguesa do período de 1446 a 1807, e que foi o ordenamento jurídico brasileiro no período colonial –, a legítima correspondia a 1/3 (um terço) da herança do testador, passando a corresponder a 1/2 (metade) da herança, após a publicação do Decreto 1.839/1907, conhecida como Lei Feliciano Pena, aplicando-se esse mesmo percentual, até os dias de hoje. Ressalta-se que o Código Filipino, mesmo

---

do CC/2002, devendo ser aplicado, tanto nas hipóteses de casamento quanto nas de união estável, o regime do art. 1.829 do CC/2002". Ausentes, justificadamente, os Ministros Dias Toffoli e Celso de Mello, que votaram em assentada anterior, e, neste julgamento, o Ministro Luiz Fux, que votou em assentada anterior, e o Ministro Gilmar Mendes. Não votou o Ministro Alexandre de Moraes, sucessor do Ministro Teori Zavascki, que votara em assentada anterior. Presidiu o julgamento a Ministra Cármen Lúcia. Plenário, 10.05.2017. Disponível em: https://portal.stf.jus.br/processos/detalhe.asp?incidente=4744004.

[67] Ressalte-se que o Projeto de Lei 4/2025, que trata da reforma do Código Civil, prevê a alteração do art.1.845, e, caso retire o cônjuge e, consequentemente, o companheiro da condição de herdeiros necessários, essas questões atinentes ao adiantamento de legítima e à conferência de bens serão, certamente, revisitadas. Por outro lado, ao que tudo indica, na hipótese de o supracitado Projeto de Lei 4/2025, que trata da reforma do Código Civil, confirmar a atual redação do seu art. 2.003, o ascendente também passará a ser obrigado a colacionar os bens doados, com o fim de igualar a legítima, em relação à dos demais herdeiros necessários. Então, vejamos como determina o Projeto de Lei 4/2025, que trata da reforma: "Art. 2.003. A colação tem por fim igualar, na proporção estabelecida neste Código, as legítimas dos descendentes e dos ascendentes obrigando também os donatários que, ao tempo do falecimento do doador, já não possuírem os bens doados. Parágrafo único. Se, computados os valores das doações feitas em adiantamento de legítima, não houver no acervo bens suficientes para igualar as legítimas dos descendentes e dos ascendentes, os bens assim doados serão conferidos em espécie, ou, quando deles já não disponha o donatário, pelo seu valor ao tempo da liberalidade".

após a Proclamação da República em 1889, permaneceu vigente até o advento do Código Civil de 1916.

3.1.1. Doação entre cônjuges e entre companheiros[68]

O Código Civil de 2002 trouxe relevante inovação em seu art. 1.845 ao incluir o cônjuge sobrevivente no rol dos herdeiros necessários, ao lado dos descendentes e ascendentes, distinção esta que não se encontrava presente no Código Civil de 1916. Essa modificação repercutiu de maneira significativa em todo o ordenamento jurídico, especialmente no âmbito do Direito de Família e das Sucessões, matéria que se revela central à presente análise.

Nos contratos de doação celebrados entre cônjuges – caso não haja manifestação expressa –, presume-se que a liberalidade constitui adiantamento da legítima. Nessas circunstâncias, por ocasião do falecimento do cônjuge doador, o cônjuge sobrevivente, na qualidade de donatário, estará obrigado a colacionar os bens recebidos, ainda que o art. 2.002 do Código Civil só preveja esse dever expressamente aos descendentes.

Embora a regra do art. 2.002 imponha esse dever tão somente aos descendentes, à luz de uma interpretação sistemática e teleológica, tem-se reconhecido que o cônjuge ou companheiro donatário continua sujeito à colação do bem recebido, com fundamento no art. 2.003, cuja norma tem por objetivo assegurar a igualdade entre os herdeiros necessários.[69]

Dessa forma, a fim de evitar surpresas e garantir o respeito à legítima, resguardando a cada herdeiro necessário, no mínimo, o seu quinhão legal,

---

68 O companheiro alcançou a igualdade de direitos sucessórios em relação ao cônjuge por força do julgamento do RE 878.694/MG, em decisão proferida em 10.05.2017, em regime de repercussão geral (Tema 809, RELATOR Ministro Luís Roberto Barroso). Contudo, é importante destacar que, embora o Supremo Tribunal Federal tenha equiparado os direitos sucessórios do companheiro aos do cônjuge, essa equiparação restringe-se à ordem de vocação hereditária, conforme estabelecido no art. 1.829 do Código Civil. O companheiro não foi incluído entre os herdeiros necessários, conforme definido no art. 1.845 do Código Civil, que contempla apenas os descendentes, ascendentes e cônjuge sobrevivente; no entanto, em termos práticos, cônjuges e companheiros têm os mesmos direitos, devendo o companheiro fazer jus à cota obrigatória da herança.

69 CC, art. 2.002: "Os descendentes que concorrerem à sucessão do ascendente comum são obrigados, para igualar as legítimas, a conferir o valor das doações que dele em vida receberam, sob pena de sonegação. Parágrafo único. Para cálculo da legítima, o valor dos bens conferidos será computado na parte indisponível, sem aumentar a disponível". CC, art. 2.003: "A colação tem por fim igualar, na proporção estabelecida neste Código, as legítimas dos descendentes e do cônjuge sobrevivente, obrigando também os donatários que, ao tempo do falecimento do doador, já não possuírem os bens doados. Parágrafo único. Se, computados os valores das doações feitas em adiantamento de legítima, não houver no acervo bens suficientes para igualar as legítimas dos descendentes e do cônjuge, os bens assim doados serão conferidos em espécie, ou, quando deles já não disponha o donatário, pelo seu valor ao tempo da liberalidade".

recomenda-se que o contrato de doação contenha declaração expressa do doador indicando que o bem objeto daquele contrato corresponde a adiantamento de legítima, devendo, por conseguinte, ser colacionado no momento da abertura do inventário, ainda que o seu silêncio pressuponha tratar-se de adiantamento de legítima, por força do art. 544 do *codex*.

Após a emblemática decisão do Supremo Tribunal Federal no RE 878.694/MG (Tema 809) – que declarou a inconstitucionalidade do art. 1.790 do Código Civil e equiparou os direitos sucessórios de companheiros e cônjuges –, deve-se aplicar, por similaridade, o mesmo tratamento jurídico às doações realizadas entre companheiros.[70] Essa igualdade de tratamento tem sido amplamente reconhecida e aplicada de forma pacífica, tanto pelos tribunais quanto na esfera extrajudicial.

Ademais, cabe lembrar que desde 2011, a Corte Suprema já havia reconhecido a união estável homoafetiva como entidade familiar com os mesmos direitos da união estável heteroafetiva, desde o julgamento da ADPF 132 e da ADI 4.277, ressaltando ainda o Tema 498 do STF, que estabelece o "alcance do direito sucessório em face de união estável homoafetiva".

Por esse motivo, ao elaborar um contrato de doação entre cônjuges ou companheiros, é fortemente recomendável que, manifestando a vontade das partes, se declare de forma clara e inequívoca se o bem doado corresponde à parte disponível ou se se configura como adiantamento de herança legítima, ou seja, à parte da quota hereditária que o cônjuge ou companheiro donatário já teria direito, em futuro inventário.

O debate sobre o regime de bens nas doações entre cônjuges e companheiros também suscita relevantes discussões, especialmente quando se trata dos regimes de comunhão universal de bens ou de separação legal de bens. Por outro lado, nos regimes de separação convencional, comunhão parcial (no que se refere a bens particulares) e participação final nos aquestos (limitada igualmente aos bens particulares), a possibilidade de doação, via de regra, não gera controvérsia, desde que não implique confusão patrimonial.

No que se refere aos cônjuges ou companheiros submetidos ao regime da comunhão universal de bens, doutrina e jurisprudência são acordes no sentido da impossibilidade de doações entre cônjuges, considerando-as nulas.

Em acórdão do Superior Tribunal de Justiça, na Ação Rescisória 310/PI (1991/0015959-0), Segunda Seção, relatado pelo Ministro Dias Trindade e julgado em 26.05.1993, ficou decidido que a doação entre cônjuges casados sob o

---

[70] Ressalte-se, ainda, que, caso venha a ser aprovada a alteração proposta pelo Projeto de Lei 4/2025 – que trata da reforma do Código Civil e prevê a exclusão do cônjuge e do companheiro da condição de herdeiro necessário –, tornar-se-á imprescindível uma análise minuciosa e uma releitura aprofundada do Livro das Sucessões.

regime da comunhão universal de bens é nula porque: (i) o objeto é juridicamente impossível, (ii) todos os bens já integram o patrimônio do casal, (iii) a hipotética doação resultaria no retorno do bem doado ao patrimônio comum.

De forma semelhante, em julgamento posterior, em 04.02.2020, no REsp 1.787.027/RS, da Terceira Turma, relatado pela Ministra Nancy Andrighi, também se decidiu pela nulidade da doação entre cônjuges sob o regime da comunhão universal de bens, considerando que, nesse regime, todos os bens pertencem a ambos os consortes, impossibilitando a transferência de propriedade entre eles.

Há, no entanto, uma situação excepcional apontada pelo civilista e relator da Reforma do Código Civil, Flávio Tartuce, que admite a doação entre cônjuges submetidos ao regime da comunhão universal de bens: a doação de bem de uso pessoal, com fundamento no art. 1.668 combinado com o inc. V do art. 1.659 do Código Civil; todavia essa hipótese, por se tratar de bem móvel, não é objeto de discussão neste Livro.

A respeito da doação entre cônjuges ou entre companheiros sujeitos ao regime de separação legal de bens, a doutrina revela posicionamentos divergentes. De um lado, autores como Clóvis Beviláqua, Miguel Maria de Serpa Lopes, Maria Helena Diniz, José Roberto de Castro Neves e Silvio de Salvo Venosa defendem que a vedação contida no art. 312 do Código Civil de 1916 – cujo teor foi mantido no inc. IV do art. 1.647 do Código Civil de 2002, ao proibir doações pré-nupciais – também se aplica às liberalidades efetuadas no curso do casamento, sendo vedado, portanto, as doações entre cônjuges submetidos a esse regime de bens.

Por outro lado, existem juristas, como Zeno Veloso,[71] Pablo Stolze Gagliano e Paulo Lôbo, que admitem as doações entre cônjuges ou entre companheiros sob o regime de separação legal de bens, desde que não infrinjam as normas do regime patrimonial do casal. Evidentemente, os bens comuns não podem ser objeto de doação, conforme disposto na Súmula 377 do Supremo Tribunal Federal.

Sob o enfoque jurisprudencial, a Ministra Nancy Andrighi já havia se pronunciado sobre essa questão,[72] votando, como relatora, pela invalidação da doação entre cônjuges casados sob o regime de separação legal de bens, por entender que o ato violaria a disposição legal. No entanto, anos depois, a Ministra parece ter adotado um entendimento distinto, indicando que as doações entre cônjuges casados sob o regime de separação legal de bens poderiam ser consideradas válidas.[73]

---

71 *Vide* VELOSO, Zeno. Separação Obrigatória de Bens – Controvérsias – Doações entre Cônjuges. *Revista Científica do IBDFAM*, edição 20, Belo Horizonte, 2017.

72 STJ, REsp 260.462/PR, 3ª Turma, publicado em 2001.

73 STJ, REsp 471.958/RS, 3ª Turma, publicado em 2009; e REsp 1.254.252/SC, publicado em 2014.

Contudo, é importante observar que a mencionada Ministra fundamentou a sua decisão nos dois últimos julgados em um aspecto específico: nos processos em análise, os casais haviam constituído união estável antes do casamento, o que viabilizava a aplicação do regime de comunhão parcial de bens àquela união. Essa particularidade foi determinante para a validação das doações nos casos analisados.

Ainda sobre essa decisão da Ministra Nancy Andrighi, destaca-se fragmento do artigo de Vitor Frederico Kümpel, em que o autor analisa o REsp 471.958/RS – publicado em 2009 –, supramencionado, nos seguintes termos:

> A ministra Nancy Andrighi considerou o atualíssimo pensamento, que não vigorava por ocasião dos fatos, de que para o casal em questão o regime da separação obrigatória não precisaria incidir. Sob essa premissa fundamental, entendeu válida a doação porque o casal já convivia por ocasião das bodas, tendo, portanto, a faculdade de adotar regime diverso da separação obrigatória, conforme Enunciado 261, da III Jornada do Conselho da Justiça Federal. Contudo, o grande problema é que lido o extrato da decisão de forma simplista, poder-se-ia concluir que o STJ flexibilizou a doação em regime de separação obrigatória de bens, o que de fato não ocorreu.[74]

Entretanto, com a entrada em vigor do Código Civil de 2002 e, sobretudo, após a emblemática decisão no Agravo em Recurso Extraordinário (ARE) 1.309.642/SP (Tema 1.236 do STF), que possibilitou a escolha do regime de bens para pessoas maiores de 70 anos, parece não haver mais dúvidas quanto à possibilidade de doações entre cônjuges sob o regime de separação legal de bens, seguindo a mesma lógica, desde que não resulte em confusão patrimonial.

É importante lembrar, no entanto, que, sob o ordenamento civil de 1916, o regime da separação legal de bens era, de fato, obrigatório, sem flexibilidade ou possibilidade de alteração do regime de bens.[75] Qualquer tentativa de alteração do regime configurava presunção de fraude, caracterizando burla ao regime, quando um dos cônjuges submetido à separação legal de bens realizava doação de bem ao outro.

Por derradeiro, deve-se atentar ao fato de que o regime de bens no casamento pode ser híbrido ou misto, com regras específicas. Nesses casos, torna-se necessário analisar o pacto antenupcial ou escritura de união estável, a fim de verificar a possibilidade de doação entre os cônjuges ou entre os companheiros. Novamente, a doação será admissível, desde que não haja mistura patrimonial.

---

[74] KUMPEL, Vitor Frederico. A doação em regime de separação obrigatória. *Portal Jurídico Migalhas*, [s.l.], 29 abr. 2014. Disponível em: https://www.migalhas.com.br/coluna/registralhas/199938/a-doacao-em-regime-de-separacao-obrigatoria. Acesso em: 12 out. 2024.

[75] Conforme o art. 230 do Código Civil de 1916.

3.1.2. Súmula 377 do Supremo Tribunal Federal: possibilidade de afastá-la ou de invocá-la dispensando a comprovação do esforço comum

Verbete da Súmula 377: "No regime de separação legal de bens, comunicam-se os adquiridos na constância do casamento".

Como o objetivo deste Livro é oferecer ao leitor uma análise das discussões e institutos jurídicos sob a ótica notarial e registral, antes de se adentrar nos detalhes da Súmula 377 do Supremo Tribunal Federal, é relevante destacar que embora o entendimento atual do Superior Tribunal de Justiça – conforme a Súmula 655[76] –, exija a comprovação de esforço comum para que haja comunicação dos aquestos em casamentos ou uniões estáveis sob o regime de separação legal de bens – as partes podem, por meio de pacto antenupcial, no caso de casamento, ou escritura de união estável, convencionar a comunicação dos aquestos adquiridos onerosamente durante o relacionamento, independentemente de comprovação. Ou, alternativamente, podem optar por afastar os efeitos da Súmula 377 do Supremo Tribunal Federal, estipulando que não haverá comunicação de bens.

Dada a importância dos efeitos da Súmula 377 na esfera do Direito de Família, Sucessório e Contratual, é fundamental apresentar o seu histórico para compreender melhor as alterações e a evolução de sua aplicação ao longo do tempo.

A Súmula 377 foi editada em sessão plenária do Supremo Tribunal Federal, de 03.04.1964, e o seu objetivo, nas palavras do Professor Zeno Veloso, no seu já citado artigo, era coibir as "[...] injustiças que o regime obrigatório da separação de bens poderia ensejar para evitar o enriquecimento sem causa [...]".[77]

Os fundamentos que levaram o Tribunal a sumular essa questão – ainda que sem efeito vinculante,[78] passando a permitir a comunicação dos aquestos, ou seja, os bens adquiridos durante os casamentos regidos pela separação legal de bens – se encontram em quatro recursos extraordinários julgados entre os anos de 1945 e 1951.[79]

Entre os fundamentos legislativos[80] invocados para se editar a mencionada súmula, destaca-se a interpretação dada ao art. 259 do Código Civil de 1916, que

---

[76] STJ, Enunciado da Súmula 655: "Aplica-se à união estável contraída por septuagenário o regime da separação obrigatória de bens, comunicando-se os adquiridos na constância, quando comprovado o esforço comum".

[77] VELOSO, Zeno. Separação Obrigatória de Bens – Controvérsias – Doações entre Cônjuges. *Revista Científica do IBDFAM*, edição 20, Belo Horizonte, 2017. p. 22.

[78] A Súmula Vinculante foi instituída em 2004, por meio da Emenda Constitucional 45. Disponível em: https://www.planalto.gov.br/ccivil_03/constituicao/emendas/emc/emc45.htm. Acesso em: 9 set. 2024.

[79] Os precedentes que fundamentaram a Súmula 377 foram: RE 8.984 EI, *DJ* de 11.01.1951; RE 9.128, *DJ* de 17.12.1948; RE 10.951, *DJ* de 09.04.1948; RE 7.243 EI, *DJ* de 12.05.1945. Disponível em <https://jurisprudencia.stf.jus.br/pages/search/seq-sumula377/false>. Acesso em: 9. set. 2024.

[80] Código Civil de 1916, art. 258; Lei de Introdução ao Código Civil de 1942; art. 7º, § 5º, da Lei 883/1949; art. 3º do Decreto-Lei 3.200/1941, art. 18.

determinava que: "Embora o regime não seja o da comunhão de bens, prevalecerão, no silêncio do contrato, os princípios dela, quanto à comunicação dos adquiridos na constância do casamento".

A Súmula 377, mesmo após o advento da Constituição da República de 1988 e do Código Civil de 2002, que revogou o citado art. 259 do Código Civil de 1916, sem reproduzir o seu conteúdo no seu texto, permaneceu sendo aplicada, até o ano de 2015, de forma abrangente e inquestionável pelos nossos Tribunais e demais órgãos da administração pública, prescindindo, inclusive, de qualquer comprovação.

Entretanto, em 2018, o Superior Tribunal de Justiça, em releitura à Súmula 377, do Supremo Tribunal Federal, depois de 70 anos de sua vigência, no EREsp 1.623.858/MG, sanou a divergência outrora existente no Tribunal e reafirmou a tese que já vinha sendo aplicada em outros julgamentos de que: "no regime de separação legal de bens, comunicam-se os adquiridos na constância do casamento, desde que comprovado o esforço comum para sua aquisição".

Nesse sentido e mais adiante, a Corte Superior editou a Súmula 655, do STJ,[81] em 9 de novembro de 2022, com a seguinte ementa: "Aplica-se à união estável contraída por septuagenário o regime da separação obrigatória de bens, comunicando-se os adquiridos na constância, quando comprovado o esforço comum".

À vista desse novo direcionamento traçado pelo Tribunal da Cidadania, rumo a um efetivo regime de separação de bens, confira-se a recente decisão de 12 de setembro de 2024 do Conselho Superior da Magistratura paulista, em processo de dúvida suscitada por oficial de registro de imóveis que, além de exigir a prova do esforço comum do casal, para a aplicação da Súmula 377 do STF, dispensou a outorga conjugal para a alienação de imóvel, conforme se lê a seguir:

> Registro de imóveis – Escritura pública de compra e venda – Titular de domínio casada sob o regime da separação obrigatória de bens – Alienação de imóvel com natureza de bem próprio, havido por sucessão hereditária – Bem particular – Desnecessidade de outorga uxória ou suprimento judicial – Inteligência do art. 1.647, *caput*, do Código Civil à luz da interpretação contemporânea do STJ sobre a aplicação da Súmula 377 do STF – Necessidade de prova do esforço comum atualmente exigida pelo STJ que faz dispensar a outorga uxória para venda de bem manifestamente particular, em razão de sua origem com fundamento em sucessão hereditária – Óbice afastado – Apelação provida.[82]

---

[81] Os precedentes que fundamentaram a Súmula 655 do STJ foram: REsp 1.689.152/SC (2011/0235045-8), *DJe* 22.11.2017; EREsp 1.171.820/PR (2012/0091130-8), *DJe* 21.09.2015; REsp 1.403.419/MG (2013/0304757-6), *DJe* 14.11.2014; REsp 1.369.860/PR (2013/0067986-7), *DJe* 04.09.2014. Disponível em: https://scon.stj.jus.br/SCON/sumstj/toc.jsp?livre=%27655%27.num.&O=JT. Acesso em: 20 set. 2024.

[82] TJSP, Conselho Superior da Magistratura, Apelação Cível 1000094-56.2023.8.26.0120, Corregedor-Geral Francisco Loureiro, *DJe* 16.09.2024.

Segue o entendimento do Professor Francisco José Cahali,[83] citado na supramencionada decisão:

> Isto porque o novel legislador deixou de reproduzir a regra contida no malfadado art. 259 do CC/16. Desta forma, superada está a Súmula 377, desaparecendo a incidência de seu comando no novo regramento. Sabida a nossa antipatia à Súmula, aplaudimos o novo sistema. E assim, não mais se admite a prevalência dos princípios da comunhão parcial quanto aos bens adquiridos na constância do casamento pelo regime de separação obrigatória (separação legal). A separação obrigatória passa a ser, então, um regime de efetiva separação de bens, e não mais um regime de comunhão simples (pois admitida a meação sobre os aquestos), como alhures. A exceção deve ser feita, exclusivamente, se comprovado o esforço comum dos cônjuges para a aquisição de bens, decorrendo daí uma sociedade de fato sobre o patrimônio incrementado em nome de apenas um dos consortes, justificando, desta forma, a respectiva partilha quando da dissolução do casamento. Mas a comunhão pura e simples, por presunção de participação sobre os bens adquiridos a título oneroso, como se faz no regime legal de comunhão parcial, e até então estendida aos demais regimes, deixa de encontrar fundamento na lei. [...].

Mencione-se, ainda, por oportuno, que a decisão do Supremo Tribunal Federal no Recurso Extraordinário com Agravo – ARE 1.309.642, com repercussão geral reconhecida pelo Plenário – (Tema 1.236), ao admitir a possibilidade de escolha do regime de bens à pessoa maior de 70 anos, não conflita com o atual entendimento exarado na Súmula 655 do Superior Tribunal de Justiça – que prevê à necessidade da comprovação do esforço comum para a aplicação da Súmula 377. As duas orientações coexistem de forma harmônica.

Sobre esse novo entendimento do Superior Tribunal de Justiça, expresso na Súmula 655, recomenda-se a leitura do artigo dos notários mineiros Letícia Franco Maculan Assumpção e Paulo Hermano Soares Ribeiro, em "Releitura pelo STJ da súmula 377/STF – Necessidade de prova do esforço comum para que o cônjuge sobrevivente seja meeiro".[84]

Por fim, cumpre salientar que, diante de um cenário marcado por peculiaridades normativas e constantes mudanças na jurisprudência, incumbe ao notário o dever de orientar as partes quanto ao entendimento atual dos Tribunais Superiores, apurando com diligência as suas intenções e necessidades específicas, de forma

---

83 CAHALI, Francisco José. A Súmula 377 e o novo Código Civil e a mutabilidade do regime de bens. *Revista do Advogado*, n. 75, abr. 2004, p. 29, *apud* TJSP Conselho Superior da Magistratura, Apelação Cível 1000094-56.2023.8.26.0120, Corregedor-Geral Francisco Loureiro, *DJe* 16.09.2024.

84 MACULAN, Leticia; RIBEIRO, Paulo Hermano. Releitura pelo STJ da Súmula 377/STF – Necessidade de prova do esforço comum para que o cônjuge sobrevivente seja meeiro. *Portal Jurídico Migalhas*, [s.l.], 25 mar. 2024. Disponível em: https://www.migalhas.com.br/coluna/migalhas-notariais-e-registrais/403605/releitura-pelo-stj-da-sumula-377-stf. Acesso em: 18 set. 2024.

que o instrumento – seja o pacto antenupcial ou a escritura de união estável – traduza com exatidão a manifestação de vontade dos interessados, observando os ditames legais e conferindo plena eficácia ao princípio da autonomia privada, bem como promovendo a segurança jurídica.

Certamente, essa atuação preventiva contribui para minimizar as assimetrias informacionais e seus efeitos prejudiciais, que, não raras vezes, culminam em litígios submetidos à apreciação do Poder Judiciário.

3.2 • Doação da parte disponível e a necessidade expressa da dispensa da colação

No ordenamento jurídico brasileiro, o direito de dispor do patrimônio, ainda que garantido ao indivíduo, encontra limites quando há herdeiros necessários – descendentes, ascendentes e cônjuge.[85] Nessa hipótese, o acervo hereditário é dividido em duas porções distintas: a legítima e a parte disponível.

A legítima corresponde à metade dos bens e é destinada, por imposição legal, aos herdeiros necessários, cuja proteção representa um valor fundamental para o Direito das Sucessões. A outra metade, denominada parte disponível, pode ser livremente destinada pelo titular do patrimônio – à exceção das pessoas previstas no art. 1.801, do diploma civil –, por ato de doação em vida ou por testamento, traduzindo o espaço legítimo de exercício da autonomia privada dentro dos limites estabelecidos pela lei.

Esse equilíbrio entre a autonomia privada do indivíduo e proteção da família reflete o princípio da solidariedade familiar, que busca assegurar que os familiares próximos não sejam privados de sua quota legítima, mesmo diante da vontade do falecido de dispor de seus bens de maneira diversa. Destarte, a doação da parte disponível permite ao doador expressar a sua vontade de beneficiar terceiros, sem, no entanto, desproteger os direitos à herança dos seus herdeiros necessários.

Nessa perspectiva, a doação pode incidir sobre a parte disponível permitida por lei ao doador dispor no momento da formalização daquele contrato. Para tanto, é essencial que o doador declare, de forma expressa, na escritura pública

---

85 O companheiro alcançou a igualdade de direitos sucessórios em relação ao cônjuge por força do julgamento do RE 878.694/MG, em decisão proferida em 10.05.2017, em regime de repercussão geral (Tema 809, Relator Ministro Luís Roberto Barroso). Contudo, é importante destacar que, embora o Supremo Tribunal Federal tenha equiparado os direitos sucessórios do companheiro aos do cônjuge, essa equiparação restringe-se à ordem de vocação hereditária, conforme estabelecido no art. 1.829 do Código Civil. O companheiro não foi incluído entre os herdeiros necessários, conforme definido no art. 1.845 do Código Civil, que contempla apenas os descendentes, ascendentes e cônjuge sobrevivente; no entanto, em termos práticos, cônjuges e companheiros têm os mesmos direitos, devendo o companheiro fazer jus à cota obrigatória da herança.

lavrada perante o tabelião de notas, que a liberalidade recaia exclusivamente sobre a sua quota disponível, não devendo, por conseguinte, o mencionado bem ser colacionado em futuro inventário.

Essa declaração final revela-se imprescindível, haja vista que, conforme entendimento consolidado na jurisprudência, não basta a mera menção de que a doação recaia sobre a parte disponível do patrimônio. Ausente a cláusula expressa de dispensa de colação, o bem doado será, em regra, submetido à conferência no futuro inventário do doador, com vistas ao acerto de quinhões entre os herdeiros necessários.

A autora entende que essa declaração de dispensa de colação se trata de uma redundância desnecessária, à luz do disposto no art. 2.005 do Código Civil, que não impõe essa exigência:

> Art. 2.005. São dispensadas da colação as doações que o doador determinar saiam da parte disponível, contanto que não a excedam, computado o seu valor ao tempo da doação.
>
> Parágrafo único. Presume-se imputada na parte disponível a liberalidade feita a descendente que, ao tempo do ato, não seria chamado à sucessão na qualidade de herdeiro necessário.

Todavia, à vista do entendimento sedimentado da jurisprudência, recomenda-se a inclusão expressa, na escritura de doação, da declaração de que o bem doado não deverá ser colacionado, caso essa seja a intenção do doador, visando afastar, dessa forma, a presunção de adiantamento de legítima, prevenindo, com isso, a exigência de colação do bem doado por ocasião da abertura da sucessão.

Essa orientação encontra respaldo em precedentes dos tribunais, conforme se observa nas ementas a seguir:

> Inventário e partilha de bens. Promessa de doação de direito à aquisição de imóvel, ajustada em acordo judicial homologado na partilha de bens do casal quando de sua separação judicial. Embora plausível aludida promessa pactuada em favor da prole, falecido que seja o promitente doador sem que até então tivesse concluído a doação prometida, a cota parte de seu direito relativo à promessa de compra e venda permaneceu em seu patrimônio até ao decesso, não se aperfeiçoando a anunciada liberalidade que, se concluída, implicaria em adiantamento de legítima. Concorrendo o promissário donatário com outros descendentes do promitente doador, isso porque ***a dispensa da colação só é possível*** **mediante declaração expressa do doador, inocorrente no caso.** Meação do cônjuge. Considerando que contraiu matrimônio pelo regime de comunhão parcial de bens com o de cujus, cabe à meeira ver incluída na comunhão o valor das parcelas pagas, durante o casamento, a título de amortização das parcelas de financiamento do imóvel.

Consequência da presunção de esforço comum desenvolvido durante a coabitação. Confirmação do julgado.[86] (grifou-se)

Agravo de Instrumento. Direito das Sucessões. Inventário. Colação. "os descendentes que concorrerem à sucessão do ascendente comum são obrigados, para igualar as legítimas, a conferir o valor das doações que dele em vida receberam, sob pena de sonegação" (art. 2.002, *caput*, CC). Decisão que determina a indisponibilidade de bens imóveis adjudicados ao sucessor do donatário e sua colação ao inventário da doadora, que possuía outros dois filhos e fez a doação de bens a um dos herdeiros, em vida. adiantamento de legítima. I – tanto pelo art. 1.789 do CC de 1916 quanto pelo **art. 2.006 do CC em vigor**, para que produza efeito jurídico, **a dispensa da colação deve ser declarada pelo doador, em cláusula expressa, ou no próprio título de liberalidade ou no testamento.** não havendo essa dispensa, obriga-se o donatário, ou, quando falecido antes do doador, seus sucessores, a trazer os bens à colação. necessidade de apuração se o montante doado excedeu a parte disponível do patrimônio do falecido. II –indisponibilidade dos bens doados. medida necessária, para impedir a transferência a terceiros, protegendo o patrimônio dos demais herdeiros, até o deslinde da lide. recurso desprovido.[87] (grifou-se)

Recurso Especial. Sucessões. Inventário. Partilha em vida. Negócio formal. Doação. Adiantamento de legítima. Dever de colação. Irrelevância da condição dos herdeiros. Dispensa. Expressa manifestação do doador. Todo ato de liberalidade, inclusive doação, feito a descendente e/ou herdeiro necessário nada mais é que adiantamento de legítima, impondo, portanto, o dever de trazer à colação, sendo irrelevante a condição dos demais herdeiros: se supervenientes ao ato de liberalidade, se irmãos germanos ou unilaterais. É necessária a expressa aceitação de todos os herdeiros e a consideração de quinhão de herdeira necessária, de modo que a inexistência da formalidade que o negócio jurídico exige não o caracteriza como partilha em vida. **A dispensa do dever de colação só se opera por expressa e formal manifestação do doador,** determinando que a doação ou ato de liberalidade recaia sobre a parcela disponível de seu patrimônio. Recurso especial não conhecido.[88] (grifou-se)

Na ausência de herdeiros necessários, inexiste a restrição imposta pela legítima, conferindo-se ao doador plena liberdade para dispor da integralidade de seu acervo patrimonial, ressalvada, contudo, a obrigação de preservar recursos suficientes para a garantia de sua própria subsistência, com vistas à observância do princípio da dignidade da pessoa humana.

---

86 TJRJ, Apelação 0082968-85.2000.8.19.0001, 14ª CC, Relator Desembargador Nascimento Povoas Vaz, j. 15.12.2010.

87 TJRJ, Agravo de Instrumento 0020943-87.2010.8.19.0000, 17ª CC, Relatora Desembargadora Luisa Bottrel Souza, j. 25.08.2010.

88 STJ, REsp 730483/MG, 2005/0036318-3, Ministra Nancy Andrighi, 3ª Turma, *DJe* 20.06.2005.

Assunto que também merece especial atenção se refere ao momento em que se deve apurar a extensão da parte disponível. De acordo com o entendimento firmado pelo Superior Tribunal de Justiça, com fundamento no art. 549 do Código Civil, a aferição da quota disponível deve ocorrer no instante da realização do ato de liberalidade. Nessa ocasião, incumbe ao doador garantir que o valor do bem doado não exceda a metade do total do que lhe é permitido doar naquele momento, sob pena de eventual redução da liberalidade, em sede de inventário, a fim de preservar a legítima dos herdeiros necessários.

> Civil. Processual civil. Nulidade de doação. Momento da aferição do avanço sobre a legítima. Data da liberalidade. Incidência do art. 549 do CC/2002. Existência de bens na data do falecimento do doador, reversão dos bens existentes aos herdeiros e inclusão dos bens no acervo hereditário. Irrelevância.[89]

Cumpre salientar que a declaração do doador, afirmando que a doação incide sobre a parte disponível, que lhe é permitido doar, à época da liberalidade, prescinde de comprovação por parte do tabelião de notas ou do oficial do registro de imóveis. Para essa finalidade é suficiente a manifestação expressa de vontade do doador, não se exigindo, nesse momento, qualquer aferição objetiva da declaração prestada.

Outro ponto que demanda especial atenção por parte do notário, ao lavrar escritura de doação relativa à parte disponível do doador, consiste em orientar a parte quanto à conveniência de se obter a anuência dos demais herdeiros necessários, preferencialmente acompanhados de seus respectivos cônjuges ou companheiros. Essa medida, ainda que não obrigatória, contribui significativamente para conferir maior segurança jurídica ao ato notarial, especialmente no que tange à sua futura estabilidade.

Ressalte-se, por oportuno, que o art. 496 do Código Civil estabelece, para os contratos de compra e venda celebrados entre ascendente e descendente, a exigência de consentimento expresso dos demais descendentes e do cônjuge do alienante, sob pena de anulabilidade. Essa exigência, porém, não se estende às doações, para as quais inexiste essa imposição legal.

Nas hipóteses das doações, recomenda-se que a anuência dos herdeiros necessários não se limite a uma simples manifestação de ciência ou ausência de oposição, mas que se consubstancie em declaração expressa, clara e abrangente, atestando concordância com todos os termos do ato de liberalidade. Essa cautela, conquanto possa parecer redundante, visa conferir maior segurança jurídica à doação, prevenindo questionamentos futuros.

---

[89] STJ, REsp 2.026.288/SP, Relatora Ministra Nancy Andrighi, 3ª Turma, *DJe* 20.04.2023.

Para tanto, é recomendável que a escritura pública contenha cláusula específica delimitando a extensão da anuência prestada, nos seguintes termos exemplificativos - que devem ser adaptados ao caso concreto: "*A interveniente declara, na qualidade de filha dos doadores e única irmã do donatário, que está de acordo com a presente doação, concordando integralmente com seus termos, inclusive quanto ao fato de que a presente liberalidade se refere à parte disponível permitida em lei, neste momento, estando, portanto, resguardada a legítima. A interveniente declara, ainda, não haver excesso na doação e que este bem, ora doado, não deverá ser colacionado por ocasião do futuro inventário dos doadores, estando expressamente dispensado de colação*".

Assinale-se, ainda, que a dispensa da colação poderá ser efetivada de duas formas: na própria escritura de doação ou no testamento, *ex vi* do art. 2.006[90] do Código Civil.[91]

Por fim, propõe-se ao leitor uma reflexão sobre a seguinte questão: seria juridicamente válido que um pai, após ter efetuado uma doação de determinado bem a seu filho - observando os limites da parte disponível legalmente permitida e declarando, de forma expressa, a dispensa de colação, posteriormente, por meio de testamento, alterasse a finalidade da liberalidade, atribuindo-lhe a condição de adiantamento de legítima, de modo a sujeitá-la à colação no momento da sua sucessão?

Entende-se que a resposta seja afirmativa. Contudo, há aspectos relevantes a serem observados, uma vez que essa alteração pode suscitar questionamentos jurídicos e dependerá da análise de determinados fatores: (i) o art. 2.006 do Código Civil dispõe que a dispensa da colação pode ser realizada tanto no testamento quanto no próprio título de liberalidade. Pode-se concluir que, caso o doador tenha dispensado a colação expressamente no ato da doação, nada obsta que o faça posteriormente, por meio de testamento, visto que não há vedação legal; (ii) todavia, devem ser considerados os limites da modificação testamentária, pois, se o contrato de doação previu que o bem correspondia à parte disponível e que não seria ser colacionado em futuro inventário futuro, cria-se a legítima expectativa de que não se trata de adiantamento da legítima. Uma tentativa posterior de alterar essa finalidade poderá ensejar resistência do donatário; (iii) por fim, a autora entende que a validade da alteração dependerá

90 CC, art. 2.006: "A dispensa da colação pode ser outorgada pelo doador em testamento, ou no próprio título de liberalidade".

91 Observa-se que o Projeto de Lei 4/2025, que trata da reforma do Código Civil, ao tratar do art. 2.006, prevê que a dispensa da colação poderá, adicionalmente, ser concedida pelo doador, por meio de escritura pública subsequente ao contrato de doação, sem nenhuma ofensa ao ato jurídico perfeito e acabado.

da existência de fundamento objetivo e consistente que demonstre que a doação não refletia a verdadeira intenção do doador.

3.2.1. Aditamento e rerratificação do contrato de doação

Certamente, a possibilidade de se aditar e rerratificar um contrato, em que haja a anuência de todas as partes, para determinar que a doação corresponde à parte disponível ou, exemplificativamente, para incluir as cláusulas de inalienabilidade, impenhorabilidade e incomunicabilidade, é outro assunto que provoca celeuma na seara Notarial e Registral.

No que se refere à possibilidade ou não de se aditar as mencionadas cláusulas ou mesmo deixar expresso que a doação realizada corresponde à parte disponível do doador, existem três correntes: (a) não se pode aditar; (b) só se permite aditar caso o contrato ainda não tenha sido registrado; (c) pode ser aditado a qualquer tempo.

De um lado, para a corrente que defende não ser possível o aditamento (letra "a"), baseia-se no fato de que o contrato de doação, principalmente depois de registrado, trata-se de um ato jurídico perfeito, não podendo ser alterado. Além desse argumento, essa corrente afirma que, segundo as regras do sistema jurídico pátrio, veda-se a vinculação do próprio bem, só sendo permitido nos contratos de doação, nos testamentos e na instituição de bem de família convencional.

A lógica adotada por aqueles que sustentam a impossibilidade de aditamento ou rerratificação, fundamenta-se na ideia de que, uma vez lavrada e registrada a escritura de doação, o bem já foi transferido ao patrimônio do donatário. Por essa razão, não caberia ao próprio interessado - agora titular do bem - modificar o ato para declarar que a doação corresponde à parte disponível do doador, com o objetivo de afastar a necessidade de colação em um eventual inventário. Esse impedimento ao aditamento da escritura de doação está ancorado, por esta corrente, no princípio da imutabilidade do ato jurídico perfeito, segundo o qual atos regularmente concluídos não podem ser alterados retroativamente.

Por outro lado, uma segunda corrente mais moderada (letra "b") sustenta que é possível realizar o aditamento ou rerratificação para especificar que a doação se refere à parte disponível ou para incluir cláusulas, desde que o ato ainda não tenha sido registrado. Nessa situação, a propriedade não teria sido transferida, permitindo-se a alteração.

Por fim, existe a terceira corrente (letra "c") que admite o aditamento e a rerratificação para estabelecer que a doação realizada é concernente à parte disponível, bem como o aditamento de cláusulas que não foram inseridas no documento público, mesmo após o registro do contrato de doação.

Essas possibilidades, muitas vezes, justificadas pela ausência de orientação adequada ao usuário ou mesmo por mero esquecimento, são sustentadas por esta autora com fundamento no acórdão do Superior Tribunal de Justiça,[92] anteriormente citado, bem como à luz dos valiosos ensinamentos do jurista Miguel Reale, especialmente no que tange aos princípios que informam a Teoria Geral dos Contratos.

No que se refere aos ensinamentos de Miguel Reale,[93] repita-se, o contrato de doação, como qualquer outro contrato, poderá ser alterado, aditado ou distratado, desde que as partes estejam de acordo, conforme já exposto no Capítulo 4, que trata do Ato jurídico perfeito.

Indubitavelmente, a autonomia privada das partes deverá ser sempre prestigiada e respeitada, salvo nos casos em que fique evidenciada a má-fé, violação de princípios constitucionais e jurídicos, afronta à moral, aos bons costumes ou às normas cogentes. Ademais, notários e registradores devem se ater à fiel observação do princípio da legalidade e da norma que determina a intervenção mínima do Estado, nas relações privadas.[94]

Pode parecer um detalhe, mas impedir que o usuário ajuste ou complemente a sua manifestação de vontade para aditar o contrato de doação, pode desvirtuar a real intenção das partes em relação àquele negócio jurídico, com sérias consequências, tanto na esfera familiar e sucessória, como na financeira.

Outro aspecto importante a ser ressaltado é que o Delegatário não pode se recusar a praticar o aditamento destinado a consignar que a doação recaiu sobre a parte disponível, com a consequente dispensa da colação, sob o pressuposto genérico de possível prejuízo a terceiros. Nessa hipótese, deve prevalecer a presunção de boa-fé.

3.3 • Doação na forma de partilha em vida

A partilha em vida consiste na antecipação da divisão do patrimônio de um ascendente (pai ou mãe) entre os seus herdeiros necessários – descendentes,

---

92 STJ, Resp 440.128/AM, Relator Ministro Carlos Alberto Menezes Direito, cuja ementa foi anteriormente citada, no tópico Ato jurídico perfeito.

93 Conforme Miguel Reale: "Em primeiro lugar, pode considerar superada a teoria segundo a qual, sendo a doação um modo de adquirir domínio, uma vez solenizada em forma legal, não teria mais o transmitente qualidade para mudar a condição jurídica da coisa doada ou dispensar encargo licitamente prescrito. Prevalece, ao contrário, o entendimento de que 'como contrato, a doação está sujeita a todas as normas reguladoras dos atos jurídicos dessa espécie, podendo mesmo ser distratada. Se as mesmas partes que avençaram a doação continuam na mesma situação jurídica anterior, nada impede que desfaçam ou modifiquem a liberalidade, estabelecendo novas condições'" (REALE, Miguel. *Revista dos Tribunais*, vol. 203/163, 1959).

94 CC, art. 421: "A liberdade contratual será exercida nos limites da função social do contrato. (Redação dada pela Lei 13.874, de 2019.) Parágrafo único. Nas relações contratuais privadas, prevalecerão o princípio da intervenção mínima e a excepcionalidade da revisão contratual (Incluído pela Lei 13.874, de 2019.)".

ascendentes e cônjuge[95] – ainda em vida, permitindo que o autor da herança distribua seus bens de forma antecipada.

Com efeito, a partilha em vida – que pode abarcar todos os bens do autor da herança ou apenas parte deles – pode ser realizada de duas formas: por meio de doações ou por meio do testamento – é o que dispõe o art. 2.018, do Código Civil,[96] *in verbis*:

> Art. 2.018. É válida a partilha feita por ascendente, por ato entre vivos ou de última vontade, contanto que não prejudique a legítima dos herdeiros necessários.

Todavia, caso o ascendente decida dispor de todos os seus bens em vida, deverá reservar parte deles, ou destinar uma renda suficiente para a sua subsistência, de forma a evitar a nulidade daquela partilha por contrariar o preceito contido no art. 548[97] da lei substantiva.

Assinale-se que a decisão de se partilhar todos os bens em vida é muito difundida na nossa sociedade: normalmente os ascendentes, procurando evitar as previsíveis e indesejáveis brigas familiares, ou mesmo proteger os herdeiros do alto custo de um inventário, decidem, em vida, partilhar os bens entre os filhos. E, para isso, celebram doações, na maior parte das vezes, já atribuindo a cada filho um determinado imóvel. Cumpre ressaltar que, por diversas vezes, essas

---

95 O companheiro alcançou a igualdade de direitos sucessórios em relação ao cônjuge por força do julgamento do RE 878.694/MG, em decisão proferida em 10.05.2017, em regime de repercussão geral (Tema 809, Relator Ministro Luís Roberto Barroso). Contudo, é importante destacar que, embora o Supremo Tribunal Federal tenha equiparado os direitos sucessórios do companheiro aos do cônjuge, essa equiparação restringe-se à ordem de vocação hereditária, conforme estabelecido no art. 1.829 do Código Civil. O companheiro não foi incluído entre os herdeiros necessários, conforme definido no art. 1.845 do Código Civil, que contempla apenas os descendentes, ascendentes e cônjuge sobrevivente; no entanto, em termos práticos, cônjuges e companheiros têm os mesmos direitos, devendo o companheiro fazer jus à cota obrigatória da herança.

96 Com o Projeto de Lei 4/2025, que trata da reforma do Código Civil, ainda em tramitação no Congresso Nacional, o art. 2.018 deverá passar por uma profunda modificação. A nova redação permitirá a realização da partilha em vida não apenas pelo ascendente, mas por qualquer pessoa capaz. Além disso, deixará de especificar que a partilha pode ser realizada por ato entre vivos (doação) ou de última vontade (testamento), como está previsto na redação atual do art. 2.018 do Código Civil. Ao examinar o art. 2.018-A do Projeto de Lei 4/2025, observa-se que a proposta de alteração legislativa estabelece a irrevogabilidade da partilha em vida, salvo nas hipóteses de nulidade ou anulabilidade do negócio jurídico, conforme disposto nos arts. 166 e 171 do Código Civil. Dessa forma, confira a seguir como será a redação do art. 2.018, caso seja aprovada na forma proposta, dispondo sobre a partilha em vida, nos seguintes termos: "Toda pessoa capaz de dispor por testamento poderá fazer a partilha em vida da totalidade de seus bens ou de parte deles, contanto que respeite a legítima dos herdeiros e não viole normas cogentes ou de ordem pública. Art. 2.018-A. A partilha em vida é irrevogável e poderá ser invalidada nas mesmas hipóteses previstas nos arts. 166 e 171 deste Código".

97 CC, art. 548: "É nula a doação de todos os bens sem reserva de parte, ou renda suficiente para a subsistência do doador".

doações são realizadas em momentos distintos, o que dificulta a devida apuração do quinhão recebido por cada herdeiro.

Com o objetivo de garantir maior segurança à partilha em vida e evitar questionamentos futuros, os ascendentes frequentemente solicitam a participação dos demais herdeiros necessários, além dos seus respectivos cônjuges ou companheiros, em cada escritura de doação, na qualidade de intervenientes-anuentes. Essa prática ocorre apesar de não haver exigência legal para essa intervenção. Após esses cuidados, os ascendentes acreditam que não haverá disputas, seja no presente ou no futuro, no que diz respeito à sua sucessão.

Mas nem sempre essa percepção reflete a realidade: a partilha em vida pode ser objeto de controvérsias, mesmo que os demais herdeiros necessários tenham participado da escritura e manifestado a sua ciência e concordância. Isso ocorre porque, posteriormente, qualquer herdeiro que tenha se sentido prejudicado poderá demonstrar que a divisão patrimonial violou a sua legítima.

Por sua vez, a norma que assegura a intangibilidade da legítima[98] é uma norma de caráter cogente, ou seja, é inegociável, razão pela qual não pode ser afastada ou convalidada por meio de cláusula de renúncia a eventuais ações futuras.

Prosseguindo, segue a seguir decisão do Superior Tribunal de Justiça, que declarou a nulidade de doação inoficiosa, mesmo após a interveniência e aceitação dos demais interessados, *in verbis*:

> Recurso especial. Ação declaratória de nulidade de doação inoficiosa. Partilha em vida sob a égide do código civil de 1916. Art. 1.776 do CC/1916. Nulidade da doação que excede a legítima mais a metade disponível. Norma cogente que não pode ser renunciada. Princípio da intangibilidade da legítima.
>
> 1. Ação declaratória de nulidade de doação inoficiosa c/c declaratória de reconhecimento da antecipação de legítima, ajuizada em 21.03.2019, da qual foi extraído o presente recurso especial, interposto em 29.05.2023 e concluso ao gabinete em 07.12.2023.
>
> 2. O propósito recursal consiste em definir se é nula ou anulável a doação inoficiosa em escritura pública de partilha em vida, lavrada sob a égide do Código Civil de 1916.
>
> 3. Reconhecendo-se a natureza jurídica *sui generis* da partilha em vida, que se utiliza da forma da doação, mas seu conteúdo refere-se às regras da partilha, **será inoficiosa a doação se extrapolar os limites da parte que o autor da herança possuía disponível ao tempo da liberalidade, violando a legítima dos herdeiros necessários**, consoante art. 1.776 do CC/1916, reproduzido no art. 2.018 do CC/2002.

---

98 A intangibilidade da legítima é um princípio fundamental do Direito das Sucessões, segundo o qual o testador (ou doador, em vida) não pode dispor livremente da parte da herança que a lei reserva aos herdeiros necessários. Essa porção da herança, chamada "legítima", corresponde à metade do patrimônio do falecido, conforme art. 1.789 do Código Civil.

> 4. Sendo a intangibilidade da legítima norma cogente, a doação inoficiosa é nula de pleno direito, não podendo ser convalidada por eventual cláusula de renúncia a eventual ação futura.
>
> 5. **No recurso sob julgamento, é incontroverso que**: (I) houve a realização de partilha em vida formalizada por meio de escritura pública em que os genitores de Andriele e Paulo doaram-lhes a maior parte do patrimônio que detinham na época; (II) a escritura pública foi lavrada em 07.12.1999; **(III) há cláusula de mútua e recíproca quitação, com renúncia a qualquer ação**; e (IV) a discrepância entre a doação destinada à Andriele e ao irmão Paulo e sua esposa era evidente, uma vez que a ela coube dois imóveis no valor total de R$ 39.000,00 (trinta e nove mil reais), enquanto a ele foi doado R$ 711.486,00 (setecentos e onze mil, quatrocentos e oitenta e seis reais) referente a participações societárias.
>
> 6. Logo, na situação examinada, é forçoso reconhecer que houve doação inoficiosa, de modo que a declaração de nulidade é de rigor, uma vez que a lei prevê expressamente que o ato é nulo (art. 1.176 CC/1916, reproduzido no art. 549 do CC/2002).
>
> 7. Recurso especial conhecido e provido para decretar a nulidade da parte inoficiosa da doação realizada, restabelecendo os termos da sentença.[99] (grifou-se)

Em síntese, esse exemplo demonstra que foi realizada partilha em vida, com a celebração do respectivo contrato de doação, no qual os envolvidos, à época do ato, manifestaram ciência e anuência. No entanto, por ocasião da abertura da sucessão do doador, um dos herdeiros, sentindo-se prejudicado, pleiteou judicialmente a declaração de nulidade da doação no tocante à parte inoficiosa. Em sua argumentação, sustentou, em essência, que a sua legítima fora desrespeitada, não obstante a sua participação no ato original.

Depreende-se, consequentemente, que a legítima não pode, em hipótese alguma, ser objeto de violação, tornando, portanto, impossível se eliminar por completo o risco de futura impugnação da aludida partilha em vida.

Entretanto, existem medidas que podem ser adotadas a fim de mitigar eventuais questionamentos futuros acerca da validade da partilha em vida.

Com o objetivo de reduzir esses riscos e prevenir possíveis impugnações, recomenda-se a adoção das seguintes precauções na celebração do ato: (i) garantir a intervenção e a anuência de todos os interessados, acompanhados de seus respectivos cônjuges ou companheiros, se houver; (ii) declarar expressamente que o bem doado não estará sujeito à colação em eventual inventário futuro, ou seja, que a dispensa da colação é formalmente reconhecida, e que a presente doação se refere a uma partilha em vida, com base no art. 2.018 do Código Civil; e (iii) estabelecer que eventuais discrepâncias nos valores das doações serão consideradas como deduzidas da parte disponível, permitida ao doador dispor no momento da liberalidade, assegurando-se o respeito à legítima.

---

[99] STJ, REsp 2.107.070/SC, Relatora Ministra Nancy Andrighi, 3ª Turma, j. 04.02.2025, *DJEN* 07.02.2025.

A autora entende que, ao serem observadas as precauções anteriormente mencionadas, a probabilidade de êxito em uma eventual ação destinada à declaração de nulidade da parcela inoficiosa da doação seria significativamente reduzida.

Reitera-se que a partilha em vida é frequentemente realizada pelos ascendentes em favor dos seus descendentes em momentos distintos, sem a devida atenção às peculiaridades desta opção de planejamento sucessório.

Em regra, as escrituras não mencionam a finalidade daquela doação: se trata de adiantamento de legítima, se é da parte disponível ou se se refere à doação de partilha em vida.

Outro agravante, que denota uma situação de potencial e provável litígio, é a doação realizada sob a forma de contrato de compra e venda, na qual o valor utilizado para a aquisição do bem é doado pelos pais, sem que esses fatos tenham sido expressamente previstos no título aquisitivo.

Como solução para esse quadro anteriormente descrito e como forma de se evitar problemas futuros e prováveis desavenças, sugere-se a lavratura de escritura de transação, prevista no art. 840, do Código Civil. Esse importante instrumento jurídico, pouco utilizado, tem como escopo prevenir ou terminar litígio, desde que se trate de direitos patrimoniais de caráter privado e entre partes maiores e capazes.

Nessa escritura de doação, as partes presentes – assistidas dos seus respectivos cônjuges e companheiros – declarariam que: as doações efetuadas a todos os filhos, em momentos diferentes, na realidade são uma escolha do ascendente de se partilhar em vida o seu patrimônio, nos termos do art. 2.018 do Código Civil; que os bens doados, inclusive aqueles bens adquiridos por compra e venda, com recursos doados pelos ascendentes, não deverão ser levados à colação em futuro inventário; que eventuais diferenças entre as doações deverão ser deduzidas da parte disponível permitida aos doadores disporem; e, por fim, que a legítima fora respeitada.

Nada obstante, se não for possível a lavratura da citada escritura de transação, aconselha-se que seja lavrado um testamento, com o exclusivo intuito de esclarecer os fatos anteriormente relatados, em conformidade com disposto no art. 2.006 do Código Civil ou, tão somente, uma escritura declaratória que explicite a real intenção do doador no momento das liberalidades ou de outros modelos contratuais que, de fato, configuraram doações.

3.4 • Doação pura efetivada em favor do absolutamente incapaz, do relativamente incapaz e do nascituro

Finalizadas as análises dos contratos de doação – como adiantamento de legítima, da parte disponível ou por meio de partilha em vida –, passaremos à análise das especificidades das doações realizadas aos menores de 16 anos, aos relativamente incapazes e ao nascituro.

O atual *codex* dispensa a aceitação quando a doação for pura e se tratar de absolutamente incapaz, não sujeito à tutela e à curatela. Diferentemente do que previa o Código de Beviláqua, no seu art. 1.170,[100] em que o incapaz poderia, excepcionalmente, manifestar a sua concordância, desde que se tratasse de doação pura, tratando-se, por conseguinte, de uma aceitação presumida.

Embora o art. 543 do Código Civil determine que não é necessária a aceitação para que um absolutamente incapaz[101] receba bens imóveis em doação, desde que se trate de uma doação pura e que o menor não esteja sob tutela ou curatela,[102] ainda existe controvérsia sobre esse tema, conforme será demonstrado adiante.

Em relação ao art. 543 da legislação civil, confira-se os relevantes ensinamentos do civilista Nelson Rosenvald, conforme transcrição a seguir:

> [...] não se trata de aceitação presumida do incapaz. Simplesmente se aperfeiçoa a doação com a tradição do bem ao incapaz e com o registro da escritura de doação do bem imóvel, sem a participação do absolutamente incapaz e de seu representante legal. Dessa forma, o consentimento do incapaz deixa de ser elemento integrativo do contrato.[103]

Mesmo diante da clareza do dispositivo legal e aparente simplicidade, foi suscitada dúvida pelo registrador de imóveis, no Processo 1055983.36.2015.8.26.0100 do TJSP: o caso envolvia uma doação com reserva de usufruto, acompanhada de cláusulas de impenhorabilidade e incomunicabilidade, realizada em favor de dois menores impúberes, representados apenas pelo pai, sem a participação da mãe nem alvará judicial. O Ministério Público se manifestou favoravelmente à procedência da dúvida.

Naquele processo, o registrador fundamentou a sua dúvida, em síntese, nos argumentos que se seguem adiante: (i) no art. 1.691, da lei substantiva, que só confere aos pais o poder de administração; (ii) na Apelação Cível

---

100 CC/1916, art. 1.170: "As pessoas que não puderem contratar é facultado, não obstante, aceitar doações puras".

101 De acordo com o art. 3º do Código Civil, são absolutamente incapazes de exercer pessoalmente os atos da vida civil os menores de 16 (dezesseis) anos (Redação dada pela Lei 13.146, de 2015).

102 CC, art. 1.748: "Compete também ao tutor, com autorização do juiz: [...] II – aceitar por ele heranças, legados ou doações, ainda que com encargos".

CC, art. 1.778: "A autoridade do curador estende-se à pessoa e aos bens dos filhos do curatelado, observado o art. 5º".

103 *Apud* KUMPEL, Vitor Frederico. O problema do donatário incapaz. *Portal Jurídico Migalhas*, [s.l.], 22 dez. 2015. Disponível em: https://www.migalhas.com.br/coluna/registralhas/231795/o-problema-do-donatario-incapaz. Acesso em: 5 nov. 2024.

0072005-60.2013.8.26.0100 publicada em 03.12.2014, exarada pelo douto Conselho Superior da Magistratura do Tribunal de Justiça de São Paulo, conforme ementa:

> Registro de Imóveis – Escritura de Compra e Venda – aquisição de bem por menor incapaz – origem desconhecida dos recursos – necessidade de alvará judicial – verificação, pelo Ministério Público e pelo órgão jurisdicional, da efetiva proteção do interesse do menor – menor representado apenas pelo pai, sem justificativa para ausência da mãe na escritura – impossibilidade de registro – recurso provido;

(iii) no item 42.1, do Capítulo XVI, Seção IV, do Código de Normas da Corregedoria de São Paulo,[104] vigente no ano de 2015, que determina a necessidade de alvará, para essa situação; e (iv) na ausência de relação de parentesco entre doadores e donatário. Em seguida, a juíza Tania Mara Ahualli, da 1ª Vara de Registros Públicos, decidiu pela procedência da dúvida, concordando com a fundamentação apresentada pelo registrador e com o parecer do Ministério Público.

Em caso semelhante, outra dúvida foi suscitada nos mesmos moldes, pelo registrador imobiliário da capital de São Paulo, no Processo 1096909-59.2015.8.26.0100. Esse processo tratava de uma doação com reserva de usufruto destinada a três donatários, sendo um deles menor impúbere à época, sem representação legal nem alvará judicial. Novamente, o Ministério Público opinou pela procedência da dúvida.

O oficial do registro imobiliário (dessa segunda dúvida), no âmbito do Processo 1096909-59.2015.8.26.0100, fundamentou de maneira similar ao oficial do registro de imóveis da capital de São Paulo, alusivo ao Processo 1055983.36.2015.8.26.0100, fazendo referência ao precedente estabelecido pela juíza Tania Maria Ahualli. Naquele momento, o Conselho Superior da Magistratura do Tribunal de Justiça de São Paulo ainda não havia publicado a decisão contrária ao entendimento do registrador imobiliário (primeira dúvida, referente ao Processo 1055983.36.2015.8.26.0100), o que alteraria o precedente, até então vigente.

Entretanto, quatro meses após ter julgado procedente a dúvida no caso anterior, envolvendo o Processo 1055983.36.2015.8.26.0100 (primeira dúvida), a mesma juíza, em um processo semelhante, decorrente de dúvida suscitada no bojo do Processo 1096909-59.2015.8.26.0100, decidiu de forma diversa, julgando a dúvida improcedente.

Em sua fundamentação, a magistrada destacou que, na situação específica, não haveria necessidade de representação nem de alvará, visto que a doação foi

---

104 Cap. XVI, Seção IV (Da Lavratura dos atos notariais), Item 42.1 do CN CGJ SP – Foro Extrajudicial: "Para a alienação (gratuita ou onerosa) de bens de menores, ainda que relativamente incapazes, por meio de escritura pública, é necessária apresentação de alvará judicial".

realizada exclusivamente em benefício da menor, sem lhe impor qualquer ônus ou prejuízo.

Por fim, no caso da dúvida levantada pelo registrador imobiliário, em sede de recurso do já citado Processo 1055983-36.2025.8.26.0100 (primeira dúvida), o Conselho Superior da Magistratura do Tribunal de Justiça de São Paulo, em 8 de junho de 2016, decidiu pela improcedência da dúvida, de forma unânime. Determinou-se o registro do título, com a conclusão de que a doação pura realizada a absolutamente incapaz não exigiria representação nem alvará judicial.

Nesse sentido, o Código de Normas da Corregedoria-Geral do estado do Rio de Janeiro, em seu art. 1.242, reafirma o disposto no Código Civil, ao prever expressamente que a aceitação do absolutamente incapaz não é necessária em doações puras, conforme transcrição a seguir:

> Art. 1.242. Nos atos a título gratuito, o registro poderá ser promovido pelo doador, acompanhado da prova de aceitação pelo beneficiado.
> Parágrafo único. É dispensada a prova de aceitação nas doações puras, feitas em benefício de absolutamente incapazes. Os relativamente incapazes poderão aceitá-las. **Em qualquer caso, porém, não consistirá óbice ao registro a inexistência de representação ou** assistência destas pessoas no título apresentado. (grifou-se)

Sobre essa temática, sugere-se a leitura do artigo de autoria do Professor e Magistrado Vitor Frederico Kümpel intitulado "Doação a Incapaz: uma importante decisão unânime do Conselho Superior da Magistratura do Tribunal de Justiça de São Paulo".[105]

No que diz respeito à doação ao relativamente incapaz, menor entre 16 e 18 anos, esta prescindirá de aceitação e da assistência dos pais.

Diferentemente do que ocorre com os absolutamente incapazes, a doação pura em favor do nascituro está sujeita a duas condições: a primeira é a aceitação da doação pelos representantes legais ou pelo seu curador e a segunda é o nascimento com vida.

Destaque-se que, se o outro genitor falecer e a mulher estiver grávida desprovida do poder familiar, por força do art. 1.779, da lei substantiva c/c com inc. III do art. 747 do Código de Processo Civil, será nomeado curador do ventre, que terá a curatela do nascituro. Nesse caso, o curador deverá, a fim de aceitar a doação, obter alvará judicial, nos termos do inc. II do art. 1.748 c/c 1.774, ambos da legislação civil.

---

105 KUMPEL, Vitor Frederico. Doação a incapaz: uma importante decisão unânime do Conselho Superior da Magistratura do Tribunal de Justiça de São Paulo. *Portal Jurídico Migalhas*, [s.l.], 12 jun. 2016. Disponível em: https://www.migalhas.com.br/coluna/registralhas/242198/doacao-a-incapaz--uma-importante-decisao-unanime-do-conselho-superior-da-magistratura-de-sao-paulo . Acesso em: 10 jul. 2024.

A exigência de aceitação da doação pelo nascituro está prevista no art. 542 do Código Civil: "A doação feita ao nascituro valerá, sendo aceita pelo seu representante legal".

Verifica-se que o texto legal supratranscrito exige a aceitação do representante legal no singular, o que poderia sugerir que seria suficiente apenas a manifestação de vontade de um dos pais.

Todavia, de acordo com a melhor exegese e o art. 1.631, do diploma civil,[106] a aceitação deverá ser firmada por ambos os pais, haja vista que o poder familiar deverá ser exercido pelos pais de forma conjunta e com base no melhor interesse da criança, sempre buscando decisões equilibradas e consensuais. Mencione-se, igualmente, que o texto da Codificação Civil de 1916 determinava expressamente a aceitação de ambos os pais.[107]

Pertinente apresentar, ainda, a discussão acerca da personalidade jurídica do nascituro na qual se destaca o julgamento,[108] com relatoria do Ministro Salomão, que adotou a teoria conceptualista, afirmando que o Direito Brasileiro reconhece ao nascituro a condição de pessoa e titular de direitos, o que inclui o direito de receber doações. Além disso, o Ministro ressaltou, em seu voto, que as teorias mais restritivas sobre os direitos do nascituro, como a teoria natalista e a teoria da personalidade condicional, foram superadas pela Constituição de 1988 e pelo atual Código Civil.[109]

---

106 CC, art. 1.631: "Durante o casamento e a união estável, compete o poder familiar aos pais; na falta ou impedimento de um deles, o outro o exercerá com exclusividade".

107 CC/1916, art. 1.169: "A doação feita ao nascituro valerá, sendo aceita pelos pais".

108 REsp 1.415.727/SC (2013/0360491-3), Relator Ministro Luis Felipe Salomão, 4ª Turma, *DJe* 29.09.2014.

109 As teorias natalista, concepcionista e da personalidade condicional dizem respeito à discussão jurídica sobre se o nascituro – aquele que foi concebido, mas ainda não nasceu – tem personalidade jurídica, ou seja, se pode ser titular de direitos. 1) Teoria Natalista. Definição: a teoria natalista entende que a personalidade jurídica só começa com o nascimento com vida. Consequência: O nascituro não tem personalidade jurídica, embora a lei possa lhe conferir certos direitos expectativos, que se consolidam apenas se ele nascer com vida. Base legal: art. 2º do Código Civil: "*A personalidade civil da pessoa começa do nascimento com vida*". Exemplo: se o nascituro for herdeiro, ele só adquire efetivamente os direitos hereditários se nascer com vida. 2) Teoria da Personalidade Condicional. Definição: essa teoria defende que o nascituro já possui personalidade jurídica, de forma condicional, desde a concepção, sob a condição de nascer com vida. Consequência: O nascituro tem uma espécie de personalidade "em espera", ou seja, seus direitos já existem, mas sua efetivação depende do nascimento com vida. Exemplo: pode-se defender que o nascituro tem direito à vida, à integridade física e até a herança, desde a concepção – esses direitos estariam "em suspenso" até o nascimento com vida. 3) Teoria Concepcionista, segundo essa teoria, o nascituro, ou seja, o ser humano já concebido, mas ainda não nascido – adquire direitos desde a concepção –, embora a personalidade jurídica plena só se concretize com o nascimento com vida. Isso significa que, mesmo antes de nascer, o nascituro pode ser titular de direitos, como o direito à vida, à herança, a alimentos e à indenização por dano, entre outros.

3.5 • Estatuto da Pessoa com Redução de Capacidade e seus reflexos na atividade notarial

É primordial que se mencione que a Lei 13.146, de 6 de julho de 2015, que instituiu a Lei Brasileira de Inclusão da Pessoa com Deficiência (Estatuto da Pessoa com Deficiência), trouxe mudanças significativas ao Código Civil, especialmente no tocante ao conceito de capacidade civil e à interdição, promovendo alterações nos arts. 3º e 4º do referido diploma legal.

A expressão "absolutamente incapaz" deixou de ser empregada como anteriormente. A nova legislação eliminou a noção de incapacidade absoluta baseada em redução da capacidade intelectual, passando a tratar a incapacidade de forma mais restritiva e alinhada ao princípio da autonomia da pessoa com deficiência.

Dessa maneira, com a entrada em vigor da Lei Brasileira de Inclusão, a curatela passou a ser concedida de maneira proporcional à redução de capacidade intelectual apresentada, garantindo maior respeito aos direitos e à dignidade da pessoa com deficiência.

De acordo com a atual legislação, somente os menores de 16 anos são absolutamente incapazes, *v.g.* pessoas com redução de capacidade intelectual, mental ou sensorial deixaram de ser automaticamente consideradas absolutamente incapazes.

Por sua vez, o regime protetivo passou a ser de incapacidade relativa (art. 4º do Código Civil) ou tomada de decisão apoiada (art. 1.783-A do Código Civil).

Entre as principais mudanças promovidas pela Lei da Pessoa com Deficiência, pode-se citar: (i) fim da incapacidade absoluta: antes, pessoas com redução de capacidade intelectual ou mental eram consideradas absolutamente incapazes para exercer atos da vida civil, sendo interditadas e representadas integralmente por um curador. Hoje, não há mais essa classificação; (ii) capacidade legal garantida: a nova legislação considera que todas as pessoas são capazes de exercer direitos e obrigações civis, salvo exceções específicas; (iii) curatela limitada: em vez de interdição total, agora pode haver curatela parcial, restrita a atos específicos, e somente quando estritamente necessário; a curatela não pode abranger direitos personalíssimos, como se casar, votar ou decidir sobre o próprio corpo; (iv) tomada de decisão apoiada: essa nova figura jurídica foi criada para permitir que pessoas com deficiência tenham auxílio de terceiros de confiança para decisões importantes, sem perder a autonomia.

O reflexo dessas alterações legislativas em relação à pessoa com redução de capacidade, no que diz respeito à prática de atos notariais, atinentes à vida civil, é que, a partir da publicação da supramencionada lei, o tabelião de notas deverá analisar, diante do caso concreto, o termo de curatela ou de tomada de decisão apoiada, e da sua extensão, de forma a se perquirir se o curatelado ou o apoiado (beneficiário) tem ou não discernimento para a prática do que se pretende praticar.

Na hipótese de o curatelado não ter discernimento para a prática do ato notarial pretendido, caberá ao notário exigir que o curador obtenha alvará judicial específico para a prática daquele ato, nos termos dos arts. 1.748 c/c 1.774, ambos do diploma civil.

No tocante à pessoa submetida à tomada de decisão apoiada, em caso de alienação de bem imóvel, impõe-se verificar se o termo judicial de apoio abrange a prática de atos de disposição patrimonial. Havendo essa previsão, a alienação deverá ser realizada pela pessoa apoiada, com a participação de seus apoiadores, sendo, nesse caso, dispensável a obtenção de alvará judicial. Por outro lado, inexistindo no termo de apoio menção à possibilidade de disposição de bens, recomenda-se, por cautela, que o tabelião condicione a lavratura do ato à prévia autorização judicial.

3.6 • Doação com reserva de usufruto com o direito de acrescer

Nos próximos tópicos, trataremos do contrato de doação e de suas diversas possibilidades jurídicas. Embora caracterizado como ato de liberalidade, o contrato de doação admite ampla moldagem conforme a vontade do doador, permitindo a inclusão de cláusulas que ampliam a sua utilidade prática.

Inicia-se pela doação com reserva de usufruto, instrumento amplamente utilizado no planejamento sucessório em vida, que permite ao doador transferir ao donatário a nua-propriedade de um bem imóvel, enquanto mantém para si o direito de usufruto, assegurando o uso e gozo do bem até o cancelamento do usufruto.

O instituto do usufruto – definido como um direito real sobre coisa alheia e previsto no inc. IV do art. 1.225 do Código Civil – concede ao usufrutuário o uso e gozo de um bem cuja propriedade pertence ao nu proprietário. Em termos práticos, o usufrutuário pode utilizar o bem e colher os seus frutos ou rendimentos, ao passo que o nu proprietário mantém a titularidade da propriedade, desprovida de posse.

Por sua vez, o usufruto pode ser reservado ou instituído. Na primeira hipótese, o doador transfere a nua-propriedade ao donatário e reserva para si o usufruto do bem. Trata-se do caso típico de doação de pais a filhos, em que a posse e o uso permanecem com os doadores, enquanto a propriedade desprovida da posse é transferida à prole.

Na segunda hipótese, uma pessoa institui o usufruto de um bem de sua propriedade em favor de outra. Diferentemente da reserva, essa modalidade – chamada de instituição do usufruto – é menos comum e envolve a instituição do direito de uso e fruição do bem a terceiro.

O usufruto pode ser concedido de forma vitalícia ou temporária, conforme a vontade dos doadores no momento da doação. Quando vitalício, o usufruto perdura até a morte dos usufrutuários; já no caso temporário, esse direito real terá prazo determinado em contrato. Por exemplo, os doadores podem estabelecer que o usufruto terá a duração de 10 anos, ao final dos quais o nu proprietário terá a plena propriedade e posse do bem. Essa flexibilidade permite adaptar o uso do usufruto às necessidades específicas daquele planejamento patrimonial e familiar.

Na seara notarial, um aspecto importante a ser observado ocorre quando a transferência da nua-propriedade e a reserva de usufruto envolvem duas ou mais pessoas, exigindo uma análise criteriosa para garantir a conformidade jurídica e os interesses das partes envolvidas.

Desse modo, nos casos em que o contrato de doação envolver mais de um usufrutuário, o contrato poderá estipular que, na hipótese da morte de um dos usufrutuários, o direito ao usufruto acrescerá à parte do usufrutuário sobrevivente, nos termos do art. 1.411, do Código Civil: "Constituído o usufruto em favor de duas ou mais pessoas, extinguir-se-á a parte em relação a cada uma das que falecerem, salvo se, por estipulação expressa, o quinhão desses couber ao sobrevivente."

Essa modalidade é conhecida como usufruto com direito de acrescer, usufruto sucessivo ou simultâneo. Por exemplo, imagine que Maria e João, pais de Pedro doaram a nua-propriedade de um imóvel ao filho, reservando o usufruto para ambos e estipulam, simultaneamente, no contrato que, no caso do falecimento de um dos usufrutuários, a totalidade do usufruto será acrescida ao usufrutuário sobrevivente.

Nessa situação, é fundamental que fique expressamente definido na escritura pública se o usufruto será extinto proporcionalmente à parte de cada usufrutuário ou se haverá o direito de acrescer ao usufrutuário sobrevivente.

Caso não haja previsão expressa do usufruto com o direito de acrescer no contrato, o usufruto será extinto proporcionalmente em relação ao usufrutuário falecido. Por conseguinte, usando-se o mesmo exemplo anterior, com o falecimento de Maria ou de João, ou seja, de um dos usufrutuários, o uso e o gozo de 50% do imóvel retornará ao nu proprietário, consolidando a metade da propriedade no filho Pedro; e o usufrutuário sobrevivente manterá o direito de uso e gozo apenas sobre a outra metade do bem. Nessa situação, Pedro será, ao mesmo tempo, proprietário de 50% do bem e nu proprietário dos outros 50% do imóvel.

Veja-se uma outra hipótese que poderá ser aplicada ao planejamento sucessório por meio de contrato de doação com reserva de usufruto: um avô deseja doar um imóvel ao seu jovem neto, mas pretende, ao mesmo tempo, resguardar seus próprios interesses e os de seu filho – pai do donatário.

Nesse caso, o avô pode inicialmente instituir 1% do usufruto em favor de seu filho. Em seguida, o avô doa a nua-propriedade ao neto, reservando para si os 99% restantes do usufruto. Além disso, estipula no contrato a aplicação do direito de acrescer, de modo que, no falecimento dele ou de seu filho, o usufruto remanescente seja integralmente consolidado em favor do usufrutuário sobrevivente. Essa estratégia preserva os interesses das partes envolvidas e ainda proporciona maior segurança jurídica no contexto do planejamento sucessório.

Note-se que, nesse caso, será realizado, primeiramente, o registro da instituição de 1% do usufruto e, ato contínuo, o registro da transferência da nua-propriedade, acompanhado da reserva de 99% do usufruto.

Embora os registros dos usufrutos na matrícula do imóvel sejam realizados em momentos e atos distintos, não se vislumbra, nesse caso, impedimento para a aplicação do direito de acrescer, conforme previsto no já mencionado art. 1.411 do Código Civil. De todo modo, recomenda-se uma consulta prévia ao Registro de Imóveis da localidade do bem.

Por outro lado, situação distinta ocorre quando o direito de acrescer, no caso do usufruto, é previsto em testamento. Em casos em que dois ou mais herdeiros são instituídos sem especificação de seus respectivos quinhões e um deles não puder ou não quiser aceitar a herança, o direito de acrescer será aplicado automaticamente, ainda que não esteja expressamente previsto no testamento. Isso não se aplica, no entanto, se houver cláusula testamentária que designe herdeiro ou legatário substituto, conforme os arts. 1.941 e 1.942 do Código Civil.

No caso de o usufruto ser reservado ou instituído em favor de uma pessoa jurídica, a extinção desse direito real ocorrerá nas seguintes hipóteses: (i) com a extinção da própria pessoa jurídica; (ii) com o decurso do prazo de 30 (trinta) anos, contado a partir do início do exercício do usufruto, nos termos do inc. III do art. 1.410 do Código Civil; e (iii) com o término do prazo estipulado no instrumento, no caso do usufruto temporário.

Ressalte-se que o estado do Rio de Janeiro atribui ao usufruto metade do valor do imóvel, e à nua-propriedade a outra metade nos termos do art. 24 da Lei 7.174/2015; já em São Paulo, o art. 9º da Lei 10.705/2000 determina que a base de cálculo do usufruto é de 1/3 do valor do bem e da nua-propriedade, 2/3 do valor do bem. Por sua vez, o estado de Minas Gerais adota os mesmos critérios que os de São Paulo, conforme o art. 4º da Lei Estadual 14.941/2003.

Outro aspecto importante a ser destacado é que no caso de doação com reserva de usufruto, o estado do Rio de Janeiro – sob a égide da Lei 1.427/1989, que regulava o imposto *causa mortis* e de doação – determinava o pagamento diferido do tributo. Nessa modalidade, uma parte do imposto era paga no ato da doação, enquanto a outra parte era devida no momento da extinção do usufruto, seja por óbito ou renúncia do usufrutuário.

Essa regra de diferimento foi alterada pela Lei 7.174/2015, atualmente em vigor. A atual legislação fluminense exige o pagamento integral do tributo no ato da doação, ainda que se tenha a reserva do usufruto, determinando, simultaneamente, no inc. III do art. 7º, a não incidência do imposto no momento da extinção do usufruto.[110]

Importante ainda salientar que a já mencionada Lei Estadual 7.174/2015 atinente ao imposto de transmissão *causa mortis* e doação não prevê a incidência de fato gerador quando há aplicação do direito de acrescer do usufruto, por força do disposto no art. 1.411, da lei substantiva, haja vista que nessa situação não existe transmissão, mas, sim, a aplicação do direito de acrescer.

Sobre esse tema, recomenda-se a leitura do artigo do registrador de Pelotas, no Rio Grande do Sul, Mario Pazutti Mezzari, "Usufruto com Direito de Acrescer - Não Incidência do Imposto de Transmissão".[111]

3.7 • Doação com cláusula de reversão e suas questões controversas

Nos contratos de doação é comum a inclusão da cláusula de reversão, pela qual se determina que o bem doado retornará ao patrimônio do doador, caso este venha a sobreviver ao donatário. Essa previsão possui respaldo no art. 547 do Código Civil, que dispõe:

> Art. 547. O doador pode estipular que os bens doados voltem ao seu patrimônio, se sobreviver ao donatário.
> Parágrafo único. Não prevalece cláusula de reversão em favor de terceiro.

---

[110] A Lei 7.174/2015 estabelece, em seu art. 42, que as doações realizadas antes de sua vigência não estão isentas da segunda parcela do imposto de transmissão, exigida na extinção do usufruto. Isso ocorre porque, sob a égide da legislação anterior, a tributação era dividida em dois momentos distintos: na instituição ou reserva e na extinção do usufruto. A regra prevista no art. 42 da atual Lei 7.174/2015, que mantém a incidência da segunda parcela causa morsa título gratuito no cancelamento ou renúncia do usufruto, gerou inúmeros questionamentos junto à Fazenda Estadual. Muitos contribuintes argumentaram que, nessas hipóteses, o imposto não seria devido, pois o fato gerador ocorre exclusivamente no momento da doação, argumentando que não há previsão legal para a tributação na extinção do usufruto, tornando a cobrança incompatível com o princípio da legalidade estrita. Em razão dessas controvérsias, foi ajuizada a Representação de Inconstitucionalidade 0008135-40.2016.8.19.0000 perante o Órgão Especial do Tribunal de Justiça do estado do Rio de Janeiro, que reconheceu a inconstitucionalidade das alíneas 'a' e 'b' do inc. III do art. 24, bem como do art. 42, da Lei Estadual 7.174/2015. Nessas situações, alguns registradores do Estado, ao procederem à averbação do cancelamento do usufruto, passaram a inserir na matrícula uma anotação complementar com a seguinte redação: "Crédito tributário suspenso em virtude de decisão proferida em 11.11.2019, nos ED na ADI do Órgão Especial do TJRJ, sendo relatora a Desembargadora Ana Maria Pereira de Oliveira". **Recentemente, em acórdão publicado em 08.01.2025, decorrente do Recurso Extraordinário 1.363.013/RJ, com trânsito em julgado em 27.03.2025, o plenário do Supremo Tribunal Federal reverteu a decisão liminar do Tribunal do estado do Rio de Janeiro e declarou a constitucionalidade do art. 42, da citada lei estadual do Rio de Janeiro.**

[111] Sobre o tema, recomenda-se: MEZZARI, Mario Pazutti. Usufruto com direito de acrescer – Não incidência do imposto de transmissão. *Diário das Leis*, [s.l.], [s/d]. Disponível em: https://www.diariodasleis.com.br/blog/bdi/materia/10982-usufruto-com-direito-de-acrescer-nao-incidencia-do-imposto-de-transmissao.html. Acesso em: 20 fev. 2025.

Embora, à primeira vista, a morte possa ser interpretada como termo – *i.e.*, um evento futuro e certo que determina o início ou o fim dos efeitos do negócio jurídico –, a estipulação de um limite temporal vinculado à ocorrência do óbito introduz um elemento de incerteza. Nessa configuração, está-se diante de uma condição, mais precisamente, de uma condição resolutiva.

À vista dessa circunstância, a doação com cláusula de reversão configura uma modalidade de propriedade resolúvel: caso o donatário faleça antes do doador, o bem doado será reintegrado ao patrimônio do doador.

Conforme definição apresentada pelo Professor e Desembargador Guilherme Calmon Nogueira da Gama, em sua obra *Direitos Reais*, com fundamento em ensinamento do jurista Paulo Nader, a propriedade resolúvel é conceituada nos seguintes termos:

> O proprietário resolúvel é um proprietário sem certeza do destino final da sua propriedade, mas é proprietário; em se tratando de propriedade sob condição resolutiva, com o implemento da condição, perde o direito, mas, ao revés, se a condição falha, há a consolidação da propriedade. Em se verificando o fato previsto no título, cessa automaticamente o efeito jurídico do negócio realizado, não sendo necessária ação judicial para que a pessoa beneficiada pela resolução se torne proprietária da coisa. A resolução se opera automaticamente, daí ser possível a reivindicação da coisa sem prévia sentença.[112]

Em síntese, o donatário adquire uma propriedade resolúvel, isto é, sujeita à extinção futura, caso se verifique determinada condição. Enquanto essa condição específica não se concretiza, o donatário exercerá a propriedade de forma plena. No entanto, uma vez implementada – ou seja, uma vez que ocorra o falecimento do donatário antes do doador –, o direito de propriedade se resolve, extinguindo-se automaticamente, retornando a propriedade ao doador.

Em caso de morte simultânea do doador e do donatário, nos termos do art. 8º do Código Civil, a cláusula de reversão perde sua eficácia, e o bem doado será transmitido aos herdeiros do donatário.

Importa destacar que a cláusula de reversão não pode beneficiar terceiros, conforme expressamente vedado pelo Parágrafo único do art. 547 do Código Civil, que proíbe a constituição de fideicomisso.[113] Em outras palavras, é vedado estipular que, em caso de falecimento do donatário, o bem seja direcionado à pessoa diversa do próprio doador.

---

[112] NADER, Paulo *apud* GAMA, Guilherme N. Calmon. *Curso de Direito Civil*: Direito das coisas. São Paulo: Atlas, 2011. p. 269.

[113] Adite-se que o Projeto de Lei 4/2025 prevê o retorno ao nosso universo jurídico do fideicomisso *inter vivos*, criando o art. 426-A no referido Projeto de Lei: "É admitido o fideicomisso por ato entre vivos, desde que não viole normas cogentes ou de ordem pública".

O propósito dessa vedação legal da cláusula de reversão em favor de terceiros está na finalidade de se evitar a perpetuação da propriedade, impedindo que esta permaneça indefinidamente vinculada e afastando restrições à sua livre circulação.

Há uma situação que merece destaque: quando a doação é realizada com cláusula de reversão e estipulada de forma conjunta - ou seja, com direito de acrescer entre os donatários -, no caso de falecimento de um dos donatários, a totalidade do bem será atribuída ao donatário sobrevivente. E, somente no caso deste donatário sobrevivente falecer antes do doador é que a cláusula de reversão teria eficácia, fazendo com que o bem retornasse ao patrimônio do doador.

Com o implemento da condição resolutiva,[114] o retorno do bem ao patrimônio do doador deverá ser formalizado mediante requerimento de averbação no Registro Imobiliário. Para tanto, será necessária a comprovação do cumprimento da condição, por meio de documentação pertinente - como a certidão de óbito do donatário -, além do recolhimento de eventual tributo[115] e do requerimento da averbação, a fim de que o imóvel seja restituído ao domínio do doador.

É oportuno salientar que a Lei de Registros Públicos não menciona expressamente a cláusula de reversão entre as hipóteses elencadas pelo inc. II do art. 167 da referida lei, previstas para averbação. Esse dispositivo legal faz alusão apenas, no item 11 do inc. II do citado dispositivo à averbação das cláusulas de inalienabilidade, impenhorabilidade e incomunicabilidade bem como à constituição de fideicomisso.

No entanto, mesmo diante da ausência de previsão legal expressa, a cláusula de reversão deverá ser averbada na matrícula do imóvel com fundamento no art. 246 da Lei 6.015/1973 (rol enumerativo) e no § 1º do art. 54 da Lei 13.097/2015 (princípio da concentração dos atos na matrícula).

Sem dúvida, a averbação dessa cláusula e de quaisquer outras que impactem na situação dominial, será de suma relevância, a fim de garantir ampla publicidade, transparência e segurança jurídica àquele ato, prestigiando-se o princípio da concentração dos atos na matrícula ou princípio da concentração registral.[116]

---

[114] CC, art. 128: "Sobrevindo a condição resolutiva, extingue-se, para todos os efeitos, o direito a que ela se opõe; mas, se aposta a um negócio de execução continuada ou periódica, a sua realização, salvo disposição em contrário, não tem eficácia quanto aos atos já praticados, desde que compatíveis com a natureza da condição pendente e conforme aos ditames de boa-fé".

[115] O imposto de doação deverá ser recolhido na reversão, pelo menos no estado do Rio de Janeiro, conforme prevê o inc. II do art. 4º da Lei Estadual 7.174/2015, salvo se a reversão da doação ocorrer dentro do prazo de doze meses, a contar do pagamento efetivo do imposto.

[116] O "princípio da concentração" está explicado na Parte III deste livro, no tópico Documentos necessários à lavratura da escritura pública.

3.7.1. Questionamentos práticos relativos à cláusula de reversão

Como visto, a cláusula de reversão prevista no art. 547 do Código Civil estabelece, de forma clara e objetiva, que o bem doado retorna ao patrimônio do doador caso o donatário faleça antes dele. Contudo, embora sua função principal seja garantir a proteção patrimonial do doador, essa cláusula pode ter desdobramentos práticos que transcendem a simples reversão em caso de falecimento.

Ressalta-se que por se tratar de direito patrimonial, deve-se considerar o princípio da autonomia privada, segundo o qual, reitere-se, tudo o que não é expressamente proibido pela lei é permitido.

Desse modo e pelo exposto é pertinente analisar com atenção as questões que se seguem, a fim de orientar o uso adequado dessa cláusula em contratos de doação, aproveitando as suas possibilidades e prevenindo eventuais litígios.

(a) É possível a dupla condição na cláusula de reversão?

Inicialmente, faz-se a seguinte indagação: seria juridicamente válida a estipulação de uma cláusula de reversão que preveja o retorno do bem ao patrimônio do doador na hipótese de falecimento do donatário, condicionada, por sua vez, à sua não aplicação caso o donatário tenha deixado descendentes ao tempo do seu falecimento?

A resposta afirmativa baseia-se nos seguintes aspectos: (i) a legislação civil veda a estipulação da reversão em favor de terceiros, o que configuraria o fideicomisso, cuja finalidade é, como dito antes, evitar-se a perpetuação da propriedade. Todavia, a situação em análise não contempla essa hipótese, pois a reversão permanece vinculada ao próprio doador, não sendo os descendentes do donatário destinatários diretos da reversão; (ii) o ordenamento jurídico nacional admite a existência de condições compostas ou múltiplas, como se observa no art. 546 do Código Civil, que prevê a possibilidade de cláusulas condicionais relativas a eventos futuros e incertos, tais como a realização do casamento e o nascimento de filhos vivos. Esse dispositivo demonstra que o sistema jurídico brasileiro reconhece e admite a estipulação de condições duplas ou complexas, aplicáveis a direitos patrimoniais.

Alinhada a esses fundamentos, conclui-se que a cláusula proposta é juridicamente válida e está em conformidade com ordenamento jurídico .

(b) É possível que se convencione a reversão do bem, ainda vivo o donatário?

De acordo com as alegações anteriormente mencionadas, considere-se que não há qualquer impedimento legal para essa convenção.

Em consonância com esse entendimento, destacam-se as palavras do jurista Carlos Roberto Gonçalves:[117]

> Nada impede que se convencione a reversão do bem, ainda vivo o donatário, pois nada há de ilícito, ou de contrário ao nosso sistema, determinar que uma doação se resolva, após o decurso de certo tempo ou verificada certa condição. Como afirma Agostinho Alvim,[118] "o texto em exame não quis restringir. Apenas aventou uma hipótese".[119]

Para melhor ilustrar essa possibilidade, analisa-se a seguir um caso concreto julgado em junho de 2008 pela 1ª Vara de Registros Públicos do estado de São Paulo, no Processo 583.00.2008.105272-6. Na escritura de doação, foi inserida cláusula prevendo a reversão do bem ao doador em caso de dissolução conjugal motivada por infidelidade, desde que esta fosse confessada ou reconhecida judicialmente.

O oficial do registro de imóveis da capital de São Paulo se recusou a promover o registro do título, sob o argumento de que a cláusula de reversão fundada na infidelidade não apresentava respaldo jurídico, alegando ainda que a legislação apenas admite a reversão nos casos em que o doador sobrevive ao donatário.

Entretanto, a dúvida do registrador foi julgada improcedente: o magistrado entendeu que, embora atípica, a cláusula não afrontava os bons costumes e deveria ser considerada válida, uma vez que não há vedação legal expressa à sua adoção, conforme se verifica na ementa do julgado:

> Dúvida Imobiliária – recusa de registro de escritura de doação com cláusula de reversão – afastamento do óbice, pois a cláusula não viola o ordenamento jurídico – interessados maiores e capazes – ausência prejuízo a terceiros – improcedência.[120]

Dessa forma, em conformidade com os fundamentos anteriormente expostos, o Direito Privado admite a criação de situações jurídicas não expressamente previstas em lei, garantindo às partes ampla liberdade para dispor, desde que essa estipulação não seja proibida por norma legal nem contrarie o ordenamento jurídico.

---

117 Esse assunto foi desenvolvido mais detalhadamente no Capítulo da Autonomia Privada e os Limites da Atividade Notarial, nos itens Da função social da atividade exercida por notários e registradores e Ato jurídico perfeito.

118 ALVIM, Agostinho. *Da doação*. 3. ed. São Paulo: Saraiva, 1980. p 154-155.

119 GONÇALVES, Carlos Roberto. *Direito Civil brasileiro* – Contratos e atos unilaterais. 10. ed. v. 3. São Paulo: Saraiva, 2013. p. 296.

120 1VRPSP, Processo 583.00.2008.105272-6, Relator Gustavo Henrique Bretas Marzagão, *DOE* 24.06.2008.

(c) É possível doar bem em favor de pessoa jurídica com a cláusula de reversão?

Entende-se que a doação com cláusula de reversão não pode ser instituída em favor de pessoa jurídica, pois o *caput* do art. 547 do Código Civil trata expressamente da hipótese em que o doador sobrevive ao donatário – circunstância que, por razões evidentes, não se aplica às pessoas jurídicas, já que estas não têm a sua existência encerrada por óbito.

Há, entretanto, entendimento divergente, segundo o qual esta cláusula seria válida no caso de donatário pessoa jurídica. Para essa corrente, a morte da pessoa natural poderia ser equiparada à falência ou à extinção da pessoa jurídica.

Entretanto, revela-se mais adequado, no caso de doação em favor de pessoa jurídica, optar-se pela doação a termo, em vez de vinculá-la a uma condição resolutiva relacionada à morte. Essa abordagem mostra-se mais compatível com a natureza jurídica das partes envolvidas e evita interpretações conflitantes quanto à aplicabilidade do art. 547 do diploma civil.

(d) Como funciona a doação com cláusula de reversão efetivada pelo casal (em mancomunhão) no caso de pré-morte de um dos doadores?

Considere a seguinte situação: casal, submetido ao regime da comunhão universal de bens, decide doar determinado bem com cláusula de reversão em favor de sua sobrinha.

O doador falece primeiro, seguido pelo falecimento da sobrinha, donatária, restando viva, apenas a doadora. Nesse cenário, questiona-se como a cláusula de reversão seria aplicada: se o bem doado retornaria integralmente ao patrimônio da doadora sobrevivente ou se haveria a reversão de apenas 50% do bem, ou seja, a condição resolutiva se resolveria em parte ou em sua plenitude.

Essa questão é amplamente debatida e comporta diferentes interpretações.

De acordo com o entendimento prevalente, com o falecimento do doador, seguido do falecimento da donatária, a condição resolutiva se opera em parte: apenas 50% do bem retornaria ao patrimônio da doadora sobrevivente, enquanto os outros 50% seriam transferidos aos herdeiros legais da sobrinha falecida.

Nesse caso, com a morte do doador a cláusula de reversão se tornaria ineficaz para a sua parte e esses 50% se consolidariam no patrimônio da donatária; e, após o falecimento dela, reverteriam para os seus herdeiros legais. Já os outros 50%, relativos à parte da doadora sobrevivente, reverteriam para ela, operando-se a cláusula de reversão, após o falecimento da sobrinha.

Sob outra perspectiva, com o falecimento do doador e, posteriormente, da sobrinha, o bem doado deveria retornar integralmente ao patrimônio da doadora, *e.g.*, a condição resolutiva se resolve em sua plenitude com o falecimento da donatária, ainda que apenas um dos doadores esteja vivo.

Nesse caso, com o falecimento do doador e, posterior falecimento da donatária, a condição resolutiva se resolve plenamente e o bem retornaria, integralmente, ao espólio do doador: metade do bem destinado à meação da doadora sobrevivente e os outros 50% atribuídos aos herdeiros legais do doador premorto.

Como fundamento da última corrente – à qual a autora se filia –, destaca-se que o ordenamento jurídico brasileiro só admite a partilha de bens pertencentes ao casal em regime de mancomunhão após a realização do inventário, seja em decorrência do falecimento de um dos cônjuges, da dissolução da união estável ou do divórcio. No caso concreto, observa-se que os dois doadores eram proprietários do bem, em situação semelhante à do regime de afetação. Dessa maneira, a divisão do bem somente poderá ocorrer após o inventário, conforme já mencionado.

Por outro lado, os defensores da corrente que entende pela aplicação parcial da cláusula de reversão – ou seja, pelo retorno de apenas metade do bem à doadora sobrevivente, e da outra metade aos herdeiros da donatária falecida – baseiam-se em uma interpretação literal do art. 547 do Código Civil, que prevê que o bem volte ao patrimônio do doador, se este sobreviver ao donatário.[121]

Cumpre destacar que os doadores podem estipular, no contrato de doação – conforme sugere a autora, se essa for a vontade das partes –, cláusula prevendo que, no caso de falecimento de apenas um dos doadores antes da donatária, o bem retorne integralmente ao doador sobrevivente. Essa estipulação mostra-se especialmente válida quando o bem doado é de propriedade conjunta do casal.

Dada a complexidade e a controvérsia desse assunto, é recomendável consultar previamente o Registro Imobiliário, com a finalidade de verificar a possibilidade de averbação de cláusulas que garantam a reversão integral do bem ao cônjuge sobrevivente, com base na análise do caso concreto.

(e) Da conveniência da imposição da cláusula de incomunicabilidade junto com a cláusula de reversão, no momento da celebração do contrato de doação

O notário Ademar Fioranelli defende de forma clara e fundamentada que é recomendável combinar a cláusula reversiva ou resolutiva com a cláusula de incomunicabilidade, conforme destacado a seguir:

---

121 CC, art. 1.411: "Constituído o usufruto em favor de duas ou mais pessoas, extinguir-se-á a parte em relação a cada uma das que falecerem, salvo se, por estipulação expressa, o quinhão desses couber ao sobrevivente".

> Deve-se preservar a incomunicabilidade do bem, já que toda alteração no estado civil do titular do direito, no caso o donatário, implicará, automaticamente, reflexos de toda ordem acerca de seu exercício, gerando graves consequências à pretensão do doador.
>
> Bastaria imaginar o casamento do donatário solteiro sob o regime da comunhão universal de bens. Algumas questões poderiam ser levantadas: a condição resolutiva se resolve em parte ou em sua plenitude por morte do donatário? Por força da condição, consolida-se a plena propriedade da metade ideal do falecido em favor do proprietário resolúvel, e a outra metade ideal para a viúva e herdeiros do falecido, considerando que com o falecimento abre-se a sucessão que se resolverá com a partilha?[122]

Como o principal objetivo desta obra é orientar e auxiliar os interessados na elaboração de contratos, com vistas a prevenir questionamentos e litígios judiciais, recomenda-se incluir a cláusula de incomunicabilidade nos casos em que a doação for acompanhada de cláusula reversiva e o donatário for casado sob o regime de comunhão universal de bens ou qualquer regime que preveja a comunicação do bem doado, bem como quando o donatário for solteiro.

(f) Poder-se-ia estipular a cláusula de reversão em escritura de cessão gratuita de posse ou de cessão gratuita de direitos aquisitivos?

Embora a posse seja uma situação de fato, esse instituto é reconhecido e protegido pelo Direito. Desse modo, indaga-se se seria juridicamente válido incluir a cláusula de reversão em escritura de cessão gratuita de posse.

Conquanto a autora entenda não haver óbice para essa estipulação, a principal dificuldade em utilizar a reversão na cessão de posse reside em conferir efetividade à pretendida cláusula, posto que contratos relacionados à posse não são passíveis de registro, o que, por consequência, limita significativamente a exequibilidade da reversão no caso do doador sobreviver ao donatário.

Em relação à cessão gratuita de direitos aquisitivos, seria também válida a inserção da cláusula de reversão, todavia, o tabelião deverá advertir às partes, que a eficácia dessa cláusula ficará vinculada à efetivação daquela promessa de compra e venda em escritura definitiva, com o seu posterior registro. Dessa forma, haveria a reunião das condições necessárias a conferir a sua plena eficácia, isto é, após o registro do direito de propriedade e da averbação da cláusula de reversão no registro imobiliário.

---

[122] FIORANELLI, Ademar. *Das cláusulas de inalienabilidade, impenhorabilidade e incomunicabilidade.* São Paulo: Saraiva, 2012. p. 41.

(g) É possível doar para que seja instituído bem de família contratual com a previsão da cláusula de reversão?

No caso das doações pactuadas com a instituição de bem de família, conforme disposto no Parágrafo único do art. 1.711 do Código Civil, a cláusula de reversão é vedada porque, uma vez que o bem doado seja destinado e afetado à categoria de bem de família, a sua desconstituição somente poderá ser realizada por meio de decisão judicial, conforme determina o art. 1.719 do mesmo diploma legal.

3.8 • Doação e o direito de acrescer

Dá-se sequência, nesse momento, com a análise da cláusula que estabelece o direito de acrescer nas doações efetivadas a mais de uma pessoa. Esse tipo de doação se encontra positivada no art. 551, do Código Civil, *in verbis*:

> Art. 551. Salvo declaração em contrário, a doação em comum a mais de uma pessoa entende-se distribuída entre elas por igual.
> Parágrafo único. Se os donatários, em tal caso, forem marido e mulher, subsistirá na totalidade a doação para o cônjuge sobrevivo.

Curiosamente, este supracitado artigo repete, *ipsis litteris*, o art. 1.178 do Código Civil de 1916.

Há mais de cinquenta anos, Agostinho Alvim, em sua obra *Da doação*, já comentava sobre o art. 1.178 do antigo Código, que tratava da doação ao casal, lamentando que esse dispositivo legal havia sido negligenciado pelos operadores do Direito. Décadas depois, Maria Helena Diniz, ao tratar do mesmo assunto e comentar o art. 551, Parágrafo único, do atual Código Civil, reiterou as observações do mestre Agostinho.[123]

Entretanto, o direito de acrescer - que parecia destinado à obsolescência e ao esquecimento –, surpreendentemente, vem ressurgindo e ganhando destaque como um instrumento valioso no planejamento sucessório. Essa revitalização reflete o seu potencial como uma ferramenta eficaz para a organização patrimonial, principalmente sob o aspecto financeiro.

O dispositivo legal prevê no seu Parágrafo único que se os donatários forem marido e mulher, com a morte de um deles, o bem recebido pelo casal por doação conjuntiva, independentemente do regime de bens adotado pelo casal, subsistirá por inteiro para o cônjuge sobrevivente.

Ao estabelecer na escritura que a doação é conjuntiva - ou seja, em favor do casal e não apenas a um dos cônjuges –, a aplicação da cláusula de acrescer

---

[123] ALVIM, Agostinho. *Da doação*. 3. ed. São Paulo: Saraiva, 1980.

ocorre de forma automática, dispensando previsão contratual específica. Nesse caso, para que a cláusula produza os efeitos esperados, não se deve indicar os percentuais individualizados para cada donatário, pois essa indicação revelaria a intenção do doador em afastar a incidência do direito de acrescer.

Trata-se, portanto, de um dispositivo de enorme praticidade, haja vista que o bem adquirido pela doação conjuntiva não precisa – nem deve – ser inventariado. Com o falecimento de um dos donatários, a integralidade da propriedade se consolida na pessoa do cônjuge sobrevivente.

No caso de eventual separação[124] ou divórcio do casal que recebeu a doação de forma conjunta, não se aplica o direito de acrescer, visto que o Parágrafo único do art. 551 do Código Civil[125] é expresso ao afirmar que a doação ao casal subsistirá na totalidade ao cônjuge sobrevivo, portanto, os donatários precisam estar casados para que o direito de acrescer se opere.

Melhor explicando. Suponha que Marize doe um imóvel exclusivamente ao seu filho Bernardo, que é casado com Maria. Nessa situação, não se aplica o direito de acrescer, pois Bernardo é o único donatário daquela doação. Por outro lado, se Marize doar o mesmo bem ao casal Bernardo e Maria, sem especificar no contrato a fração pertencente a cada um – e desde que ambos aceitem a doação –, trata-se de uma doação conjuntiva. Nesse caso, ainda que não haja previsão expressa no contrato, aplica-se automaticamente o direito de acrescer no caso de falecimento de um dos donatários, desde que estejam casados ao tempo do falecimento.

É importante destacar que há distinção entre a cláusula de acrescer decorrente da lei (Parágrafo único do art. 551 do CC) e aquela resultante da vontade das partes, mediante cláusula contratual expressa. Nas duas hipóteses – legal e contratual –, aconselha-se a averbação desta cláusula na matrícula do imóvel, com base no art. 246 da Lei 6.015/1973,[126] que admite a inscrição de "outras ocorrências", bem como no § 1º do art. 54 da Lei 13.097/2015, que positivou o princípio da concentração dos atos na matrícula. Dessa forma, reforça-se a segurança jurídica e a transparência nas transações imobiliárias.

No que diz respeito às questões tributárias, verifica-se que não há previsão do direito de acrescer como fato gerador do imposto de transmissão atinente à

---

124 STF, RE 1.167.478, trânsito em julgado em 16.03.2024. Tema 1.053. Tese: Após a promulgação da EC 66/2010, a separação judicial não é mais requisito para o divórcio nem subsiste como figura autônoma no ordenamento jurídico. Sem prejuízo, preserva-se o estado civil das pessoas que já estão separadas, por decisão judicial ou escritura pública, por se tratar de ato jurídico perfeito (art. 5º, XXXVI, da CF).

125 Código Civil, art. 551: "Salvo declaração em contrário, a doação em comum a mais de uma pessoa entende-se distribuída entre elas por igual. Parágrafo único. Se os donatários, em tal caso, forem marido e mulher, subsistirá na totalidade a doação para o cônjuge sobrevivo".

126 Lei 6.015/1973, art. 246: "Além dos casos expressamente indicados no inc. II do *caput* do art. 167 desta Lei, serão averbadas na matrícula as sub-rogações e outras ocorrências que, por qualquer modo, alterem o registro ou repercutam nos direitos relativos ao imóvel".

doação, com base na legislação estadual do Rio de Janeiro – Lei 7.174/2015. Por se tratar de assunto de competência estadual, para se evitar indesejáveis surpresas, aconselha-se sempre uma consulta prévia à lei tributária estadual em questão e, se houver dúvida, à fazenda pública competente.

A seguir, será analisada a possibilidade de extensão do direito de acrescer aos companheiros e, ainda, se esse direito poderia alcançar pessoas que não sejam casadas nem vivam em união estável.

(a) Da possibilidade do direito de acrescer entre companheiros

Existem dois posicionamentos, doutrinários e jurisprudenciais, que discutem a possibilidade de aplicação automática do direito de acrescer não apenas nas doações entre cônjuges, mas também entre companheiros.

A corrente favorável defende que, mesmo sem previsão contratual, o direito de acrescer pode ser aplicado à união estável de modo equivalente ao casamento, conforme sustentado por Maria Berenice Dias, *in verbis*: "apesar de a lei falar em marido e mulher, às claras que também se aplica quando os beneficiários vivam em união estável".[127]

No mesmo sentido, apresenta-se a ementa de um julgamento do Tribunal de Justiça do Distrito Federal:

> Civil e Processual Civil. Agravo de Instrumento. Inventário. Doação em favor de companheiros. Falecimento do companheiro. Direito de acrescer da companheira sobrevivente. Art. 551, Parágrafo único, do Código Civil. Decisão mantida.[128]

Por outro lado, há entendimento oposto no sentido de que o direito de acrescer não pode ser aplicado à união estável de forma análoga, sob o argumento de que a norma deve ser interpretada de maneira restritiva.

Essa corrente entende que a equiparação da união estável ao casamento não encontra respaldo na esfera administrativa e, portanto, não seria possível ampliar a aplicação do art. 551 do Código Civil à união estável.

Confira-se a ementa que reflete esse entendimento:

> Pedido de Providências. Averbação. Doação. Direito de acrescer. Art. 551, Parágrafo único, do Código Civil. Equidade integrativa que não se defere ao Oficial para estender a regra à união estável. Recurso desprovido.[129]

---

127 DIAS, Maria Berenice. *Manual das sucessões*. 3. ed. São Paulo: Revista dos Tribunais, 2013. p. 234.

128 Agravo de Instrumento 0718577-52.2019.8.07.0000, 5ª Turma Cível do Tribunal de Justiça do Distrito Federal e Territórios, Relator Desembargador Angelo Passareli.

129 CGJSP, Recurso Administrativo 1066630-80.2021.8.26.0100, São Paulo, *DJe* 09.03.2022.

Observe-se que a decisão da Corregedoria paulista que negou o registro não afirmou, propriamente, a impossibilidade do exercício do direito de acrescer nas condições apresentadas. Na prática, o que se decidiu foi que, no âmbito administrativo, o registrador não poderia fundamentar a sua atuação com base na analogia a uma regra legal.

Nesse cenário, é oportuno ressaltar o ensinamento dos civilistas Nelson Rosenvald e Felipe Braga Netto:

> De toda sorte, independentemente da qualificação (estado civil) dos donatários, a autonomia privada do doador permite a estipulação de cláusula expressa de direito de acrescer sobre o bem doado, seja no próprio título constitutivo da doação como em posterior testamento. Assim, o direito de acrescer pode decorrer da vontade do doador.[130]

Nesse cenário e diante da ausência de consenso sobre esse tópico, recomenda-se que, ao formalizar uma doação em favor de companheiros, os doadores manifestem expressamente ao tabelião a intenção de que a liberalidade seja realizada de forma conjunta, para que essa disposição conste de maneira clara na escritura pública. Ressalta-se, por sua vez, que, em razão da controvérsia existente, não se afasta a possibilidade de eventuais questionamentos na esfera registral quanto à aplicação do direito de acrescer nesses casos.

(b) Da possibilidade da extensão do direito de acrescer a donatários que não sejam casais ou companheiros

Seguindo na temática sobre o direito de acrescer, surge mais uma dúvida: seria possível aos doadores convencionarem o direito de acrescer em favor de donatários que não sejam um casal, seja como decorrência do casamento ou de união estável?

Conquanto somente haja previsão legal expressa para a aplicação do direito de acrescer especificamente a donatários marido e mulher, a autora entende não haver qualquer impedimento legal para que os doadores expressem a sua vontade, por meio de uma cláusula contratual, estendendo esse direito a outras pessoas que não sejam cônjuges ou companheiros.

Em apoio a essa interpretação, cita-se a ementa e trecho da decisão da Corregedoria-Geral da Justiça do estado de São Paulo que autorizou o registro de cláusula de acrescer em uma doação conjunta realizada em favor de duas irmãs:

> Registro de imóveis – recurso administrativo – averbação – doação conjuntiva – direito de acrescer entre irmãs – vontade expressa dos doadores – princípio da autonomia da vontade – parecer pelo provimento do recurso. [...] Do Parágrafo

[130] ROSENVALD, Nelson; BRAGA NETTO, Felipe. *Código Civil comentado.* 4. ed. São Paulo: JusPodivm, 2023. p. 754.

único extrai-se que o direito de acrescer ocorrerá automaticamente quando os donatários forem marido e mulher, prestigiando-se, assim, o cônjuge sobrevivente, desconsiderando-se os sucessores do falecido, em exceção ao princípio da *saisine*. Contudo, isso não implica na impossibilidade de aplicação do direito de acrescer em outras hipóteses, respeitada, por certo, a vontade do doador, como ocorre no caso telado. Entendimento diverso desprestigiaria o princípio da autonomia da vontade.[131]

De forma semelhante, leia-se a ementa e trecho da decisão proferida pela 1ª Vara de Registros Públicos de São Paulo, que autorizou o registro no caso de doação conjuntiva a irmãos:

> Cláusula de acrescer entre os donatários – Doação conjuntiva – Cláusula pela qual os doadores quiseram que a parte do donatário falecido acresça a do sobrevivo – Manifestação válida e eficaz – Registro admitido.
>
> [...] A estipulação não contraria qualquer disposição proibitiva de lei, não existindo razões para que não possam as partes validamente ajustá-la, não sendo defesa em lei, há de ser entendida como válida manifestação. No caso em exame sendo os donatários irmãos, como consta da escritura, sendo a doação conjuntiva, quiseram os doadores que a parte do donatário falecido acresça a do sobrevivo, manifestação válida e eficaz que deve acesso ao fólio. [...][132]

Diante dessa nova perspectiva, questiona-se a possibilidade de se realizar uma doação a três irmãos, prevendo a cláusula de acrescer apenas para a ausência de um deles. Em outras palavras: no falecimento de qualquer um dos dois primeiros, sua parte seria transmitida aos respectivos herdeiros legais; já no caso do terceiro irmão, sua parte seria acrescida às dos donatários sobreviventes.

Com base nas razões e argumentos anteriormente expostos, a autora entende que não há impedimento para a lavratura de escritura de doação contendo cláusula de acrescer nas condições anteriormente apresentadas. Dessa forma, essa cláusula seria aplicada exclusivamente em relação a um dos donatários, em observância à autonomia privada das partes envolvidas.

(c) Da possibilidade de se estipular cláusula prevendo o direito de acrescer em contrato de doação como adiantamento de legítima

A dúvida decorre agora em razão do princípio da intangibilidade da legítima. Esse princípio visa assegurar que parte da herança seja preservada aos herdeiros

---

131 Recurso Administrativo 1001970-49.2021.8.26.0368, j. 11.12.2023.

132 Processo 871736-3/00, de 22.02.2000, Relator José Oscar Bittencourt Couto.

necessários, impedindo que o testador ou doador prejudique injustamente os herdeiros necessários, seja por doações ou disposições testamentárias excessivas.[133]

Considere-se a situação em que o bem doado como adiantamento de legítima é o único patrimônio do donatário. Caso o donatário possua outros bens e o bem doado não represente mais da metade de seu patrimônio, não haveria controvérsia quanto à possibilidade de previsão da cláusula de acrescer no contrato de doação como adiantamento de legítima.

No entanto, caso o donatário não possua outros bens, aquela doação como adiantamento de legítima, no formato de doação conjuntiva, poderia ser vista como violação à legítima considerando que a quota recebida pelo donatário é destinada não apenas a ele, mas também ao seu cônjuge (ou à outra pessoa, admitindo-se a doação conjuntiva não restrita aos cônjuges).

Esta autora entende que não há impedimento para a inclusão da cláusula de acrescer, na forma anteriormente exposta, haja vista que o contrato de doação exige a aceitação expressa do donatário. Desse modo, se o próprio donatário não considera que essa disposição lhe seja prejudicial, não haveria fundamento para impedi-la. Mesmo cientes que o princípio da intangibilidade da legítima tenha o escopo de garantir que uma parcela do patrimônio do falecido seja obrigatoriamente destinada aos herdeiros necessários, esse mesmo princípio não impede que o herdeiro possa plenamente exercer a sua autonomia privada, podendo renunciar à herança ou cedê-la gratuita ou onerosamente.

No entanto, considerando a hipótese de o donatário ser absolutamente incapaz, tutelado ou curatelado, esta autora entende que, nestes casos, não seria válido convencionar a cláusula de acrescer, posto que esta cláusula produz efeitos, por exemplo, nas esferas patrimonial e sucessória, ultrapassando os limites legais impostos a essas pessoas.[134]

(d) Da possibilidade de aplicação automática do direito de acrescer, quando se tratar de doação aos cônjuges submetidos ao regime da comunhão universal de bens

Outra questão que gera dissenso, diz respeito à aplicação automática do direito de acrescer em doações efetivadas a casais submetidos ao regime de

---

133 NEVARES, Ana Luiza Maia. O princípio da intangibilidade da legítima. In: MORAES, Maria Celina Bodin de. (Coord.) *Princípios do Direito Civil contemporâneo*. São Paulo: Renovar, 2006.

134 CC, art. 1.689: "O pai e a mãe, enquanto no exercício do poder familiar: I – são usufrutuários dos bens dos filhos; II – têm a administração dos bens dos filhos menores sob sua autoridade".

CC, art. 1.748: "Compete também ao tutor, com autorização do juiz: [...] II – aceitar por ele heranças, legados ou doações, ainda que com encargos".

CC, art. 1.774: "Aplicam-se à curatela as disposições concernentes à tutela, com as modificações dos artigos seguintes".

comunhão universal de bens, sem a inclusão de cláusula de incomunicabilidade, especialmente quando apenas um dos cônjuges aceita a doação.

Para aprofundar esse tema, sugere-se a leitura do artigo de José Flávio Bueno Fischer, tabelião do 1º Tabelionato de Novo Hamburgo, no Rio Grande do Sul, intitulado "O direito de acrescer entre donatários casados na comunhão universal de bens".[135]

No referido texto, o autor explora as duas principais correntes doutrinárias e jurisprudenciais sobre o assunto, que, em apertada síntese, giram em torno da seguinte discussão: *(a)* se a doação foi firmada e aceita por apenas um dos cônjuges, o outro, em razão do regime de bens, terá direito à meação, mas não será considerado donatário, pois não aceitou a doação nem assinou a escritura; *(b)* se a doação foi assinada e aceita por apenas um dos cônjuges, entende-se, com base no regime patrimonial da comunhão universal, que essa liberalidade se destinou a ambos, aplicando-se automaticamente o direito de acrescer.

O Supremo Tribunal Federal[136] e o Tribunal de Justiça de São Paulo[137] adotam o entendimento de que, no regime de comunhão universal de bens, a doação realizada a apenas um dos cônjuges – na ausência de cláusula de incomunicabilidade ou outra restrição – aproveita a ambos, sendo aplicável o direito de acrescer, ainda que o outro cônjuge não tenha formalmente aceitado a doação.

Verificam-se as ementas:

> Doação a casal. Exclusão da partilha do cônjuge pré-morto. Bem doado a casal sem cláusula de incomunicabilidade nem outra restrição, subsistirá na totalidade para o cônjuge sobrevivo não se partilhando, pois, com o herdeiro do pré-morto.[138]

> Doação de nua-propriedade de imóvel em benefício de pessoa casada pelo regime de comunhão universal de bens – Inexistência de cláusula de incomunicabilidade – Doação que se presume em comum a ambos os cônjuges – Falecimento da donatária – Subsistência da doação, na totalidade, ao cônjuge supérstite – Art. 1.178, Parágrafo único, do CC/1916 – Imóvel que, pertencente ao viúvo, não deveria ter sido inventariado e partilhado entre os herdeiros da falecida – Previsão de partilha constitui inexatidão material corrigível a qualquer tempo, mesmo após o trânsito em julgado da sentença homologatória – Recurso não provido.[139]

---

135 FISCHER, José Flávio Bueno. O direito de acrescer entre donatários casados na comunhão universal de bens. *Portal do Colégio Notarial do Brasil* – Conselho Federal, 26 jun. 2015. Disponível em: https://www.notariado.org.br/artigo-o-direito-de-acrescer-entre-donatarios-casados-na-comunhao-universal-de-bens-jose-flavio-bueno-fischer/. Acesso em: 12 dez. 2024.

136 STF, RE 75.600, Relator Ministro Aliomar Baleeiro, 1973.

137 TJSP, Apelação Cível 9145289-64.2007.8.26.0000.

138 STF, RE 75.600, Relator Ministro Aliomar Baleeiro, publicado em 12.09.1976.

139 TJSP, Apelação Cível 914528964.2007.8.26.000, 9ª Câmara de Direito Privado, Desembargador João Carlos Garcia.

De outro lado, o Superior Tribunal de Justiça entende que para a aplicação do direito de acrescer, ambos os cônjuges, devem figurar como donatários e devem comparecer à escritura, firmando as suas aceitações, conforme se lê nas ementas abaixo transcritas:

> Civil. Recurso especial. Inventário. Imóvel obtido pelo falecido mediante doação. Único donatário. Subsistência da doação em relação ao seu cônjuge, com base no art. 1.178, parágrafo único do CC. Impossibilidade. A aplicação do art. 1.178, parágrafo único do CC, no sentido de subsistir a doação em relação ao cônjuge supérstite, condiciona-se ao fato de terem figurado como donatários marido e mulher. No contrato de doação, se apenas o marido figura como donatário, ocorrendo a morte deste, eventual benefício à mulher somente se configurará se o regime de bens, estabelecido no matrimônio, permitir. Recurso Especial não conhecido.[140]

> Civil. Doação a um dos cônjuges. Comunicabilidade. Óbito de um dos cônjuges. Inclusão do bem doado no momento da herança. O parágrafo único do 1.178 do Código Civil somente tem aplicação quando figurarem como donatários ambos os cônjuges. Quando, no entanto, somente um deles aceitou a doação, a comunicabilidade do bem por força do regime da comunhão de bens, conduz a inclusão do bem doado no monte hereditário, para a composição da meação e da legítima dos herdeiros, em caso de morte de qualquer dos cônjuges." Conflito aparente com o art. 262 do Código Civil, a determinar a intepretação estrita do primeiro dispositivo.[141]

Atente-se que as ementas supratranscritas se referem ao Código Civil de 1916 – fazendo menção ao art. 1.178 que foi repetido *ipsis litteris* no art. 551 do Código de 2002.

Como destacado no início deste tópico, o direito de acrescer ressurge como ferramenta prática e eficaz no planejamento sucessório, garantindo que o bem doado ao casal permaneça, em regra, integralmente com o cônjuge sobrevivente sem necessidade de inventário. Essa cláusula automática simplifica a organização patrimonial, protegendo financeiramente o cônjuge remanescente.[142]

---

140 REsp 324.593/SP (2001/0065962-3), Relatora Ministra Nancy Andrighi, 3ª Turma, *DJe* 01.12.2003.

141 REsp 6.358/SP, Relator Ministro Dias Trindade, 3ª Turma, de 29.04.1991.

142 Ao que tudo indica, a importância do direito de acrescer será ainda mais relevante com a aprovação da Reforma do Código Civil. Essa previsão decorre das significativas mudanças propostas no texto do art. 551 da lei substantiva, conforme apresentado a seguir: Projeto de Lei 4/2025, art. 551. "Salvo declaração em contrário, a doação em comum a mais de uma pessoa entende-se distribuídas entre elas por igual. § 1º Se os donatários, em tal caso, forem casados entre si ou viverem em união estável, subsistirá na totalidade a doação para o cônjuge ou convivente sobrevivos, desde que haja estipulação expressa nesse sentido. § 2º Se os doadores indicarem como donatários mais de uma pessoa, e pretenderem que, na falta de uma, os donatários remanescentes recebam a parte que ao outro cabia, devem expressamente fazer constar da escritura pública disposição fixando o direito de acrescer". Caso o Projeto de Lei 4/2025, que trata da reforma do Código Civil, seja aprovado conforme a proposta atual, será necessária a declaração expressa do direito de acrescer no título, o que trará maior segurança jurídica. Ademais, o direito de acrescer será expressamente ampliado pela lei, passando a abranger não apenas casais e companheiros, mas também outros donatários em doações conjuntivas, de forma irrestrita.

(e) Da possibilidade de conjugação entre as cláusulas de reversão e o direito de acrescer em doações conjuntivas

Interessante, ainda, trazer à baila outra possibilidade contratual que seria a previsão da coexistência do direito de acrescer e da cláusula de reversão nas doações conjuntivas.

Sobre essa questão, é importante reiterar que o direito de acrescer pode ter duas origens: *(i)* previsão legal, passível de afastamento expresso no contrato; ou *(ii)* cláusula contratual decorrente da manifestação de vontade das partes. Por sua vez, a cláusula de reversão é sempre uma opção facultativa, resultante do consenso entre as partes.

Para evitar futuros mal-entendidos, recomenda-se que o contrato especifique claramente a ordem de aplicação dessas cláusulas, estabelecendo a sequência entre o direito de acrescer e a cláusula de reversão. Primeiramente, aplica-se o direito de acrescer, seja com base legal ou contratual; em seguida, a cláusula de reversão, conforme a vontade dos doadores.

Uma vez estabelecidas contratualmente as condições supramencionadas, com o falecimento de um dos donatários, a sua parte seria acrescida à do donatário sobrevivente. Somente no caso do falecimento do donatário sobrevivente antes do doador, o bem retornaria integralmente ao patrimônio deste último.

Por fim, é oportuno apresentar alguns cuidados essenciais que devem ser observados tanto na lavratura de escritura de doação com cláusula de acrescer quanto na análise de títulos que possam envolver esse direito:

a) Qualificação dos Donatários: o direito de acrescer aplica-se às doações conjuntivas. Dessa maneira, ambos os donatários devem ser expressamente qualificados na escritura, devendo estar claro no texto do instrumento que ambos, Bernardo e Maria são donatários, fazendo-se constar: "os donatários, Bernardo e Maria, casados entre si" e não "donatário Bernardo, casado com Maria".
b) Aceitação e Assinatura: os dois donatários devem comparecer ao ato e assinar a escritura, independentemente do regime de bens, aceitando formalmente o bem doado.
c) Indivisibilidade do Direito de Acrescer: não se deve estipular percentuais de participação no bem doado. A indicação desses percentuais na escritura indica que a vontade do doador não contempla o direito de acrescer.
d) Expressão do Direito de Acrescer: Embora o direito de acrescer seja automático e previsto em lei nas doações efetivadas a casais, aconselha-se que essa intenção seja expressamente declarada na escritura, a fim de evitar dúvidas ou interpretações equivocadas. Nos demais casos de

doações conjuntivas, especialmente quando destinadas a pessoas que não são casadas entre si, é essencial que a vontade de aplicar o direito de acrescer esteja claramente expressa no instrumento, com a ressalva de que há controvérsias sobre a aplicação deste direito a donatários que não sejam unidos pelo matrimônio.

e) Possibilidade de Exclusão do Direito de Acrescer: é possível afastar o direito de acrescer em doações conjuntivas realizadas em favor de casal. No entanto, essa exclusão deverá igualmente estar expressa na escritura de doação, com a assinatura de todas as partes envolvidas.

f) Análise do Título Aquisitivo: f.1) No inventário – em casos de bens doados que integram o acervo hereditário, recomenda-se a análise do título aquisitivo do bem, e não apenas a matrícula do imóvel. Essa verificação é importante para evitar equívocos na identificação do bem, erros na partilha e eventuais problemas no recolhimento de tributos. f.2) Na aquisição de bem – nas situações em que se pretende adquirir um bem que foi recebido pelo alienante por meio de doação, aconselha-se que o adquirente não se limite à habitual análise da matrícula do imóvel, sendo prudente examinar também a escritura de doação, com o objetivo de verificar se existe alguma cláusula que não esteja averbada no Registro Imobiliário e que possa impactar no domínio daquele alienante.

Entende-se que a adoção desses cuidados contribuirá para a clareza, a segurança jurídica e a adequada formalização do ato, prevenindo devoluções por parte dos registros imobiliários e eventuais disputas judiciais.

3.9 • Doação conjugada com a compra e venda

Outro tema que suscita grande controvérsia no mundo notarial e registral refere-se à compra e venda com doação de numerário, quando vem conjugada com a inclusão das cláusulas de inalienabilidade, impenhorabilidade e incomunicabilidade, mais conhecida como compra e venda com doação modal ou com encargo.

Para ilustrar a questão, considere o seguinte exemplo: um pai doa ao filho uma determinada quantia, em dinheiro – doação com a finalidade específica de que o filho utilize esse valor para adquirir um imóvel. Esses dois contratos, doação de numerário e compra e venda são formalizados em um único ato notarial.

Com base nessa transação, o pai, na qualidade de doador, impõe um encargo ao filho donatário, determinando que o valor recebido seja usado exclusivamente para a compra do imóvel. Além disso, estabelece que sobre o bem adquirido sejam aplicadas uma, duas ou até mesmo as três cláusulas: inalienabilidade, impenhorabilidade e incomunicabilidade.

Trata-se, portanto, de uma situação em que se associa a aquisição onerosa de um bem imóvel, por meio de contrato de compra e venda, a uma doação – haja vista que o pagamento do preço fora realizado com recursos decorrentes de doação de numerário, permitindo-se, de forma excepcional, a inclusão das supracitadas cláusulas.

Sob essa perspectiva, é igualmente possível inserir não apenas as referidas cláusulas, mas também outras disposições típicas do contrato de doação, como a instituição de usufruto, cláusula de reversão e direito de acrescer.

Como destacado no início deste tópico, esse assunto é alvo de dissenso. De um lado, autores como Afrânio de Carvalho, Elvino Silva Filho, Ademar Fioranelli e Jersé Rodrigues da Silva, além de precedentes jurisprudenciais, defendem a possibilidade de inclusão das referidas cláusulas, em contratos de compra e venda combinados com doação.

Para sustentar essa posição, recorra-se à lição de Ademar Fioranelli, registrador do 7º Ofício do Registro de Imóveis de São Paulo, em seu artigo intitulado "Da Compra e Venda no Registro Imobiliário", conforme transcrito a seguir:

> A denominada doação modal, hoje de uso frequente, consiste, para concretização da vontade do doador ou doadores, mediante celebração de um único instrumento público (compra e venda acoplada com doação), na aquisição de um determinado imóvel, em que o numerário utilizado no pagamento do preço é doado quase sempre pelos pais ou avós do adquirente donatário. O negócio é celebrado entre outorgantes vendedores e outorgado comprador, figurando o doador ou doadores da pecúnia como interveniente anuente doador que **pode impor ao bem as cláusulas referidas e mesmo a constituição, em seu favor, do usufruto.**[143] (grifou-se)

No mesmo sentido, destaca-se também a recente decisão proferida pelo Conselho Superior da Magistratura de São Paulo sobre essa temática:

> A imposição de cláusula de incomunicabilidade e de impenhorabilidade e a reserva do usufruto não configuram doação modal ou com encargos, mas de doação pura e simples (cf. Apelação Cível 5.452-0, Santos, relator o Desembargador Sylvio do Amaral). As cláusulas restritivas são estipulações que beneficiam tão somente os donatários, enquanto a reserva de usufruto não se revela como prestação a ser adimplida pelos destinatários do ato de liberalidade.
>
> E a possibilidade de doação em dinheiro para ser empregada de maneira determinada é indiscutível, o mesmo sucedendo com a imposição de cláusulas restritivas, como aliás, já decidiu o E. Conselho Superior da Magistratura, no julgamento do agravo de petição 237.990, de São Paulo, relator o Desembargador Marcio Martins Ferreira, destacando que a cláusula de incomunicabilidade (instituída naquele caso

143 FIORANELLI, Ademar. Da compra e venda no registro imobiliário. In: JACOMINO, Sergio (org.). *Registro de imóveis*: estudos de direito registral imobiliário: XXII Encontro de Oficiais de Registro de Imóveis do Brasil – Cuiabá/MT, 1995. Porto Alegre: Instituto de Registro Imobiliário do Brasil, 1997. p. 89.

específico) insere-se no modus e que "não beneficia somente a donatária, mas também a prole, porquanto com a cláusula é evitada a delapidação do bem que refoge do patrimônio comum (cf. Acórdãos do Conselho Superior da Magistratura do Biênio 1974/1975, págs. 122-124)".[144]

Em contrapartida aos entendimentos antes mencionados que admitem a inclusão de cláusulas em contratos de compra e venda vinculados à doação, destaca-se a posição adotada por Sergio Jacomino, oficial do 5º Ofício do Registro de Imóveis de São Paulo.

Segundo entendimento do citado registrador, essa prática não configura uma doação com encargo ou modal, mas sim uma doação com restrição ao direito de propriedade.

Nesse contexto, recomenda-se a leitura do artigo intitulado *Doação Modal e Imposição de Cláusulas Restritivas*, publicado no site do Instituto de Registro Imobiliário do Brasil (IRIB), em que Sergio Jacomino expõe o seu posicionamento, que encontra respaldo na doutrina de juristas como Pontes de Miranda, Sidney Sanches, entre outros.

A seguir, apresenta-se um trecho do mencionado artigo, em que se examina um caso concreto julgado na comarca de Araçatuba, no estado de São Paulo:

> [...] Decidindo caso concreto que versava sobre incomunicabilidade de bens pela regra do art. 269, I e II do Código Civil, o juiz Francisco Eduardo Loureiro deixou consignado, de passagem, que "cumpre consignar, finalmente, a fim de evitar futuros problemas, que a observação consignada em ata de correição não guarda a menor contradição com o presente parecer. O que se determinou em correição é que a imposição de cláusulas voluntárias restritivas à transmissão imobiliária (impenhorabilidade, incomunicabilidade e inalienabilidade) fossem impostas somente no próprio ato da liberalidade (doação ou testamento). **O que se não admitiu é que a imposição de cláusulas atingisse imóvel adquirido a título oneroso, por venda e compra, somente porque o dinheiro relativo ao preço tivesse sido doado em anterior oportunidade** [...].[145] (grifou-se)

Apesar das divergências, é usual no Brasil a prática de formalizar a compra e venda combinada com a doação de numerário,[146] reunidas em um único ato, com imposição de cláusulas protetivas e restritiva. No entanto, a aplicação dessa forma contratual ainda encontra resistência por parte de alguns registradores, o que contribui para um cenário de insegurança jurídica.

---

144 1VRPSP – Processo: 1101224-86.2022.8.26.0100, São Paulo, j. 08.11.2022, *DJ* 18.11.2022.

145 Processo CG 431/96, de 26.02.1996, parecer aprovado pelo Desembargador Márcio Martins Bonilha, Corregedor-Geral da Justiça de São Paulo. Cfr. tb. Ap. Civ. 24.858-0/0, Araçatuba, *DJ* 26.01.1996.

146 É importante ressaltar que a escritura de compra e venda deve conter informações sobre o pagamento do imposto referente à doação de numerário, fazendo constar no ato de compra e venda, o número da guia de recolhimento do imposto de doação de numerário, emitida pela Secretaria da Fazenda.

Sob o aspecto tributário, não se verifica prejuízo para os cofres públicos estaduais ou municipais, uma vez que os tributos incidentes são devidamente recolhidos, tanto na doação quanto na compra e venda. Por conseguinte, é indiferente para o Fisco a maneira que o contribuinte formalizará o ato, desde que todas as obrigações fiscais sejam cumpridas.

A questão central, então, é: por que se optar por uma compra e venda combinada com doação, com determinação de inclusão das cláusulas de inalienabilidade, impenhorabilidade e incomunicabilidade, ao invés de se adotar o caminho tradicional, no qual os pais adquirem o imóvel e, posteriormente, o doam aos seus filhos, incluindo as cláusulas pretendidas, sem maiores questionamentos?

No que tange ao viés econômico, a principal vantagem da modalidade combinada (compra e venda com doação e inclusão das cláusulas) é a economia atinente aos emolumentos registrais. Isso porque, nessa forma conjugada, realiza-se o registro de um único título. Já na alternativa em que os pais primeiro adquirem o bem por compra e venda e, em seguida, o doam aos filhos, torna-se necessário registrar dois títulos distintos.

Por outro lado, a insegurança jurídica decorrente das controvérsias quanto à possibilidade de registro e averbação das cláusulas protetivas e restritiva pode tornar essa economia menos atraente, sugerindo que o risco talvez não justifique o benefício financeiro.

3.10 • Doação com a instituição do bem de família convencional

O bem de família é um instituto jurídico que protege o imóvel destinado à residência da família contra a constrição judicial para pagamento de dívidas, sendo classificado em bem de família convencional e bem de família legal, de acordo com a sua origem e formalização.

O Código Civil prevê apenas o bem de família estabelecido voluntariamente - modalidade pertinente ao contexto deste Livro–, conforme dispõe o art. 1.711,[147] que estabelece:

> Podem os cônjuges, ou a entidade familiar, mediante escritura pública ou testamento, destinar parte de seu patrimônio para instituir bem de família, **desde que não ultrapasse 1/3 (um terço) do patrimônio líquido existente ao tempo da instituição**, mantidas as regras sobre a impenhorabilidade do imóvel residencial estabelecida em lei especial.

[147] Observa-se que o dispositivo remete à lei especial, a Lei 8.009/90, que dispõe sobre a impenhorabilidade do bem de família e regulamenta o bem de família legal que será apresentado de forma breve, mais adiante.

> Parágrafo único. **O terceiro** poderá igualmente instituir bem de família por **testamento** ou **doação**, dependendo da eficácia do **ato da aceitação expressa** de ambos os cônjuges beneficiados ou da entidade familiar beneficiada. (grifou-se)

Essa modalidade de bem de família, também chamado de contratual ou voluntário, é instituído por vontade dos proprietários do imóvel mediante escritura pública registrada no Registro de Imóveis, com a possibilidade de abranger não apenas o imóvel residencial, mas também outros bens que garantam o sustento da família, sendo protegido contra a constrição de bens desde que respeitados os limites estabelecidos pela lei.[148]

Este instituto era regulado pelo Código Civil de 1916, em seus arts. 70 a 73, pelo Decreto-Lei 3.200, de 19 de abril de 1941 e pela Lei de Registros Públicos (Lei 6.015), de 31 de dezembro de 1973.

Com a entrada em vigor do Código Civil de 2002 - conforme arts. 1.711 e 1.712 -, houve uma mudança legislativa que, embora não tenha revogado expressamente normas anteriores, tornou algumas delas incompatíveis com o novo sistema jurídico. Isso levou a uma revogação parcial e tácita de algumas disposições.

O objetivo dessa mudança foi fortalecer o instituto do bem de família convencional, conferindo-lhe maior efetividade e capacidade de cumprir sua função social.

Entre outras alterações, o Código Civil de 2002 passou a permitir que um terceiro, por meio de doação ou testamento, instituísse o bem de família, exigindo, nesse caso, a aceitação de ambos os cônjuges ou conviventes. A autora entende que essa exigência se distancia da sistemática tradicional do Direito Civil brasileiro, que dispensa a anuência conjunta quando o bem não está sujeito à comunicação patrimonial.[149]

---

[148] O fundamento legal do bem de família convencional encontra-se no item 1 do inc. I do art. 167 da Lei 6.015/1973 (Lei de Registros Públicos), sendo também disciplinado no atual Código pelos arts. 1.711 a 1.722 e pelo Decreto-Lei 3.200/1941. Com a promulgação da Lei 10.406/2002, o bem de família contratual passou a ser disciplinado no Livro IV da Parte Especial do Código Civil, que trata do Direito de Família, nos arts. 1.711 a 1.722.

[149] No regime de comunhão universal de bens, o doador ou testador pode estipular cláusula de incomunicabilidade na doação ou no testamento, impedindo que o bem se integre ao patrimônio comum. Contudo, na ausência dessa cláusula, e considerando esse regime de bens, será necessária a concordância de ambos os cônjuges ou companheiros para que a doação com finalidade de instituir o bem de família se concretize.

3.10.1. Regra da instituição equivalente a 1/3 do patrimônio líquido e declaração de solvência pelos instituidores

Cumpre esclarecer de plano que, para a instituição do bem de família convencional pelo casal, é necessário que o bem imóvel objeto daquela instituição não exceda 1/3 do patrimônio dos instituidores.

A finalidade da regra relativa à limitação de um terço do patrimônio líquido, no caso de instituição de bem de família pelos cônjuges ou companheiros, é evitar que o patrimônio do casal ou entidade familiar seja todo afetado, o que retiraria os bens de circulação, retraindo a economia e, por consequência, sendo prejudicial a toda sociedade.

Nesse sentido, apresenta-se a lição do jurista Sílvio de Salvo Venosa, conforme transcrito a seguir:

> A nova roupagem do bem de família entre nós irá demonstrar sua conveniência ou não. É inconveniente a oneração de todo o patrimônio do interessado. É desvantajoso para a sociedade e para o próprio instituidor a oneração de seu único imóvel, porque isso dificultará sua vida negocial: não poderá contrair empréstimos de vulto, pois as instituições financeiras pedirão outras garantias.[150]

Constata-se que a exigência de limitar a afetação a apenas um terço do patrimônio é restrita aos cônjuges ou companheiros, não sendo essa restrição aplicável a casos em que a instituição de bens de família seja realizada por terceiros, por doação ou testamento, como afirma Silvio de Salvo Venosa,[151] *in verbis*:

> O Parágrafo único do art. 1.711 permite que o terceiro institua o bem de família, por testamento ou doação, dependendo da eficácia do ato, da aceitação expressa de ambos os cônjuges beneficiados ou da entidade familiar beneficiada. Essa aceitação pode ocorrer no mesmo instrumento de doação ou posteriormente, mormente quando se tratar de instituição por testamento. **O terceiro não está sujeito ao limite de um terço do patrimônio.** (grifou-se)

Adicionalmente, é importante esclarecer que basta que os instituidores declarem na escritura de instituição que o bem afetado corresponde a um terço do seu patrimônio líquido, dispensando-se a comprovação documental dessa declaração.

De acordo com o art. 1.193 do Código de Normas da Corregedoria-Geral da Justiça do estado do Rio de Janeiro, para a instituição do bem de família convencional, os cônjuges ou conviventes devem ainda declarar a sua solvência[152]

---

150 VENOSA, Sílvio de Salvo. *Direito Civil* – Direito de Família. 7. ed. v. VI. São Paulo: Atlas, 2007. p. 372.

151 VENOSA, Sílvio de Salvo. *Direito Civil* – Direito de Família. 7. ed. v. VI. São Paulo: Atlas, 2007. p. 382.

152 No que tange ao conceito de insolvência, encontra-se previsto no art. 748 do Código de Processo Civil de 1973, segundo o qual: "dá-se insolvência toda vez que as dívidas excederem à importância

e apresentar a certidão de ônus reais. Reitere-se que, para fins da lavratura da escritura pública de instituição de bem de família, essa declaração é suficiente, sendo desnecessária a apresentação de prova documental adicional.

Nesse sentido, confira-se a seguir o entendimento dos civilistas Nelson Rosenvald e Cristiano Chaves de Farias:

> Vale esclarecer, por oportuno, que a lei não exige do instituidor a comprovação do seu estado de solvência quando da constituição do bem de família convencional. **É que a solvência é presumida.**[153] (grifou-se)

Alinhado a esse mesmo entendimento, os juristas Álvaro Villaça Azevedo e Leoni Lopes de Oliveira explicam:

> (...) mesmo que o instituidor tenha dívidas, poderá instituir determinado imóvel como bem de família. A existência da dívida não impede a instituição, nem a invalida, mas, em relação às dívidas anteriores à instituição, não se pode alegar a impenhorabilidade.[154]

Conforme exposto anteriormente, não é necessário que notários e registradores comprovem a autenticidade da declaração dos instituidores sobre a sua solvência. No entanto, é essencial que as partes sejam advertidas que prestar declaração falsa configura crime, conforme disposto no art. 299 do Código Penal[155] e que eventuais interesses de terceiros estariam resguardados.

Mister esclarecer ainda que a instituição do bem de família protege os instituidores apenas em relação a débitos contraídos após a sua formalização, excetuando-se aquelas dívidas vinculadas ao próprio imóvel, como cotas condominiais e imposto predial.

Por conseguinte, se a instituição do bem de família contratual foi efetivada quando já havia processo de execução, essa instituição será ineficaz perante o credor; caso seja efetiva quando já havia a dívida, a instituição poderá ser anulada por meio de ação pauliana ou revocatória.

---

dos bens do devedor". Assinale-se, ainda, que, nos termos do art. 1.052 do atual Código Processual, as execuções contra devedor insolvente permanecem reguladas pelo Livro II, Título IV, da Lei 5.869/1973.

153 FARIAS, Cristiano; ROSENVALD, Nelson. *Curso de Direito Civil*: Famílias. 14. ed. Salvador: JusPodivm, 2022. p. 899.

154 AZEVEDO, Álvaro Villaça; OLIVEIRA, Leoni Lopes de; *apud* FARIAS, Cristiano; ROSENVALD, Nelson. *Curso de Direito Civil*: Famílias. 14. ed. Salvador: JusPodivm, 2022. p. 899.

155 CP, art. 299: "Omitir, em documento público ou particular, declaração que dele devia constar, ou nele inserir ou fazer inserir declaração falsa ou diversa da que devia ser escrita, com o fim de prejudicar direito, criar obrigação ou alterar a verdade sobre fato juridicamente relevante: Pena – reclusão, de um a cinco anos, e multa, se o documento é público, e reclusão de um a três anos, e multa, de quinhentos mil réis a cinco contos de réis, se o documento é particular. Parágrafo único. Se o agente é funcionário público, e comete o crime prevalecendo-se do cargo, ou se a falsificação ou alteração é de assentamento de registro civil, aumenta-se a pena de sexta parte".

3.10.2. Necessidade da outorga conjugal[156]

Passa-se, neste ponto, à análise de outra controvérsia jurídica: a exigência de consentimento conjugal na instituição do bem de família contratual pelos cônjuges ou companheiros, ainda que o imóvel seja bem particular de apenas um deles. A discussão decorre da redação do *caput* do art. 1.711 do Código Civil, que dispõe: "podem os cônjuges ou a entidade familiar", o que leva à interpretação de que seria necessária a manifestação conjunta de vontade para a formalização do instituto.

A autora entende ser desnecessária a exigência de concordância conjugal nos casos em que o bem afetado for particular ou que o próprio regime de bens assim permita. Isso porque, ao destinar o bem para fins de moradia familiar, não ocorre a sua alienação ou oneração. Por essa razão, a regra disposta no inc. I do art. 1.647 do Código Civil – que exige anuência conjugal para alienação ou oneração de bens imóveis – não seria aplicável à instituição do bem de família convencional.

Esse entendimento é respaldado pelos ensinamentos dos civilistas Cristiano Chaves de Farias e Nelson Rosenvald, conforme se verifica na transcrição a seguir:

> Afirme-se, por oportuno, ***a desnecessidade de outorga do cônjuge*** **para a instituição do bem de família, considerando que o instituto não representa uma alienação ou gravame, mas, ao revés, um benefício constituído em prol do grupo familiar**, como percebe Marcione Pereira dos Santos. Aliás, não seria demais lembrar que o conteúdo do art. 1.645 da Lei Civil é de clareza meridiana, indicando a necessidade da outorga do consorte apenas para a alienação ou oneração de bens imóveis, deixando antever a desnecessidade de consentimento para a instituição do bem de família.[157] (grifou-se)

No que diz respeito à natureza jurídica do bem de família, a autora entende que se trata de propriedade com restrição de poder, de forma semelhante ao que ocorre com a propriedade clausulada com inalienabilidade, impenhorabilidade e incomunicabilidade.[158]

---

156 Outorga uxória (ou conjugal) é um termo de origem latina e significa, literalmente, "consentimento da esposa". A expressão é formada pelas palavras "outorga" – que deriva do latim *autoricare*, significando "autorizar" ou "conceder" – e "uxória" – que vem do latim *uxor*, significando "esposa". Porém, atualmente, após a Constituição da República de 1988 (inc. I, art. 5º), que previu a igualdade entre homens e mulheres, usa-se o termo "autorização conjugal".

157 FARIAS, Cristiano; ROSENVALD, Nelson. *Direito das Famílias*. 3. ed. Rio de Janeiro: Lumen Juris, 2011. p. 853.

158 *Vide* CARVALHO, Luiz Paulo Vieira de. *Direito das sucessões*. 3. ed. São Paulo: Atlas, 2017. p. 477.

A restrição se evidencia na vinculação à moradia do beneficiário e de seus familiares e na necessidade de autorização judicial para extinção da afetação.[159]

Na hipótese da doação com instituição de bem de família convencional haverá o registro de dois atos distintos: o da doação e, posteriormente, o da instituição do bem de família, conforme se verifica nos itens 33 e 1 do inc. I do art. 167 da Lei 6.015/1973.

No caso de instituição do bem de família por doação de terceiro, deve-se atentar ao que dispõe o art. 548[160] do Código Civil e, quando se tratar de instituição por testamento, deve-se verificar o que determina o art. 1.857[161] do Código Civil, assegurando-se assim que o doador tenha renda suficiente para sua subsistência e que o testador não viole a legítima dos herdeiros necessários.[162]

3.11 • Bem de família legal

O bem de família legal é aquele automaticamente protegido pela lei, independentemente de qualquer ato dos proprietários. Essa modalidade do bem de família está prevista na Lei 8.009/1990, que estabelece que o imóvel residencial próprio usado pela família como moradia é impenhorável para a quitação de dívidas, ressalvadas algumas exceções.[163]

Por fim, entre as principais características do bem de família legal, destacam-se: a proteção automática conferida por norma legal, dispensando ato constitutivo – ou seja, não há necessidade de manifestação de vontade das partes – ou registro específico; a destinação exclusiva à moradia da família; a impenhorabilidade perante a maior parte das dívidas, com exceção de casos como execução hipotecária, débitos alimentares, tributos incidentes sobre o próprio imóvel e financiamentos vinculados à sua aquisição; além de beneficiar qualquer indivíduo que ali resida em contexto familiar.

---

[159] CC, art. 1.719. "Comprovada a impossibilidade da manutenção do bem de família nas condições em que foi instituído, poderá o juiz, a requerimento dos interessados, extingui-lo ou autorizar a sub-rogação dos bens que o constituem em outros, ouvidos o instituidor e o Ministério Público."

[160] CC, art. 548: "É nula a doação de todos os bens sem reserva de parte, ou renda suficiente para a subsistência do doador".

[161] CC, art. 1.857: "Toda pessoa capaz pode dispor, por testamento, da totalidade dos seus bens, ou de parte deles, para depois de sua morte. § 1º A legítima dos herdeiros necessários não poderá ser incluída no testamento. § 2º São válidas as disposições testamentárias de caráter não patrimonial, ainda que o testador somente a elas se tenha limitado".

[162] Acrescente-se que o Projeto de Lei 4/2025 propõe a revogação dos arts. 1.711 a 1.722 do Código Civil, bem como dos arts. 260 a 265 da Lei 6.015/1973, concluindo-se, por conseguinte, que o bem de família convencional poderá ser eliminado do ordenamento jurídico brasileiro.

[163] Veja quadro sinótico comparativo entre o bem de família contratual e o bem de família legal. Disponível em: https://cartorio15.com.br/noticias/. Acesso em: 20 fev. 2025.

4. DOAÇÃO COM AS CLÁUSULAS PROTETIVAS DE IMPENHORABILIDADE E DE INCOMUNICABILIDADE E COM A CLÁUSULA RESTRITIVA DE INALIENABILIDADE

Apesar desse assunto pertencer ao item anterior desta obra, que trata do contrato de doação sob a perspectiva notarial e registral, a sua relevância e complexidade justificaram a escolha de dedicar-lhe um capítulo específico.

Inicialmente, faz-se necessária uma breve contextualização das cláusulas de inalienabilidade, impenhorabilidade e incomunicabilidade.

A cláusula de inalienabilidade impede que o imóvel seja alienado, ou seja, o bem não poderá ser doado, vendido, permutado, dado em pagamento ou, sob qualquer outra forma, alienado. Além disso, o imóvel que é inalienável é, automaticamente, incomunicável – a comunicação de bens é uma forma de alienação – e impenhorável.

Por seu turno, a cláusula de impenhorabilidade impede que o imóvel seja objeto de constrição judicial. Contudo, os efeitos dessa impenhorabilidade não são absolutos: há exceções previstas em lei.[164]

Essa cláusula também impede, em regra, que o imóvel seja oferecido em garantia, porém não há óbice para a sua alienação. Veja o Enunciado 27, aprovado na I Jornada de Direito Notarial e Registral, em agosto de 2022, que afirma que:

> [...] a cláusula de impenhorabilidade imposta em doação ou testamento, não obsta a alienação do bem imóvel, nem a outorga de garantia real convencional ou o oferecimento voluntário à penhora pelo beneficiário.

Com relação à cláusula de incomunicabilidade, esta impede que o imóvel se comunique com o patrimônio do outro cônjuge ou companheiro, qualquer que seja o regime de bens adotado, ainda que o regime seja o da comunhão universal.

As cláusulas de inalienabilidade, impenhorabilidade e incomunicabilidade, também conhecidas como cláusulas restritivas ou gravames, têm origem no direito romano e uma longa trajetória no Direito brasileiro. Sob a influência do direito

---

[164] Entre às exceções previstas em lei, estão às relativas ao próprio bem, como dívidas de condomínio, de IPTU ou empréstimos para a aquisição do bem, conforme previsão no CPC, art. 833: "São impenhoráveis: I – os bens inalienáveis e os declarados, por ato voluntário, não sujeitos à execução; [...] § 1º A impenhorabilidade não é oponível à execução de dívida relativa ao próprio bem, inclusive àquela contraída para sua aquisição". Sobre esse tema, cabe ressaltar que a Lei de Execução Fiscal (Lei 6.830/1980) não contém um artigo específico determinando expressamente que bens com cláusula de impenhorabilidade podem ser penhorados. No entanto, existe essa possibilidade, considerando a aplicação subsidiária do Código de Processo Civil (CPC/2015) e de atenção ao princípio da supremacia do interesse público fazendário.

lusitano - especialmente das Ordenações Afonsinas, Manuelinas e Filipinas - essas disposições foram incorporadas ao ordenamento jurídico brasileiro, sendo tradicionalmente aplicadas a situações envolvendo heranças e doações.

Quanto à nomenclatura adotada nesta obra - cláusulas protetivas -, trata-se de expressão cunhada pela autora, que entende que as cláusulas de impenhorabilidade e incomunicabilidade possuem natureza predominantemente protetiva, diferente do que ocorre com a cláusula restritiva de inalienabilidade, como se demonstrará ao longo do capítulo.

O Código Civil de 1916 já previa a cláusula de inalienabilidade e incomunicabilidade, em seus arts. 1.676 e 1.723, respectivamente, admitindo para a cláusula de inalienabilidade a sua instituição de forma vitalícia ou temporária, no entanto, não fazia referência à cláusula de impenhorabilidade, que permaneceu sem regulamentação específica.

Em sessão plenária de 13 de dezembro de 1963 do Supremo Tribunal Federal, foi aprovada a Súmula 49,[165] que determina que: "A cláusula de inalienabilidade inclui a incomunicabilidade dos bens", sem novamente fazer alusão à cláusula de impenhorabilidade.[166]

Durante os debates que antecederam a edição da Súmula 49, discutiu-se se a cláusula de impenhorabilidade poderia ser considerada uma consequência automática da cláusula de inalienabilidade, alcançando-se um consenso positivo. Por outro lado, firmou-se o entendimento de que a cláusula de impenhorabilidade, isoladamente, não implica nem a inalienabilidade nem a incomunicabilidade dos bens. Da mesma forma, a cláusula de incomunicabilidade também não pressupõe, de forma necessária e automática, as demais cláusulas.

No Código Civil de 2002, as cláusulas de inalienabilidade, impenhorabilidade e incomunicabilidade são tratadas de forma sucinta no art. 1.911,[167] que, em certa medida, reproduz o entendimento consolidado pela Súmula 49 do Supremo Tribunal Federal, mas com previsão expressa da cláusula de impenhorabilidade.

---

[165] STF, Precedentes da Súmula 49, RE 49.475 EI, *DJ* 05.09.1963; RE 49.004 EI/MG, *DJ* 25.07.1963; RE 49.604, *DJ* 03.05.1962; RE 13.856, *DJ* 12.03.1951, RTJ 192/436; RE 14.113, *DJ* 09.02.1951; RE 6.720, *DJ* 21.12.1950; RE 14.113 EI, *DJ* 13.07.1950; RE 13.825, *DJ* 30.05.1950; RE 5.316, *DJ* 26.06.1943, RT 148/369; RE 5.108, *DJ* 07.07.1942.

[166] Os precedentes da Súmula 49 do STF são os Recursos Extraordinários 49.475, 49.004, 49.604, 13.856, 14.113, 6.720, 14.113, 13.825, 5.316 e 5.108, e como referência legislativa os arts. 1.676 e 1.723, ambos do Código Civil de 1916.

[167] CC, art. 1.911. A cláusula de inalienabilidade, imposta aos bens por ato de liberalidade, implica impenhorabilidade e incomunicabilidade.

Parágrafo único. No caso de desapropriação de bens clausulados, ou de sua alienação, por conveniência econômica do donatário ou do herdeiro, mediante autorização judicial, o produto da venda converter-se-á em outros bens, sobre os quais incidirão as restrições apostas aos primeiros.

Esse dispositivo legal reforça a importância dessas cláusulas no sistema jurídico brasileiro, reconhecendo-as como mecanismos essenciais para a preservação do patrimônio familiar.

Segundo a análise do jurista Miguel Reale, o uso predominante dessas cláusulas no Brasil, como instrumento de proteção familiar, fundamenta-se em fatores culturais, como demonstrado a seguir:

> Compreende-se que assim tenha ocorrido. Se alhures, outros institutos parecem corresponder melhor ao desejo de uma projeção da vontade para além da vida do disponente, graças a "fundações", "corporações" ou "trustes", a tendência mais personalista, ou menos institucionalista, de nossa gente, prefere valer-se de cláusulas que, no dizer preciso de Josserand, têm como efeito criar um "*status* real" ou um "estatuto jurídico determinado" para os bens objeto de doação ou de legado (v. Josserand *Cours de Droit Civil Positif Français* 3ª ed. 1940,1534).[168]

Essas cláusulas de inalienabilidade, impenhorabilidade e incomunicabilidade são amplamente reconhecidas no Brasil e têm sido aplicadas de forma independente, autônoma e incontestável ao longo de décadas.

Não obstante a Súmula 49 do Supremo Tribunal Federal ter reconhecido a autonomia das cláusulas de inalienabilidade, impenhorabilidade e incomunicabilidade – ressalvada a hipótese em que a cláusula de inalienabilidade atrai, automaticamente, as demais –, mais de quatro décadas após a aprovação da referida Súmula ainda se verificou a recusa ao registro de escritura de compra e venda. Na ocasião, a transferência do domínio foi obstada sob o argumento de que as cláusulas de impenhorabilidade e incomunicabilidade, previamente averbadas na matrícula, por força de negócio jurídico anterior, acarretariam a inalienabilidade do imóvel.

A questão precisou ser dirigida ao Judiciário e, apenas nove anos depois da tentativa frustrada do registro, no julgamento do Recurso Especial 1.155.547/MG (2009/0171881-7),[169] as partes conseguiram obter o cancelamento das cláusulas de impenhorabilidade e incomunicabilidade, permitindo consequentemente o registro do título.

---

[168] REALE, 1959.

[169] "Recurso Especial – Ação de cancelamento de gravames – Procedimento especial de jurisdição voluntária – Impenhorabilidade e incomunicabilidade – Doação – Morte do doador – Restrição do direito de propriedade – Interpretação do *caput* do art. 1.911 do Código Civil de 2002. Insurgência da autora. *Quaestio Iuris*: Cinge-se a controvérsia em definir a interpretação jurídica a ser dada ao *caput* do art. 1.911 do Código Civil de 2002 diante da nítida limitação ao pleno direito de propriedade, para definir se a aposição da cláusula de impenhorabilidade e/ou incomunicabilidade em ato de liberalidade importa automaticamente, ou não, na cláusula de inalienabilidade [...]".

Cabe destacar alguns trechos do voto do Relator Ministro Marco Buzzi:

> [...] Conclui-se, portanto, que **a melhor interpretação do *caput* do art. 1.911 do Código Civil de 2002 é aquela que conduz ao entendimento de que: a) há possibilidade de imposição autônoma das cláusulas de inalienabilidade, impenhorabilidade e incomunicabilidade, a critério do doador/instituidor; b) uma vez aposto o gravame da inalienabilidade, pressupõe-se, *ex vi lege*, automaticamente, a impenhorabilidade e a incomunicabilidade; c) a inserção exclusiva da proibição de não penhorar e/ou não comunicar não gera a presunção da inalienabilidade; d) a instituição autônoma da impenhorabilidade não pressupõe a incomunicabilidade e vice-versa.**
>
> [...] Na presente hipótese, o Tribunal de origem negou provimento à apelação da recorrente, por entender pela indissociabilidade das três restrições (inalienabilidade, impenhorabilidade e incomunicabilidade), desse modo, seria impossível o cancelamento dos gravames, que somente se encerrariam com a morte da beneficiária.
>
> [...] Efetivamente, a exegese do comando legal do art. 1.911 do Código Civil de 2002, como exposto, conduz à conclusão de que **a norma legal somente permite presumir, *ex auctoritate legis*, que a inalienabilidade conduz, sim, à incomunicabilidade e à impenhorabilidade, porém não o contrário.** À vista de tais fundamentos, portanto, não há que se falar em inalienabilidade do imóvel gravado, exclusivamente, com as cláusulas de impenhorabilidade e incomunicabilidade. (grifou-se)

Nessa linha de intelecção, o ilustre Ministro deu provimento ao recurso, nos seguintes termos:

> Do exposto, **dá-se provimento ao recurso especial** a fim de julgar procedentes os pedidos veiculados na demanda **para declarar que a aposição somente das cláusulas de incomunicabilidade e impenhorabilidade sobre o imóvel objeto do presente feito não impede a sua alienação**, que poderá ser realizada sem exigência de sub-rogação das cláusulas em outro bem. (grifou-se)

Quanto à natureza jurídica dessas cláusulas, o professor e doutrinador Luiz Paulo Vieira de Carvalho, ao citar Pontes de Miranda, em sua obra *Direito das Sucessões*, afirma:

> Quanto à sua natureza jurídica, na lição magistral de Francisco Cavalcanti Pontes de Miranda, não condicionam a disposição, nem a subordinam a termo, nem lhe anexam modus, incidindo objetivamente nos bens e atingindo-lhes quanto à eficácia, não havendo nelas um dever, mas sim, **restrição de poder** (*nicht ein Solen, sonde reine Bechränkung*), não podendo, portanto, ser consideradas anexas e sim, inexas aos negócios jurídicos os quais foram inseridas.[170] (grifou-se)

---

170 CARVALHO, Luiz Paulo Vieira de. *Direito das Sucessões*. 3. ed. São Paulo: Atlas, 2017. p. 477.

Essas cláusulas são, portanto, consideradas limitações ao pleno exercício do direito de propriedade, caracterizando uma obrigação de não fazer. Em outras palavras, o donatário fica impedido de alienar o bem, dá-lo em garantia (ou ser objeto de constrição judicial) ou permitir a sua comunicação com o patrimônio do cônjuge ou companheiro.

De toda forma, a jurisprudência predominante do Superior Tribunal de Justiça classifica a doação com cláusulas de inalienabilidade, impenhorabilidade e incomunicabilidade como doação pura, sendo possível, inclusive, a sua realização em favor de absolutamente incapazes, dispensando-se a aceitação.

Por conseguinte, é importante reiterar que a doação com a previsão dessas cláusulas deve ser entendida como uma doação pura e simples, distinguindo-se, de forma significativa da doação com encargo. Nesta – também denominada doação modal ou onerosa –, em contrapartida à liberalidade concedida, o donatário assume uma obrigação de fazer, cuja execução será avaliada após a concretização do ato.[171]

Em caso de descumprimento do encargo, a doação poderá ser revogada pelo próprio doador ou, em determinadas circunstâncias, por terceiros interessados. Como alternativa à revogação, é possível propor ação de obrigação de fazer com objetivo de promover a execução forçada do encargo.

Cumpre, neste ponto, abrir um breve parêntese na análise das cláusulas de inalienabilidade, impenhorabilidade e incomunicabilidade, a fim de tratar da doação com encargo e de uma relevante indagação que essa modalidade contratual suscita: seria necessária a averbação do encargo estipulado na escritura de doação na matrícula do imóvel, mesmo diante da ausência de previsão expressa na Lei de Registros Públicos? Nesse cenário, questiona-se ainda se a propriedade assumiria natureza resolúvel ou revogável.

Para tratar dessa controvérsia, destaca-se o artigo do consultor legislativo do Senado Federal e professor Carlos Eduardo Elias de Oliveira, intitulado "Doação com Encargo e a Eficácia contra Terceiros e o Registro de Imóveis", com trecho transcrito a seguir:

---

171 Cabe informar que o Projeto de Lei 4/2025, que trata da reforma do Código Civil, prevê alteração dos arts. 552 e 553 que dispõem sobre a doação com encargos, conforme se verifica a seguir:

Projeto de Lei 4/2025, art. 552: "O doador não é obrigado a pagar juros moratórios nem é sujeito às consequências da evicção ou do vício oculto. Parágrafo único. Nas doações com encargo, o doador ficará sujeito à garantia legal por evicção e por vício oculto, até o valor do cumprimento do encargo".

Projeto de Lei 4/2025, art. 553: "§ 1º Se desta última espécie for o encargo, o Ministério Público poderá exigir a sua execução, depois da morte do doador, se este a não tiver feito, sob pena de revogação da doação. § 2º Nas duas últimas hipóteses do *caput* deste artigo, caberá a revogação da doação pelo Ministério Público ou pelo terceiro beneficiado, e o bem doado será revertido ao fundo gerido por um Conselho Federal ou por Conselhos Estaduais de que participarão necessariamente o Ministério Público e representantes da comunidade, nos termos da lei".

De posse de todos os conceitos anteriores, podemos finalmente enfrentar a questão central deste artigo: **no caso de doação com encargo, a propriedade adquirida pelo donatário é resolúvel ou revogável? O tema não é pacífico.** De um lado, como o art. 1.359 do CC não faz alusão ao encargo, numa interpretação literal conduziria a entender que a doação com encargo geraria uma propriedade revogável (art. 1.360, CC). É que a propriedade resolúvel não abrange propriedade com encargo, salvo se o encargo tiver sido previsto como condição resolutiva expressamente, caso em que ele se enquadrará no art. 1.359 do CC. **Encargo sem ser citado como condição resolutiva não ingressaria na matrícula.** Ele geraria apenas uma propriedade *ad tempus* (art. 1.360 do CC). **Um dos motivos para tanto é que os arts. 121 e 137, não prevê o encargo como condição resolutiva expressamente.** Sob essa ótica, se o donatário descumprir o encargo e se ele já tiver vendido o imóvel a terceiro, esse terceiro não perderia a propriedade por não haver "efeito dominó". O outro motivo é que o encargo não teria eficácia real por não estar contemplado no art. 1.359 do CC, salvo se ele tiver sido previsto expressamente como uma condição resolutiva. **O "efeito dominó" depende de previsão legal expressa por ser uma limitação ao direito real de propriedade, tudo em consonância com o princípio da taxatividade dos direitos reais. Essa é a primeira corrente,** que, pelo que se infere, conta com a adesão de Marco Aurélio Bezerra de Melo (2020, p. 1031), Francisco Eduardo Loureiro (2012, p. 1.410) e Lafayette Rodrigues Pereira (2013-A, p. 103). Trata-se da corrente majoritária.

A favor dessa corrente, pode-se registrar que, ao conceituar encargo como uma restrição imposta a uma vantagem criada em um negócio jurídico, Clóvis Bevilaqua afirma que ele não necessariamente assumirá a forma de uma condição, salvo se "essa for a vontade do estipulante" e que, na dúvida "se se trata de condição ou encargo, supor-se-á de preferência que a modalidade do negócio jurídico é um encargo".

De outro lado, há uma segunda corrente, segundo a qual a doação com encargo gera propriedade resolúvel, de modo que, **com o descumprimento do encargo, poderá haver o "efeito dominó" nos termos do art. 1.359 do CC.** São quatro os motivos: (1) assim como se dá com o advento do termo e o implemento da condição resolutiva, o descumprimento do encargo resolve o negócio jurídico, pois isso está implícito na disciplina dada aos elementos acidentais do negócio jurídico nos arts. 121 ao 137 do CC; (2) quando se trata de doação de imóvel, os elementos acidentais – termo, condição e encargo – têm de ser noticiados na matrícula do imóvel, de maneira que o terceiro adquirente tem ciência da restrição e, por isso, está a assumir o risco de adquirir um imóvel onerado por um encargo; (3) se a doação com encargo caracterizar uma propriedade revogável, o donatário poderá "burlar" facilmente o encargo, vendendo a coisa a terceiro, que não sofreria nenhum "efeito dominó" com o posterior descumprimento do encargo; o encargo, com a particularidade de estar relacionado a um dever imposto à parte, deve ser equiparado a uma condição resolutiva, salvo quando, nos termos do art. 136 do CC, for "expressamente imposto no negócio jurídico, pelo disponente, como condição suspensiva", razão por que o encargo pode ser tido como abrangido pelo texto do art. 1.359 do CC.

O fato de os arts. 121 ao 136 do CC não preverem textualmente o efeito resolutivo do encargo seria irrelevante, pois o que importaria é que esses preceitos disciplinam os elementos acidentais do negócio jurídico. Se o encargo se relacionar a imóvel,

> ele teria de ser noticiado na matrícula, à semelhança de qualquer outro elemento acidental dos negócios jurídicos, salvo pacto expresso em sentido contrário pelas partes. Não fosse assim, e o termo resolutivo também não poderia ser noticiado na matrícula, pois também inexiste previsão textual nos arts. 121 ao 136 do CC contemplando o efeito resolutivo desse tipo de termo. O legislador não afirma o óbvio. Além do mais, assentado na obviedade de que o descumprimento do encargo tem um efeito resolutivo, foi explícito em dizer que o encargo só poderia ter um efeito suspensivo se ele tivesse sido previsto expressamente como tal no negócio (art. 136, CC). O tema, porém, é controverso".[172] (grifou-se)

Ainda com referência ao mesmo artigo do professor Carlos E. Elias de Oliveira, diante desse impasse relacionado ao encargo e as suas implicações, o referido autor faz a seguinte recomendação aos tabeliães de notas:

> De qualquer forma, diante da existência de controvérsias, a recomendação é que, na prática, **os particulares prevejam expressamente o encargo como uma condição suspensiva ou resolutiva no instrumento contratual**, pois, nessa hipótese, **não haverá controvérsia sobre a viabilidade de ingresso disso na matrícula do imóvel quando se tratar de negócio imobiliário.**
> **O tabelião de notas, ao lavrar as escrituras de doações de imóveis com encargo**, deve atentar para esse fato e, assim, **deve deixar expresso se o encargo será ou não uma condição resolutiva com eficácia real**". (grifou-se)

Essa prática permitirá o ingresso do encargo no Registro Imobiliário, prevenindo possíveis questionamentos sobre os seus efeitos estabelecidos no título aquisitivo.

4.1 • Extensão das cláusulas: absoluta e relativa

Prosseguindo na temática das cláusulas de inalienabilidade, impenhorabilidade e incomunicabilidade, passa-se, neste momento, à análise da extensão dessas cláusulas, que pode ser absoluta ou relativa.

Com relação à cláusula com extensão absoluta, trata-se daquela que determina uma abrangência ampla, integral e ilimitada, vedando o exercício de determinado poder jurídico sem condicionantes temporais, subjetivas ou materiais.

De outro lado, há a cláusula com extensão relativa, que estabelece uma limitação parcial, condicionada ou temporária, restringindo o exercício do poder jurídico em determinadas hipóteses, por certo prazo ou diante de determinadas pessoas ou situações. Trata-se de cláusula que permite maior adaptabilidade e

---

172 OLIVEIRA, Carlos Eduardo Elias. Doação com encargo e a eficácia contra terceiros e o registro de imóveis. *Portal Jurídico Migalhas*, [s.l.], 14 out. 2020. Disponível em: https://www.migalhas.com.br/coluna/migalhas-notariais-e-registrais/334813/doacao-com-encargo-e-a-eficacia-contra-terceiros-e-o-registro-de-imoveis. Acesso em: 17 ago. 2024.

compatibilização com os princípios da função social da propriedade e da livre disposição patrimonial, permitindo, por exemplo, que determinado bem gravado com cláusula de inalienabilidade seja alienado especificamente no caso de uma incorporação imobiliária ou a algum parente do donatário, até o terceiro grau.

4.2 • Desnecessidade de justificativa da justa causa

A autora defende que a possibilidade de inclusão de cláusulas de inalienabilidade, impenhorabilidade e incomunicabilidade em contratos de doação é clara e não exige justificativa da justa causa, nos termos do preceito contido no art. 1.848, do diploma civil, ainda que se trate de adiantamento de legítima, como se verá adiante.

Pela análise dos arts. 538 a 564 e 1.911 do Código Civil (que disciplinam a doação), não se verifica qualquer exigência legal quanto à apresentação de justificativa de justa causa para a inserção das cláusulas de inalienabilidade, impenhorabilidade e incomunicabilidade naquele contrato.

Inegavelmente, situação diversa ocorre no testamento, em relação aos bens da legítima, por força do disposto no art. 1.848 do mesmo diploma legal.

Com efeito, não se pode aplicar o comando previsto no art. 1.848, estipulado no âmbito do testamento, de forma analógica à doação, considerando as diferenças evidentes entre os dois negócios jurídicos e a vedação do uso da analogia pelo Delegatário para impor ao usuário deveres não previstos em lei.

De um lado, a doação, que é um negócio jurídico bilateral: os donatários têm ciência da inclusão das cláusulas no ato da contratação e têm a opção de questioná-las, de não aceitá-las ou mesmo de não aceitar a doação em si – à exceção da doação ao absolutamente incapaz que independe de aceitação; de outro lado, o testamento é um negócio jurídico unilateral: a inserção dessas cláusulas normalmente é uma surpresa aos herdeiros.

Adicionalmente a esse argumento, invoca-se o princípio da hermenêutica jurídica, segundo o qual normas que impõem deveres devem ser interpretadas restritivamente, não se admitindo, portanto, interpretação extensiva ou analógica.

Esclareça-se que as regras de hermenêutica jurídica são os critérios e métodos utilizados para interpretar as normas jurídicas, a fim de compreender o seu sentido e alcance e aplicá-las corretamente aos casos concretos.

Dessa forma, considerando a ausência de previsão legal específica, a impossibilidade de aplicação da analogia, as diferenças entre o conjunto normativo relativo ao testamento e à doação, bem como as regras de hermenêutica jurídica, conclui-se que não é necessária – e não deveria ser exigida – a fundamentação das cláusulas em questão nos contratos de doação, inclusive nos casos de adiantamento de legítima, para que sejam válidas e eficazes.

A seguir, serão analisados os principais pontos que, na visão da autora, fundamentam a desnecessidade de justificativa da justa causa, quando prevista em contrato de doação.

4.2.1. Ausência de previsão legal

Conforme mencionado anteriormente, o art. 1.911 do Código Civil não exige justificativa para a inclusão das cláusulas de inalienabilidade, impenhorabilidade e incomunicabilidade, *i.e.*, não há previsão legal nesse sentido.

A falta de previsão normativa não implica uma omissão legislativa ou lacuna jurídica, mas sim uma situação extrajurídica. Considere-se, a esse respeito, o ensinamento do professor e jurisconsulto português José Oliveira Ascensão:

> *4. A determinação da lacuna*
> *Desde cedo a doutrina foi confrontada com a problemática da distinção da lacuna e da situação extrajurídica.*
> *É que não é imediata, perante uma omissão da lei, a inferência de que há uma lacuna. Porque pode a matéria não estar regulada e não o dever estar.*[173]

A autora entende que, no caso em análise, não se trata de lacuna na lei, o legislador simples e deliberadamente não tratou a doação da mesma forma que tratou o testamento.

4.2.2. Vedação ao uso da analogia por notários e registradores

A Lei de Introdução às Normas do Direito Brasileiro[174] estabelece que, diante de omissão legislativa, o juiz pode recorrer aos métodos integrativos – analogia, costumes e princípios gerais do direito – para resolver casos concretos. Esses métodos visam suprir lacunas da lei, garantindo a completude e a coerência do ordenamento jurídico, e asseguram que nenhuma demanda fique sem resposta do Poder Judiciário.

A analogia integra o direito ao ampliar o alcance de uma norma já existente para um caso semelhante. No entanto, a utilização desses métodos é prerrogativa exclusiva do juiz, não sendo permitida a sua aplicação por notários e registradores.

---

173 ASCENSÃO, José Oliveira. Interpretação das leis: integração das lacunas: aplicação do princípio da analogia. *Revista da Ordem dos Advogados*, Lisboa, 1968. p. 918. Disponível em: http://www.oa.pt/upl/%7B0a2c7ef5-b0a3-449f-bee8-88db3fc0335f%7D.pdf. Acesso em: 3 set. 2024.

174 Lindb, art. 4º: "Quando a lei for omissa, o juiz decidirá o caso de acordo com a analogia, os costumes e os princípios gerais de direito".

Tecidas essas considerações, propõe-se a seguinte reflexão: seria juridicamente admissível ao notário ou registrador exigir a justificativa para a inserção das cláusulas em comento em contrato de doação, fundamentando a sua exigência em analogia ou interpretação analógica ou extensiva de determinado dispositivo legal?[175]

Ademais, como já mencionado, não há qualquer lei que estabeleça esse dever.[176] Por essa razão, a autora entende que exigir o seu cumprimento violaria o princípio da legalidade, previsto no art. 5º, inc. II, da Constituição Federal, que determina que ninguém pode ser compelido a fazer ou deixar de fazer algo, a não ser por força de lei.

Em segundo lugar, conforme já fora dito, não se trata de uma lacuna na lei, mas de uma escolha do legislador em não regular essa matéria.

Por derradeiro, a aplicação de métodos integrativos com o objetivo de encontrar soluções para casos concretos – conforme previsto no art. 4º da Lindb – não se enquadra nas atribuições previstas na Lei 8.935/1994 para notários e registradores.

4.2.3. Distinção entre contrato de doação e testamento

A aplicação da analogia, mesmo quando realizada pelo juiz, exige o cumprimento de requisitos específicos, nos termos do art. 4º da Lindb, entre os quais se destacam: *(i)* a existência de um caso concreto a ser analisado, e não apenas

---

175 *Analogia:* método de integração normativa utilizado somente na lacuna da lei, com vistas à solução de um caso concreto. *Interpretação analógica:* consiste em aplicar uma norma a casos semelhantes ou equivalentes ao que está descrito na própria norma, quando essa norma contém um termo genérico seguido de exemplos específicos. *Interpretação extensiva:* amplia o alcance de uma norma ao incluir situações não previstas expressamente no texto legal, mas que estão alinhadas com o seu espírito ou finalidade.

176 O professor Carlos E. Elias Oliveira faz a diferenciação entre *obrigação e ônus*: "Deveres jurídicos *lato sensu* ou obrigação *lato sensu* podem ser divididos em: (1) dever jurídico *stricto sensu*, também chamado de obrigação *stricto sensu*, e (2) ônus, também chamado de encargo ou modo. Na legislação, quando se emprega o verbete 'obrigação' ou 'dever'", geralmente está-se a referir ao sentido estrito dessas palavras. O primeiro é aquele cujo descumprimento atrai dever de indenizar e enseja meios de execução forçada. Por exemplo, ter de respeitar a propriedade alheia ou de pagar o preço pactuado em contrato são exemplos de deveres (ou obrigações), por exporem o inadimplente a sanções jurídicas, com inclusão de meios de execução forçada, como astreintes, penhora etc. O segundo é aquele cujo descumprimento apenas acarreta a perda de uma situação jurídica ou que impede sua aquisição. Ônus não acarreta execução forçada nem dever de indenizar, por ser apenas uma faculdade. Carnelutti foi quem deu a melhor definição do conceito de ônus, que representa uma faculdade deferida a um sujeito de se quiser (é faculdade! – reitere-se o óbvio), exercê-la como condição para obter um benefício jurídico" (OLIVEIRA, Carlos Eduardo Elias. Doação com encargo e a eficácia contra terceiros e o registro de imóveis. *Portal Jurídico Migalhas*, [s.l.], 14 out. 2020. Disponível em: https://www.migalhas.com.br/coluna/migalhas-notariais-e-registrais/334813/doacao-com-encargo-e-a-eficacia-contra-terceiros-e-o-registro-de-imoveis. Acesso em: 17 ago. 2024).

uma situação hipotética; *(ii)* a existência de semelhança ou identidade de fundamentos lógico-jurídicos entre as hipóteses comparadas – o que não ocorre entre o testamento e o contrato de doação.

Ainda que se admitisse, em tese, a superação dos argumentos anteriormente expostos quanto à desnecessidade de fundamentação das cláusulas de inalienabilidade, impenhorabilidade e incomunicabilidade nos contratos de doação – especialmente nas situações que envolvem adiantamento de legítima –, essa exigência restaria afastada por outro fundamento: a impossibilidade de o juiz recorrer à analogia no caso concreto.

A identidade de fundamentos lógico-jurídicos entre hipóteses comparadas pressupõe que ambas compartilhem a mesma estrutura normativa e a mesma lógica jurídica subjacente. Isso significa que os princípios, normas ou raciocínios aplicáveis a uma situação também possam ser aplicados à outra, de forma idêntica ou muito semelhante. Esse conceito é central na aplicação da analogia jurídica, bem como em precedentes judiciais e no controle de constitucionalidade.

O testamento é um negócio jurídico unilateral, enquanto a doação é um negócio jurídico bilateral, no qual ambas as partes expressamente manifestam suas vontades. Apenas em situações excepcionais a manifestação do donatário não é exigida.

Resta evidente, portanto, que testamento e doação não compartilham da mesma estrutura normativa nem da mesma lógica jurídica subjacente.

*4.2.4. Interpretação restritiva das normas que impõem deveres (*exceptiones sunt strictissimae interpretationis *– as exceções devem ser interpretadas de forma extremamente restrita)*

As normas que estabelecem restrições ou impõem deveres devem ser interpretadas de forma restritiva, o que limita a sua aplicação aos casos expressamente previstos em lei.

Por essa razão, mesmo que, em tese, se considerasse possível admitir a aplicação da analogia ou da interpretação analógica ou extensiva para que notários e registradores exigissem a justificativa das cláusulas em contrato de doação, especialmente em adiantamento de legítima, essa exigência estaria em desacordo com o princípio fundamental da hermenêutica jurídica que preconiza que "as normas que impõem deveres devem ser interpretadas de maneira restritiva".

Nessa circunstância, portanto, além do princípio que impõe a interpretação restritiva para as normas que impõe deveres, invoca-se outra máxima do Direito Romano: *odiosa restringenda favorabili amplianda* – o que é gravoso ou desfavorável deve ser restringido, enquanto o que é favorável deve ser ampliado.

4.3 • Subjetividade da justa causa

Concluída a análise dos fundamentos que sustentam a desnecessidade de justificativa da justa causa quando esta está prevista em contrato de doação, em adiantamento de legítima, sob a perspectiva da autora, é oportuno, antes de avançarmos para o próximo tema, abordar a exigência de justificativa para a justa causa e a inarredável subjetividade que a acompanha.

Essa discussão se mostra necessária, posto que parte expressiva da doutrina bem como algumas decisões administrativas, têm defendido a exigência de uma motivação específica e concreta para a aplicação eficaz das cláusulas protetivas e da cláusula restritiva.

A ausência de uma definição legal do que se entende por "justa causa" acentua significativamente a sua carga subjetiva. Trata-se de um conceito jurídico indeterminado, cuja aplicação depende da valoração realizada pelo intérprete do direito em cada caso concreto. Essa natureza aberta permite múltiplas interpretações – por vezes contraditórias – o que acaba por gerar insegurança jurídica, sobretudo quando se trata de cláusulas que impõem limites à autonomia patrimonial privada.

Apesar de as cláusulas de inalienabilidade, impenhorabilidade e incomunicabilidade serem usualmente tratadas como restritivas ou gravames, é importante reconhecer que cada uma possui natureza própria e características distintas. Por isso, a análise individualizada é essencial para assegurar a correta aplicação, prevenindo interpretações equivocadas.

A cláusula de inalienabilidade, por exemplo, tem um caráter essencialmente restritivo e, muitas vezes, conflita com o princípio da função social da propriedade, visto que limita a livre circulação dos bens e o direito de disposição do proprietário (*ius abutendi*). Por essa razão, o seu uso deve ser adotado com parcimônia, o que justificaria exigir uma fundamentação para sua imposição, especialmente quando imposta como restrição ao direito de propriedade em disposições testamentárias.

Mister, igualmente, mencionar que mesmo a cláusula de inalienabilidade nem sempre é prejudicial, indesejável ou deletéria para a sociedade e a economia. Em diversas situações, essa cláusula reflete apenas o legítimo propósito protetivo dos pais, especialmente quando a sua duração for temporária.

Considere, por exemplo, a seguinte situação: uma mãe deseja doar um bem à sua filha recém-nascida, estabelecendo cláusulas vitalícias de impenhorabilidade e incomunicabilidade, além de cláusula de inalienabilidade temporária, válida até que a sua filha complete vinte e cinco anos de idade. Diante desse cenário, questiona-se: há justa causa ou um "receio legítimo" que justifique essa proteção? Essa menor não merece ser amparada?

Nesse aspecto, equiparar a cláusula de inalienabilidade às cláusulas de impenhorabilidade e incomunicabilidade, conferindo-lhes o mesmo tratamento jurídico e exigindo o mesmo grau de fundamentação quanto à "justificativa" da justa causa, certamente conduzirá a distorções e injustiças que devem ser evitadas.

Como se observa, a exigência de justificativa para a cláusula de inalienabilidade é uma questão de longa data. O professor catedrático José Ulpiano Pinto de Souza, citado na obra *Das cláusulas de inalienabilidade, impenhorabilidade e incomunicabilidade*, de Ademar Fioranelli,[177] já chamava atenção para esse tema ao analisar o art. 3º da Lei Feliciano Pena (Decreto 1.839/1907), conforme se vê a seguir:

> **Para estabelecer a sua inalienabilidade, precisa expressar os motivos, as circunstâncias, as hipóteses, ou as condições**, ou a causa porque a estabelece. De modo que, se o testador limitar-se a estabelecer puramente que os bens legitimários serão inalienáveis, sem expressar os seus motivos ou condições, ou melhor, a sua causa, arrisca-se a impugnação da validade da sua cláusula, diante desta interpretação restrita (Souza, *apud* Fioranelli, 2012, pg.5/6). (grifou-se)

Em contrapartida, as cláusulas de impenhorabilidade e incomunicabilidade têm natureza predominantemente protetiva, sendo largamente aceitas e difundidas em nossa sociedade, sem se configurarem como restrições maléficas. Por esse motivo, como já dito, a autora se refere a essas últimas como "cláusulas protetivas" e opta pelo uso do verbo "incluir" em vez de "impor", haja vista que "impor" remete à ideia de algo estabelecido com autoridade ou força.

Diferentemente da cláusula de inalienabilidade, as cláusulas de impenhorabilidade e incomunicabilidade não interferem no interesse público, tampouco impedem a alienação do bem. Sendo certo, ainda, que os seus efeitos permanecem no âmbito privado, voltados exclusivamente para a proteção do patrimônio familiar, dos entes queridos, dos herdeiros e dos donatários.

Sobre esse legítimo espírito de proteção dos pais, é pertinente citar novamente trecho do parecer de Miguel Reale, publicado na Revista dos Tribunais:[178]

> 2 – Sôbre as razões determinantes das cláusulas restritivas da propriedade, basta lembrar que seu uso é tanto mais frequente quanto mais aumentam as preocupações e as incertezas da vida econômica, gerando no espírito dos pais a natural precaução de cercar a prole de amparo legal contra as mutações bruscas da fortuna.

---

177 FIORANELLI, Ademar. *Das cláusulas de inalienabilidade, impenhorabilidade e incomunicabilidade.* São Paulo: Saraiva, 2012.

178 REALE, Miguel. Da cláusula de inalienabilidade – Consultas e Pareceres. *Revista dos Tribunais*, n. 290, v. 166/162, dez. 1959. p. 50.

Para ilustrar essa problemática da fundamentação da justa causa, menciona-se, a seguir ementa da decisão do Conselho da Magistratura do Rio de Janeiro que decidiu pela inadmissibilidade do registro de uma escritura de doação com cláusula de incomunicabilidade, em razão da motivação apresentada pelo doador não configurar uma "justa causa verdadeira e fundamentada", mas apenas uma "justificativa genérica".

> Apelação. Recurso contra decisão do Juiz da Vara de Registros Públicos que julgou procedente a dúvida. Doação em antecipação de legítima com justa causa genérica. Sentença de procedência. Apelação. Aplicação do art. 1848 do CC. Gravames de impenhorabilidade, incomunicabilidade e inalienabilidade. Necessidade de Justa Causa. Recurso desprovido.[179]

Essa decisão evidencia a elevada carga de subjetividade envolvida na interpretação da "justa causa", o que gera significativa insegurança jurídica, especialmente considerando que uma causa considerada legítima por um registrador pode ser rejeitada por outro. Isso demonstra a importância da definição de critérios mais objetivos – ou ao menos uniformes – sobretudo quando se trata de disposições sobre a legítima.

Para finalizar este tópico, a autora sustenta que a cláusula de inalienabilidade deve ser reservada a hipóteses de comprovada e excepcional necessidade, devidamente fundamentada e, de preferência, com duração limitada no tempo. Defende, ainda, que essa restrição deva incidir não apenas sobre a legítima, mas igualmente sobre a parte disponível do patrimônio, em razão da relevância que o assunto assume à luz do interesse público.

No tocante às cláusulas protetivas de impenhorabilidade e incomunicabilidade, propõe-se, *de lege ferenda*, a supressão definitiva da exigência de justificativa para sua estipulação, tanto em atos *inter vivos*, como nas doações, quanto nas disposições de última vontade.

4.4 • Cancelamento das cláusulas de inalienabilidade, impenhorabilidade e incomunicabilidade

Inicialmente, cumpre esclarecer que a legislação pátria admite o cancelamento e a modificação das cláusulas de inalienabilidade, impenhorabilidade e incomunicabilidade diretamente no Registro Imobiliário, nos termos do inc. II

---

179 TJRJ, CSM/RJ, Processo 0191374-88.2009.8.19.0001, j. 10.12.2010, Relator Desembargador Benedicto Abicair.

do art. 250 da Lei 6.015/1973,[180] desde que haja consenso entre todas as partes envolvidas.

Por outro lado, caso essas cláusulas tenham sido instituídas por meio de testamento, o cancelamento extrajudicial não será admitido, sendo necessário recorrer à via judicial para a sua efetivação.

Além disso, é prática comum, especialmente no estado do Rio de Janeiro, que, ao alienar um bem gravado com cláusulas de impenhorabilidade e incomunicabilidade, o registrador imobiliário promova o cancelamento dessas cláusulas de ofício, por meio de averbação. De toda forma, recomenda-se que o pedido de cancelamento seja expressamente formulado pelas partes no título translativo, a fim de conferir maior segurança jurídica ao ato.

4.4.1. O paradoxo: a dificuldade de incluir e a resistência de cancelar as cláusulas protetivas e restritivas

Apesar de as cláusulas de inalienabilidade, impenhorabilidade e incomunicabilidade serem frequentemente criticadas pela doutrina e pela jurisprudência, é evidente que o Poder Judiciário enfrenta consideráveis dificuldades para cancelá-las ou substituí-las.

Nesse sentido, é importante lembrar que o direito de propriedade tem natureza essencialmente plástica e elástica, permitindo a imposição de certas limitações. Contudo, esse direito tende a restabelecer-se em sua forma original: a propriedade plena.

Para uma melhor compreensão dessa temática, reproduz-se, a seguir, trecho do artigo do consultor legislativo do Senado Federal e professor Carlos Eduardo Elias de Oliveira intitulado "Doação com Encargo e a Eficácia contra Terceiros e o Registro de Imóveis":

> Enfim, o direito real de propriedade, ao ser comprimido (tornando-se uma propriedade menos plena), sempre tende a retornar ao seu estado de plenitude, ou seja, sempre tende a voltar a ser uma propriedade plena, à semelhança do que acontece com uma liga elástica (a famosa "liguinha"), que sempre tende a voltar ao seu estado primitivo após ser esticada. A esse potencial do direito real de propriedade em ser comprimido ou elastecido dá-se o nome de princípio (ou de atributo, ou de característica) da plasticidade ou da elasticidade. Fala-se metaforicamente em "plasticidade" por enfatizar que a propriedade admite ser modelada de diversas formas (ex.: propriedade com condição resolutiva; propriedade onerada com usufruto etc.).

---

180 Lei 6.015/1973, art. 250: "Far-se-á o cancelamento: [...] II – a requerimento unânime das partes que tenham participado do ato registrado, se capazes, com as firmas reconhecidas por tabelião".

Sob outra perspectiva, Miguel Reale destaca que qualquer limitação ao direito de propriedade deve ser interpretada da maneira menos prejudicial possível para a sociedade em geral. Esse posicionamento do eminente jurista foi expresso em parecer, conforme transcrito a seguir:

> [...] Deve-se, por isso, merecer encômios a lição contida em decisão do nosso Conselho Superior da Magistratura no sentido de que "todas as limitações da propriedade, tendentes a embaraçar ou obstar a livre circulação das riquezas, precisam ser entendidas da maneira menos nociva possível para a economia geral. Vale dizer que as cláusulas de inalienabilidade não prevalecem senão em casos excepcionais, estremes de qualquer dúvida, sendo preferível não admiti-las diante da mais ligeira obscuridade dos contratos ou da lei.[181]

Adicionalmente, com a finalidade de ilustrar de forma clara essa contradição existente entre a dificuldade de inclusão e a resistência ao cancelamento das cláusulas, pela Justiça brasileira, prossegue-se com a análise da decisão proferida no Recurso Especial 1.115.5547/MG-2018[182] já mencionada neste Livro.[183]

No caso em comento, o usuário teve que recorrer à via judicial e aguardar nove anos a fim de cancelar as cláusulas de impenhorabilidade e incomunicabilidade, que constavam averbadas na matrícula do imóvel por ele adquirido mediante escritura de compra e venda.

E, mesmo se tratando de um tema de jurisdição voluntária, que poderia ter sido resolvido na esfera extrajudicial, as partes precisaram recorrer ao Tribunal Superior para obter êxito no cancelamento das supracitadas cláusulas, com o escopo de possibilitar o registro do imóvel adquirido, a título oneroso.

Outra situação recorrente nas decisões administrativas – que revela a resistência ao cancelamento das mencionadas cláusulas – ocorre quando se pleiteia o seu cancelamento após o falecimento de um dos doadores. Por exemplo, os pais doam um imóvel ao filho, com a inclusão da cláusula de inalienabilidade. Anos mais tarde, o pai vem a falecer. Diante de necessidade, mãe e filho decidem vender o bem e para viabilizar a alienação, requerem o cancelamento da cláusula de inalienabilidade no Registro Imobiliário.

Nessas hipóteses, a jurisprudência administrativa, de forma praticamente unânime, tem indeferido os pedidos de cancelamento da cláusula com fundamento na preservação e proteção da vontade presumida do doador falecido. Em outras palavras, entende-se que essa vontade presumida deve prevalecer sobre a

---

181 REALE, Miguel. Da cláusula de inalienabilidade – Consultas e Pareceres. *Revista dos Tribunais*, n. 290, v. 166/162, dez. 1959. p. 49-57.

182 STJ, REsp 1.155.547/MG (2009/0171881-7), Relator Ministro Marco Buzzi, 4ª Turma, *DJe* 09.11.2018. Ação ajuizada no ano de 2009, com julgamento pelo Superior Tribunal de Justiça, em 2018.

183 Ver Parte II, Capítulo 4: A doação com as cláusulas protetivas de impenhorabilidade e incomunicabilidade e a cláusula restritiva de inalienabilidade.

manifestação de vontade e as eventuais necessidades da doadora e do donatário remanescentes, fruto de uma realidade muitas vezes distinta daquela existente à época da doação.

Diante dessas considerações, impõe-se uma indagação que transcende os limites da dogmática jurídica: deve-se conferir primazia à preservação da vontade presumida do doador falecido, expressão de um projeto existencial encerrado, ou deve prevalecer a promoção da livre circulação do bem, com vistas à sua reinserção ao mercado, cumprindo, assim, a sua função social e o retorno do seu estado de plenitude?

Para a resolução desses conflitos, sugere-se a aplicação dos critérios da razoabilidade e da ponderação de princípios, a fim de avaliar qual decisão se mostra mais adequada: *(i)* aquela que autoriza o retorno do bem à sua livre circulação e a seu estado pleno, em consonância com a função social da propriedade – princípio consagrado constitucionalmente –, em harmonia com a busca pelo bem comum e com o princípio da socialidade, que preconiza a prevalência dos interesses coletivos e sociais sobre os interesses estritamente individuais; ou *(ii)* aquela que não permite o cancelamento da cláusula, em deferência à vontade presumida do falecido, mantendo o bem fora do mercado e submetido a restrições.

Trata-se, em última instância, de sopesar se o direito deve se curvar à memória estática de uma vontade "presumida" pretérita ou se deve se orientar por uma ética da concretude, voltada à realização das exigências presentes da vida em sociedade.

Por esse motivo, recomenda-se que se faça constar expressamente no contrato de doação que, em caso de falecimento de um dos doadores, caberá ao sobrevivente plena autonomia para decidir sobre o eventual cancelamento de quaisquer cláusulas constantes do título (inalienabilidade, impenhorabilidade, incomunicabilidade ou reversão), nos termos do inc. II do art. 250 da Lei de Registros Públicos, a fim de evitar presunções equivocadas quanto à vontade do doador falecido.

4.5 • Extensibilidade dos efeitos das cláusulas aos frutos e rendimentos

Desde logo, cumpre esclarecer que a extensão dos efeitos das cláusulas de inalienabilidade, impenhorabilidade e incomunicabilidade significa que as restrições ao direito de propriedade (não alienar, não dar em garantia nem ser objeto de constrição judicial, não comunicar com o outro cônjuge ou companheiro) constantes sobre o bem principal poderão ter os seus efeitos estendidos aos proveitos que aquele bem clausulado gera, como, por exemplo, aluguéis, dividendos e juros.

Esse aspecto relacionado à possibilidade de extensão dos efeitos das referidas cláusulas merece uma análise mais aprofundada, tendo em vista que cada uma delas produz efeitos próprios e específicos, como se demonstrará a seguir.

No tocante à extensão dos efeitos da cláusula de incomunicabilidade[184], relevante conferir os ensinamentos mencionados a seguir:[185]

> Maria Berenice Dias observa, em nosso sentir, com toda a pertinência que: "A regra que admite a imposição de cláusulas restritivas ao quinhão hereditário, nada explicita sobre o âmbito de sua abrangência. Mas a norma que trata do regime de bens do casamento afasta a incomunicabilidade dos frutos e rendimentos dos bens clausulados [...] Como se trata de norma cogente, limita a vontade do testador, se tendo por ineficaz cláusula testamentária estendendo a restrição aos frutos e rendimentos de modo que, imposta a cláusula de incomunicabilidade, esta não incide sobre os acréscimos do bem. Tal restrição afasta a possibilidade do testador clausular também os frutos e rendimentos dos bens incomunicáveis".

Com relação à extensibilidade dos efeitos da cláusula de inalienabilidade, seguem os ensinamentos do tabelião de notas Ademar Fioranelli:[186]

a) Podem ser penhorados, à falta de outros bens, os frutos e rendimentos dos bens inalienáveis, conforme determina o art. 834 do atual Código de Processo Civil – art. 650, do Código de Processo Civil de 1973. Nesta hipótese, o bem é inalienável, no entanto, não houve manifestação de vontade da parte no sentido de estender os efeitos da cláusula.

O mencionado tabelião traz, ainda, lição esclarecedora de Humberto Theodoro Júnior,[187] que assim discorre:

> Os frutos e rendimentos dos bens inalienáveis seguem, em princípio, o destino destes, ou seja, são impenhoráveis. Os credores comuns do titular do bem inalienável, por isso, não podem penhorar seus frutos e rendimentos. A imunidade, contudo, não é total. Prevalece enquanto seja possível o gravame executivo recair sobre outros bens livres do executado. Faltando bens livres, cessará a impenhorabilidade, e os frutos e rendimentos a que alude o art. 650 terão de submeter-se à penhora. Daí falar-se em impenhorabilidade relativa.

---

[184] CC, art. 1.660 "Entram na comunhão: [...] V – os frutos dos bens comuns, ou dos particulares de cada cônjuge, percebidos na constância do casamento, ou pendentes ao tempo de cessar a comunhão".

[185] DIAS, Maria Berenice *apud* CARVALHO, Luiz Paulo Vieira de. *Direito das Sucessões*. 3. ed. São Paulo: Atlas, 2017. p. 514-515.

[186] FIORANELLI, Ademar. *Das cláusulas de inalienabilidade, impenhorabilidade e incomunicabilidade*. São Paulo: Saraiva, 2012. p. 49.

[187] THEODORO JÚNIOR, Humberto. A reforma da execução do título extrajudicial, p. 54-55 *apud* FIORANELLI, Ademar. *Das cláusulas de inalienabilidade, impenhorabilidade e incomunicabilidade*. São Paulo: Saraiva, 2012.

b) Outra situação é aquela em que o próprio doador ou testador determina a inclusão da cláusula de inalienabilidade, com extensão dos seus efeitos aos respectivos frutos e rendimentos. Nessa situação, Ademar Fioranelli aconselha que seja realizada a averbação da restrição na matrícula do imóvel, conferindo-lhe a necessária transparência e publicidade.

No que se refere à extensão dos efeitos da cláusula de impenhorabilidade, destaca-se a classificação em quatro correntes principais apresentada pelo professor e parecerista Luiz Paulo Vieira de Carvalho, conforme se expõe a seguir:[188] *(i)* a primeira corrente não admite o gravame perante os frutos e rendimentos sob o argumento de ausência de previsão legal e da inexistência de uma consequência lógica entre a cláusula de inalienabilidade e a impenhorabilidade dos bens; *(ii)* a segunda corrente preconiza a extensão da impenhorabilidade aos frutos e rendimentos, havendo ou não cláusula expressa do doador/testador, aplicando-se a regra de que os acessórios seguem o principal; por sua vez; *(iii)* a terceira corrente entende pela extensão da impenhorabilidade aos frutos e rendimentos, desde que esteja expressamente estipulado no instrumento; *(iv)* e, por fim, a quarta corrente defende a possibilidade de a penhora recair sobre os frutos e rendimentos, na inexistência de outros bens.

Dessa forma, recomenda-se que, tanto nos contratos de doação quanto nos testamentos, a extensão dos efeitos das cláusulas de inalienabilidade, impenhorabilidade e incomunicabilidade aos frutos e rendimentos seja expressamente prevista, caso essa seja a vontade do doador ou do testador.

5. DEMAIS QUESTÕES RELACIONADAS AO CONTRATO DE DOAÇÃO

5.1 • Diferença entre a sub-rogação das cláusulas protetivas e restritiva e de bem particular em outro

A sub-rogação de cláusulas protetivas e restritiva – como impenhorabilidade, incomunicabilidade e inalienabilidade – consiste na transferência dessas condições de um bem imóvel para outro.

Essa substituição somente é permitida mediante autorização judicial, conforme previsto no art. 725 do Código de Processo Civil. Além disso, o art. 246 da Lei 6.015/1973 (Lei de Registros Públicos) determina que essas sub-rogações devem ser averbadas na matrícula do imóvel, garantindo-se, dessa forma, a publicidade e a eficácia das restrições sobre o novo bem.

---

188 CARVALHO, Luiz Paulo Vieira de. *Direito das sucessões*. 3. ed. São Paulo: Atlas, 2017. p. 506-508.

Portanto, para efetivar a sub-rogação dessas cláusulas, é imprescindível obter uma decisão judicial autorizando a transferência e proceder à averbação correspondente no registro de imóveis, conforme estipulado pela legislação vigente.

Cumpre, nesse ponto, distinguir entre a sub-rogação de cláusulas protetivas e restritiva, previamente apresentada, e a sub-rogação de bens particulares, ambas modalidades de sub-rogação real, porém regidas por regimes jurídicos distintos, que exigem tratamentos específicos.

A sub-rogação de bens particulares, por sua vez, ocorre quando um bem de titularidade exclusiva de um dos cônjuges – por ter sido adquirido por doação, herança ou antes da celebração do casamento ou união estável – é substituído por outro, adquirido com os recursos oriundos de sua alienação.

Exemplificando o que foi dito anteriormente, se um cônjuge ou companheiro aliena um imóvel adquirido antes do matrimônio ou da união estável e utiliza o produto da venda para comprar outro durante a constância da relação afetiva, seja decorrente do matrimônio, seja da união estável, esse novo bem poderá manter a sua natureza jurídica de bem particular, em razão da sub-rogação. Essa possibilidade encontra amparo no inc. I do art. 1.659, do Código Civil, que expressamente admite a sub-rogação como forma de preservação da qualidade jurídica do bem original.

Para que a sub-rogação produza os efeitos jurídicos almejados, é imprescindível que, na escritura pública de aquisição do novo bem, conste declaração expressa acerca da origem dos recursos utilizados na compra.

Recomenda-se, para tanto, que essa declaração – relativa à origem dos valores empregados na aquisição – seja prestada por ambos os cônjuges ou companheiros. No entanto, caso não seja exequível essa manifestação conjunta, deverá a escritura conter, ao menos, declaração unilateral do adquirente, afirmando, de forma inequívoca, tratar-se de bem de natureza particular, em virtude da procedência exclusiva dos recursos aplicados na transação.

Ademais, é aconselhável que, com a anuência do cônjuge ou companheiro, no que tange à condição de bem particular, se requeira a averbação dessa circunstância na matrícula do imóvel, com base no art. 246 da Lei 6.015/1973, com o intuito de conferir publicidade ao ato e garantir a eficácia da sub-rogação em face de terceiros.

Conclui-se, pois, que, diferentemente do que ocorre com a sub-rogação de cláusulas de inalienabilidade, impenhorabilidade e incomunicabilidade, que exige autorização judicial para sua efetivação, a sub-rogação de bens particulares não demanda alvará judicial, podendo ser realizada por meio de escritura pública.

Por oportuno, insta salientar que não incumbe ao notário nem ao registrador imobiliário apurar a veracidade das declarações prestadas pelas partes com a finalidade de sub-rogar um bem particular em outro, preservando, dessa forma, a vontade das partes e assegurando a não intervenção do Estado – aqui representado pelas atividades notarial e registral – em questões de índole eminentemente privada entre os cônjuges ou companheiros, em consonância com os arts. 421 e 1.513 do Código Civil.

5.1.1. Bem particular e bem reservado

No âmbito do regime de bens aplicável às relações conjugais e às uniões estáveis, a distinção entre bem reservado e bem particular assume especial relevância jurídica, sobretudo para a delimitação do patrimônio que compõe a esfera individual de cada cônjuge ou companheiro.

Embora ambos os institutos tratem de bens que não se comunicam automaticamente com o outro consorte, as suas origens, os seus fundamentos e os seus efeitos jurídicos são distintos, o que demanda uma análise cuidadosa.

É imprescindível que os conceitos ora examinados estejam devidamente compreendidos e consolidados, com vistas a se evitar equívocos na identificação de institutos jurídicos distintos.

Os bens particulares são aqueles que integram, de forma exclusiva, o patrimônio de um dos cônjuges ou companheiros, conforme o regime de bens adotado e o respectivo título aquisitivo. Enquadram-se nessa categoria, conforme já mencionado, os bens adquiridos anteriormente à celebração do casamento ou à constituição da união estável, os recebidos por doação ou sucessão, bem como aqueles que os tenham substituído, entre outras hipóteses elencadas no inc. I do art. 1.659 do Código Civil.

Por sua vez, o bem reservado foi introduzido no ordenamento jurídico brasileiro pela Lei 4.121, de 27 de agosto de 1962 (Estatuto da Mulher Casada), que conferiu à mulher casada plena capacidade civil e extinguiu a exigência de autorização marital para o exercício profissional. O bem reservado dizia respeito ao patrimônio adquirido pela mulher com o fruto do seu trabalho, o qual não poderia ser utilizado para satisfazer dívidas contraídas pelo marido.

Entretanto, é relevante esclarecer que o bem reservado, na forma prevista no Estatuto da Mulher Casada, não foi recepcionado pela Constituição Federal de 1988. O inc. I do art. 5º da Constituição consagrou a igualdade de direitos e deveres entre homens e mulheres, suprimindo a distinção que justificava a existência desse instituto. A confusão persiste, porém, quando se tenta aplicar o conceito de bem reservado a situações regidas pelo regime atual de igualdade entre os cônjuges, ignorando que esse instituto foi excluído do ordenamento jurídico vigente.

Nesse cenário, ao elaborar um contrato envolvendo a sub-rogação de um bem particular, é crucial especificar que o bem foi adquirido com recursos provenientes da venda de outro bem pertencente ao interessado – adquirido antes do casamento, ou recebido por herança ou doação, ou ainda com valores preexistentes à união. Ademais, reitera-se a importância de se requerer que essa informação seja averbada na matrícula do bem no Registro Imobiliário, com a finalidade de assegurar o seu reconhecimento como bem particular e preservar o seu *status* jurídico.

Destarte, não basta declarar, na escritura, que o bem foi adquirido com recursos próprios de um dos cônjuges, fruto do seu trabalho. Reforce-se: o instituto do bem reservado – que se aplicava exclusivamente à mulher – não foi recepcionado pela nova ordem constitucional.

A título de curiosidade, vale destacar que o Código Civil de 1916 previa ainda a existência dos bens dotais e dos bens parafernais. No regime dotal, os bens parafernais eram aqueles que pertenciam exclusivamente à mulher, sob sua administração direta, e que não integravam o dote transferido ao marido por ocasião do casamento.[189]

Em contrapartida, os bens dotais correspondiam àqueles transferidos pela mulher ou por sua família ao cônjuge varão ou marido – que os administrava durante o matrimônio, com o objetivo de assegurar a manutenção da esposa e da futura família. Em caso de ruptura do casamento, os bens dotais deveriam ser restituídos à mulher ou aos seus herdeiros.

5.2 • Doação e inexistência do direito de preferência e do laudêmio

No contrato de doação, não se cogita a aplicação de direito de preferência, posto que esse direito é restrito às relações contratuais onerosas. O direito de preferência manifesta-se, de forma exemplificativa, entre os herdeiros na alienação das suas quotas hereditárias,[190] em favor do locatário na venda do imóvel alugado[191] e entre os condôminos quando há alienação de quota-parte em bem comum.[192]

Por conseguinte, não há que se falar em pagamento de laudêmio nas doações, considerando que este é exigível apenas nas transmissões onerosas.

Para uma melhor compreensão do instituto do laudêmio, bem como do foro, cabe uma breve retrospectiva sobre o assunto. Esclareça-se, inicialmente que a enfiteuse – prevista no Código Civil de 1916, no inc. I do art. 674 c/c art. 686 – consiste em um direito real sobre coisa alheia, também denominado

---

189 CC/1916, art. 276: "Quando os contraentes casarem, estipulando separação de bens, permanecerão os de cada cônjuge sob a administração exclusiva dele, que os poderá livremente alienar, se forem móveis (arts. 235, nº I, 242, nº II, e 310)".

CC/1916, art. 310: "A mulher conserva a prioridade, a administração, o gozo e a livre disposição dos bens parafernaes; não podendo, porém, alienar os imóveis".

190 *Vide* CC, arts. 1.794 e 1.795.

191 *Vide* art. 27 da Lei 8.245/1991.

192 *Vide* CC, art. 504.

emprazamento ou aforamento. Esse instituto incide nas transmissões onerosas sempre que o senhorio direto não exerce o seu direito de preferência à compra daquele bem. O laudêmio – palavra de origem latina (*laudare*), que significa prêmio – representa, justamente, uma compensação financeira pelo não exercício desse direito de preferência, sendo sua responsabilidade atribuída ao alienante, salvo disposição contratual em sentido diverso.

O foro, por sua vez, também denominado cânon ou pensão anual, corresponde ao pagamento periódico exigido em decorrência da enfiteuse. Diferente do laudêmio, que somente é exigido em transações onerosas, o foro é devido de forma fixa e contínua, independentemente da existência de alienação do bem.

Saliente-se que o foro funciona como compensação financeira ao senhorio direto pela privação do uso de sua propriedade. A inadimplência no pagamento do foro pode ensejar a pena de comisso, com a consequente extinção do aforamento, conforme previsto no art. 692, inc. II, do Código Civil de 1916.

O Código Civil atualmente em vigor não contempla a enfiteuse em seu rol de direitos reais (art. 1.225), vedando inclusive, no seu art. 2.038, a constituição de novas enfiteuses ou subenfiteuses. No entanto, a nova legislação civil preservou a disciplina das enfiteuses já constituídas, subordinando-as ao regime jurídico do Código Civil anterior. Além disso, manteve a vigência das enfiteuses relativas a terrenos de marinha, reguladas por legislação específica (Decreto-Lei 9.760/1946, Lei 9.636/1998 e Lei 11.481/2007). Ressalta-se que as enfiteuses instituídas por entes públicos permanecem vigentes e inalteradas.

Atente-se, todavia, que caso se trate de imóvel foreiro à União, mesmo que a transação imobiliária se realize a título gratuito, será necessária a apresentação da certidão autorizativa de transferência, expedida pela Secretaria do Patrimônio da União, conforme disposto nos §§ 2º e 3º do art. 3º do Decreto-Lei 2.398, de 21 de dezembro de 1987, com as alterações introduzidas pelo art. 33 da Lei 9.636, de 15 de maio de 1998.

5.3 • Doação e termos inadequados

Observa-se, com relativa frequência, o uso de expressões como "abrir mão" ou "renunciar em favor de outrem" em documentos jurídicos e até mesmo em diplomas legislativos. Porém, essas construções linguísticas não se coadunam com a técnica exigida na elaboração de instrumentos contratuais por notários, advogados e demais operadores do Direito.

No plano jurídico, a terminologia deve refletir com precisão a natureza do ato jurídico celebrado. Sendo assim, no caso de transmissão voluntária da propriedade de bem imóvel sem contraprestação, a figura jurídica correta é a da doação, disciplinada pelos arts. 538 e seguintes do Código Civil. Por sua vez, quando se trata da transferência gratuita de um direito – real ou pessoal – a expressão adequada, segundo a doutrina, é "cessão gratuita".

O emprego de terminologia inadequada pode comprometer a clareza e a segurança jurídica do ato, gerando ambiguidade quanto à natureza da manifestação de vontade e às suas consequências jurídicas. Impõe-se, portanto, uma redação tecnicamente qualificada, que respeite a dogmática civilista e os princípios estruturantes da teoria geral dos contratos.

5.4 • Cessão gratuita de direitos hereditários, de meação e de direitos aquisitivos

A cessão de direitos hereditários ou de meação, seja a título gratuito ou oneroso, envolvendo bens móveis ou imóveis, deverá ser formalizada por escritura pública sempre que o valor do bem ultrapassar trinta vezes o maior salário mínimo vigente no país. Isso porque, para fins legais, o direito à sucessão aberta é considerado bem imóvel, nos termos do art. 80 do Código Civil, conforme se transcreve a seguir:

> Art. 80. Consideram-se imóveis para os efeitos legais:
> I – os direitos reais sobre imóveis e as ações que os asseguram;
> **II – o direito à sucessão aberta**. (grifou-se)

Por muitos anos, os notários do estado do Rio de Janeiro estiveram impedidos de lavrar escrituras de cessão de direitos hereditários sobre bem determinado do acervo hereditário, com base em parecer – na visão da autora, equivocado – da Corregedoria-Geral da Justiça do Rio de Janeiro, publicado no *Diário Oficial* de 18.01.2008. À época, entendeu-se que seria imprescindível a concessão de alvará judicial para autorizar a lavratura da escritura de cessão, em atenção ao disposto no § 3º do art. 1.793 do Código Civil.

Essa interpretação foi superada pelo atual Código de Normas da Corregedoria-Geral da Justiça do estado do Rio de Janeiro, instituído pelo Provimento 87/2022, que, em seus arts. 379 a 382, disciplina as regras aplicáveis à cessão de direitos hereditários. Fora isso, de forma vanguardista, o Código de Normas fluminense passou a autorizar expressamente a venda antecipada de bens do espólio[193] – previsão que foi recentemente incorporada nacionalmente, por meio do art. 11-A da Resolução CNJ 35/2007, incluído pela Resolução CNJ 571, de 26.08.2024.

Ainda em relação à cessão gratuita de direitos hereditários e cessão gratuita de meação, surge uma questão relevante: seria permitido nessas situações,

[193] Conforme arts. 453 a 455 do Livro IV, Capítulo XII, Seção IV do CN GGJ RJ.

a reserva do usufruto ou a inclusão das cláusulas de reversão, inalienabilidade, impenhorabilidade e incomunicabilidade?

A autora entende que não há, no ordenamento civil pátrio, qualquer vedação à inclusão dessas cláusulas nos referidos modelos contratuais. Dessa forma, em princípio, a sua aplicação é juridicamente válida. Contudo, tanto as cláusulas quanto o usufruto somente produzirão efeitos após a homologação da partilha – seja no processo judicial ou por escritura pública – e o posterior registro e averbação no Registro Imobiliário competente. Somente a partir desse momento é que a cessão, as cláusulas e o usufruto adquirirão eficácia plena, passando a ostentar a natureza de direitos reais, com todas as suas consequências jurídicas, como a oponibilidade *erga omnes*, a disponibilidade e a publicidade.

O fundamento desse entendimento, segundo a autora, encontra-se no art. 1.784 da legislação civil, que dispõe: "Aberta a sucessão, a herança transmite-se, desde logo, aos herdeiros legítimos e testamentários", consagrando o princípio conhecido como *droit de saisine*. Isso significa que, com o falecimento, os herdeiros – sejam legítimos ou testamentários – tornam-se, de forma imediata e automática, donos de todos os bens que compõem o acervo hereditário, sem qualquer interrupção. O inventário, portanto, possui caráter meramente declaratório, visto que a transferência da titularidade dos bens do acervo hereditário decorre diretamente da morte.

Como consequência, sendo os herdeiros efetivos proprietários, podem dispor dos bens herdados conforme lhes convier. Entretanto, de acordo com as regras do Direito Sucessório, é essencial observar o princípio expresso pelo brocardo *nemo plus iuris ad alium transferre potest quam ipse habet*, que significa literalmente: "ninguém pode transferir a outrem mais direitos do que possui". Esse princípio ressalta que a disponibilidade patrimonial dos herdeiros está limitada ao conteúdo efetivo do patrimônio deixado pelo falecido no momento de sua morte.

Ademais, a distinção semântica entre "cessão onerosa" e "compra e venda", ou entre "cessão gratuita" e "doação", é uma construção doutrinária. Em regra, o termo "cessão" é empregado para a transferência de um direito, enquanto "compra e venda" e "doação" são utilizados para a transferência de domínio. Do ponto de vista técnico, seria possível adotar apenas as expressões "compra e venda" ou "doação", sem implicações jurídicas adversas.

Todavia, é necessário analisar cada caso concreto. Por exemplo, quando uma mãe pretende ceder gratuitamente a sua meação aos seus filhos, reservando para si o usufruto, é suficiente que, no momento da partilha, atribua-lhes a nua-propriedade do bem, mantendo para si o usufruto. Nessa hipótese, não se faz necessário qualquer ato adicional para a concretização de sua vontade.

5.4.1. Cessão gratuita de direitos aquisitivos

No que se refere à possibilidade de inserção das cláusulas de inalienabilidade, impenhorabilidade e incomunicabilidade, e da reserva de usufruto em escritura de cessão gratuita de direitos aquisitivos – hipótese em que o promissário comprador aliena o seu direito de aquisição –, não há, em regra, vedação normativa expressa. Por sua vez, a autora esclarece que essas disposições seriam ineficazes até que se formalize, de modo definitivo, a aquisição do bem cedido e o seu consequente registro.

Nessa esteira, a autora entende ser admissível a lavratura de escritura de cessão de direitos aquisitivos com reserva de usufruto, desde que condicionada à efetivação da promessa de compra e venda mediante escritura definitiva, seguida do seu registro.

Dessa forma, tanto a propriedade quanto o usufruto seriam suscetíveis de registro, assegurando-lhes, portanto, todos os atributos de um direito real, como a oponibilidade *erga omnes*, a disponibilidade e a publicidade.

5.5 • Promessa de doação

Inquestionavelmente, debater sobre a possibilidade da lavratura de escritura de promessa de doação no Direito brasileiro é, para muitos, uma ideia quase herética.

A posição predominante na doutrina e na jurisprudência sustenta a invalidade da escritura de promessa de doação. Essa negativa fundamenta-se no simples argumento de que ninguém pode ser compelido a realizar um ato de liberalidade, haja vista que a doação pressupõe, necessariamente, a existência do *animus donandi*[194] para a sua efetivação.

Alinhado a essa corrente, destaca-se julgado do Superior Tribunal de Justiça, de relatoria do Ministro Luis Felipe Salomão, que adota, inclusive, postura ainda mais rigorosa:

> [...] 4. "Inviável juridicamente a promessa de doação [pura] ante a impossibilidade de se harmonizar a exigibilidade contratual e a espontaneidade, característica do *animus donandi*. **Admitir a promessa de doação equivale a concluir pela possibilidade de uma doação coativa, incompatível, por definição, com um ato de liberalidade**" (REsp 730.626/SP, Relator Ministro Jorge Scartezzini, Quarta Turma, j. 17.10.2006, *DJ* 04.12.2006, p. 322). 5. Agravo interno não provido.[195] (grifou-se)

---

[194] O *animus donandi* é uma expressão em latim que significa "intenção de doar". No direito, especialmente no direito civil, esse termo se refere à vontade genuína do doador de transferir gratuitamente um bem ou direito para outra pessoa, sem exigir nada em troca.

[195] AgInt. no Resp. 1.394.870/MS, Relator Ministro Luis Felipe Salomão, 4ª Turma, j. 20.09.2018, *DJe* 26.09.2018.

Por outro lado, quando a promessa de doação é firmada em acordos de divórcio, separação[196] e dissolução de união estável, em benefício dos filhos do casal, há amplo consenso quanto à sua coercibilidade e irrevogabilidade, conforme se observa nas decisões a seguir:

> Recurso Especial. Direito Civil. Direito de Família. Divórcio Consensual. Partilha de bens. Acordo. Doação aos filhos. Homologação judicial. Sentença com eficácia de escritura pública. Formal de partilha. Registro no cartório de imóveis. Possibilidade. 1. Não constitui ato de mera liberalidade a promessa de doação aos filhos como condição para a realização de acordo referente à partilha de bens em processo de separação ou divórcio dos pais, razão pela qual pode ser exigida pelos beneficiários do respectivo ato. 2. A sentença homologatória de acordo celebrado por ex-casal, com a doação de imóvel aos filhos comuns, possui idêntica eficácia da escritura pública. 3. Possibilidade de expedição de alvará judicial para o fim de se proceder ao registro do formal de partilha. 4. Recurso especial provido.[197]

> Civil. Promessa de doação vinculada à partilha. Ato de liberalidade não configurado. Exigibilidade da obrigação. Legitimidade ativa.
> Agravo regimental no recurso especial. Embargos à execução. Acordo celebrado em separação consensual. Homologação judicial. Doação.
> Única filha. Ausência de vícios de validade. Exigibilidade da obrigação. Precedentes.
> 1.A jurisprudência desta eg. Corte já se manifestou no sentido de considerar que não se caracteriza como ato de mera liberalidade ou simples promessa de doação, passível de revogação posterior, a doação feita pelos genitores aos seus filhos estabelecida como condição para a obtenção de acordo em separação judicial.
> 2.Agravo Regimental a que se nega provimento.[198]

> A promessa de doação feita aos filhos por seus genitores como condição para a obtenção de acordo quanto à partilha de bens havida com a separação ou divórcio não é ato de mera liberalidade e, por isso, pode ser exigida, inclusive pelos filhos, beneficiários desse ato. Precedentes. Recurso Especial provido.[199]

Uma perspectiva divergente nesse debate é apresentada por Maria Celina Bodin de Moraes, que, em seu artigo de destaque "Notas sobre a Promessa de Doação",[200] questiona a exigência do *animus donandi* como elemento essencial para

---

[196] STF, RE 1.167.478, trânsito em julgado em 16.03.2024. Tema 1.053. Tese: Após a promulgação da EC 66/2010, a separação judicial não é mais requisito para o divórcio nem subsiste como figura autônoma no ordenamento jurídico. Sem prejuízo, preserva-se o estado civil das pessoas que já estão separadas, por decisão judicial ou escritura pública, por se tratar de ato jurídico perfeito (art. 5º, XXXVI, da CF).

[197] REsp 1537287/SP, Relator Ministro Ricardo Villas Bôas Cueva, 3ª Turma, j. 18.10.2016, *DJe* 28.10.2016.

[198] AgRg no Resp 883.232/MT, Relator Ministro Raul Araújo, 4ª Turma, j. 19.02.2013, *DJe* 26.02.2013.

[199] REsp 742.048/RS, Relator Ministro Sidnei Beneti, 3ª Turma, j. 14.04.2009, *DJe* 24.04.2009.

[200] BODIN DE MORAES, Maria Celina. Notas sobre a promessa de doação. *Civilistica.com*. Rio de Janeiro, a. 2, n. 3, jul.-set./2013. Disponível em: http://civilistica.com/notas-sobre-a-promessa-de-doacao/. Acesso em: 10 set. 2025.

a formação do contrato de doação. Esse conceito, tratado como um verdadeiro dogma no Direito Brasileiro, é reavaliado pela autora, que defende, portanto, a validade da promessa de doação.

Além disso, a jurista recorre ao *Bürgerliches Gesetzbuch* (BGB), o Código Civil alemão, que exclui o *animus donandi* da definição de contrato de doação. De acordo com ordenamento jurídico alemão, o contrato de doação se forma quando o donatário é enriquecido gratuitamente às custas do doador.

Por fim, a civilista desenvolve a sua argumentação acerca da promessa de doação com base na seguinte reflexão:

> Não houve coatividade, pois, quando o promitente-doador expressou a sua vontade; ele o fez livremente, sem nenhuma coação, *nullo iure cogente*, e de livre e espontânea vontade decidiu que o promissário-donatário deveria receber, seja pelo motivo que for, mais tarde, num momento futuro, uma atribuição patrimonial sem contraprestação.[201]

Segundo Maria Celina, essa questão deverá ser analisada com base em novos paradigmas, privilegiando os princípios da boa-fé, da confiança e da solidariedade, em detrimento da autonomia da vontade e da concepção liberalista.

No entanto, a tese defendida por Maria Celina ainda encontra considerável resistência tanto na doutrina quanto na jurisprudência brasileira.

De outro giro, mas dando prosseguimento à temática do contrato de promessa de doação, analisar-se-á esse modelo contratual quando pactuado em acordos de divórcio, separação e dissolução de união estável.

Indubitavelmente, os acordos de promessa de doação celebrados em processos de divórcio, de separação ou de dissolução de união estável, frequentemente geram conflitos e imbróglios que acabam envolvendo Tabelionatos, Registros de Imóveis e até mesmo o Poder Judiciário.

Diante da natureza dinâmica das relações humanas, é comum que as partes envolvidas revejam as suas intenções e decidam desistir do compromisso anteriormente assumido. No entanto, uma vez homologada judicialmente, a promessa de doação adquire força de coisa julgada, conferindo-lhe caráter definitivo e imutável.[202]

Muito embora não haja jurisprudência consolidada sobre esse tema, esse fato pode ser explicado por dois motivos: trata-se de uma matéria de Direito

---

201 BODIN DE MORAES, Maria Celina. Notas sobre a promessa de doação. *Civilistica.com*. Rio de Janeiro, a. 2, n. 3, jul.-set./2013. p. 18. Disponível em: http://civilistica.com/notas-sobre-a-promessa-de-doacao/. Acesso em: 10 set. 2025.

202 CPC, art. 494: "Publicada a sentença, o juiz só poderá alterá-la: I – para corrigir-lhe, de ofício ou a requerimento da parte, inexatidões materiais ou erros de cálculo; II – por meio de embargos de declaração".

de Família, naturalmente protegida por sigilo; essas situações geralmente são solucionadas por meio de acordos extrajudiciais, não alcançando o segundo grau de jurisdição.

Ainda assim, com base em informações obtidas por meio de pesquisas de campo, constatou-se, que, nesses casos, desde que haja consenso entre as partes envolvidas, é possível considerar ineficaz a promessa de doação firmada no acordo de divórcio, separação ou dissolução de união estável, permitindo-se, dessa forma, a alienação do imóvel anteriormente prometido aos filhos, relativizando-se, assim, os efeitos da coisa julgada.

Outro aspecto que merece especial atenção no exame da promessa de doação refere-se às decisões do Conselho Superior da Magistratura do Tribunal de Justiça de São Paulo, as quais, em aparente dissonância com a lógica que estrutura o sistema notarial e registral, admitem o registro de cartas de sentença extraídas de autos de inventário decorrentes de divórcio, separação e dissolução de união estável, independentemente da lavratura de escritura pública de inventário e partilha.

Essa possibilidade, no entanto, está apenas condicionada à comprovação do recolhimento do tributo incidente, como se demonstrará adiante:

> Registro de imóveis – dúvida julgada procedente – registro de carta de sentença – acordo em separação judicial – partilha de imóvel comum, com doação aos filhos e reserva de usufruto à mulher – *desnecessidade* de *escritura* pública de doação – óbice afastado – apelação provida para autorizar o registro.[203]

> Registro de imóveis – registro de carta de sentença – acordo em separação judicial – doação da parte do imóvel cabente ao ex-marido às filhas e instituição de usufruto em favor da ex-mulher – *desnecessidade* de *escritura* pública de doação – procedimento de dúvida em que a qualificação do título deve ser realizada por inteiro – reconhecimento de óbice ao registro não indicado pelo registrador-cabimento – título que deveria ter sido instruído com prova do pagamento do ITCMD ou de sua isenção – dúvida procedente, ainda que por fundamento diverso – apelação não provida.[204]

5.6 • Doações indiretas

As doações, enquanto atos de liberalidade regulados pelo Código Civil, nem sempre se manifestam de forma expressa e formal. Essas manifestações atípicas de liberalidade suscitam relevantes discussões quanto à sua qualificação jurídica, à exigência de formalização, aos seus reflexos tributários e à sua repercussão na

---

203 CSMSP, Apelação Cível 1001054-12.2022.8.26.0584, *DJ* 22.02.2024.

204 CSMSP, Apelação Cível 1023875-19.2023.8.26.0602, *DJ* 04.03.2024.

esfera do Direito Sucessório, especialmente no que diz respeito à exigência de colação e à proteção da legítima.

Diante disso, o presente tópico se propõe a analisar, ainda que de forma perfunctória, a doação indireta, explorando os seus contornos teóricos e práticos.

Entende-se por doações indiretas os negócios jurídicos que, embora não configurados formalmente como doação, produzem efeitos práticos equivalentes à liberalidade – ou seja, o enriquecimento de uma pessoa às expensas de outra, sem contraprestação.

Diferenciam-se das doações diretas por se revestirem de outras formas contratuais – como vendas simuladas, perdões de dívidas, cessões gratuitas de bens ou direitos – cujo conteúdo revela, em essência, a intenção de doar.

Essas doações costumam ser analisadas sob o prisma da realidade substancial do negócio jurídico, independentemente da sua forma aparente, sendo especialmente relevantes na apuração da legítima dos herdeiros necessários e na incidência de tributos sobre o ato de liberalidade.

Para melhor elucidar a matéria ora tratada, transcreve-se, a seguir, o artigo de Sergio Tuthill Stanicia, intitulado "Doações indiretas e forma prescrita em lei: Brasil, França e Itália", cuja leitura se revela particularmente esclarecedora.

> O que importa aqui é mencionar que, não obstante as definições legais presentes nos códigos, a doutrina, nos três países aqui mencionados, identifica atos (ou até fatos) que, embora não se enquadrem na definição legal, produzem efeitos tão semelhantes aos da doação que justificariam, em tese, a aplicação de ao menos parte das normas jurídicas a ela destinadas. Entre os exemplos mais comumente mencionados estão o adimplemento por terceiro não interessado, a remissão do débito, a cessão gratuita de crédito, a assunção gratuita de dívida, a estipulação em favor de terceiro, construções e plantações em terreno alheio e até mesmo a renúncia.[205]

Mais adiante, o mesmo autor apresenta outro exemplo de doação indireta: a tolerância ao decurso do prazo necessário para a aquisição de propriedade por usucapião. Nessa linha de entendimento, cita o saudoso Zeno Veloso, que afirmou que a "obrigação de colacionar as doações" deve ser entendida "em sentido amplo, incluindo outras liberalidades, especialmente as denominadas doações indiretas"; e acrescenta: "o descendente tem que trazer à colação o valor da doação direta, como o da doação indireta ou dissimulada".

---

205 STANICIA, Sergio Tuthill. Doações indiretas e forma prescrita em lei: Brasil, França e Itália. *Civilistica.com*, Rio de Janeiro, v. 11, n. 1, p. 1-18, 2022. p. 3. Disponível em: https://civilistica.emnuvens.com.br/redc/article/view/743. Acesso em: 11 jul. 2024.

Mister destacar, todavia, que os atos enquadrados na categoria das doações indiretas não se submetem, em princípio, às exigências formais previstas no Código Civil para as doações convencionais.

Diante do exposto, conclui-se que as doações indiretas constituem tema de indiscutível relevância, demandando atenção especial e estudo mais aprofundado por parte dos profissionais do Direito.

5.7 • Ação de nulidade da parte inoficiosa

Por doação inoficiosa entende-se aquela em que o doador, no momento da liberalidade, excede a legítima dos herdeiros. O ordenamento jurídico nacional não permite que se doe além do que se poderia dispor em testamento, mas a nulidade não atinge todo o contrato, senão apenas a parte excedente.[206]

Inicialmente, é essencial consignar que, para se verificar se o doador ultrapassou os limites legais de disposição patrimonial, deve-se considerar a existência de herdeiros necessários e a restrição à disponibilidade de apenas metade de seus bens. Nesse sentido, o exame do montante excedente – também denominado inoficioso – deve ocorrer no momento da liberalidade.

Agora, por mera curiosidade: por que tais doações recebem o nome de inoficiosas?

Quem responde essa indagação é Agostinho Alvim, ao afirmar com clareza: "O pai que doar excessivamente a um dos filhos ou a um estranho, peca contra o estado de pai, o dever, o ofício de pai".[207]

No que se refere à jurisprudência sobre o momento adequado para o ajuizamento da ação que visa à declaração de nulidade da parte inoficiosa

---

206 *Vide* arts. 549, 1.789, 1.846, 1.967 e 2.007, § 3º, do CC, descritos a seguir:

CC, art. 549: "Nula é também a doação quanto à parte que exceder à de que o doador, no momento da liberalidade, poderia dispor em testamento".

CC, art. 1.789: "Havendo herdeiros necessários, o testador só poderá dispor da metade da herança".

CC, art. 1.846: "Pertence aos herdeiros necessários, de pleno direito, a metade dos bens da herança, constituindo a legítima".

CC, art. 1.967: "As disposições que excederem a parte disponível reduzir-se-ão aos limites dela, de conformidade com o disposto nos parágrafos seguintes. § 1º Em se verificando excederem as disposições testamentárias a porção disponível, serão proporcionalmente reduzidas as quotas do herdeiro ou herdeiros instituídos, até onde baste, e, não bastando, também os legados, na proporção do seu valor. § 2º Se o testador, prevenindo o caso, dispuser que se inteirem, de preferência, certos herdeiros e legatários, a redução far-se-á nos outros quinhões ou legados, observando-se a seu respeito a ordem estabelecida no parágrafo antecedente".

CC, art. 2.007: "São sujeitas à redução as doações em que se apurar excesso quanto ao que o doador poderia dispor, no momento da liberalidade. [...] § 3º Sujeita-se a redução, nos termos do parágrafo antecedente, a parte da doação feita a herdeiros necessários que exceder a legítima e mais a quota disponível".

207 ALVIM, Agostinho. *Da doação*. 3. ed. São Paulo: Saraiva. 1980. p. 171.

da doação, merece destaque o voto da Ministra Nancy Andrighi, relatora do Recurso Especial 2.026.288/SP, ao afirmar que "o excesso caracterizador da doação inoficiosa deve ser considerado no momento da liberalidade", tanto sob a égide do art. 1.176 do Código Civil de 1916 quanto à luz do art. 549 do Código Civil de 2002.[208]

Nessa mesma direção, o Professor Sylvio Capanema de Souza leciona que:

> Questão de relevante interesse prático é a do momento em que se deve apurar se a doação ultrapassou a parte disponível. No passado, antes do advento do Código Civil de 1916, tomava-se por base, para o cálculo, o patrimônio existente quando da abertura da sucessão. O art. 1.176 do Código Beviláqua alterou o sistema, ao dispor, como o faz também o novo, que a doação é nula, quanto à parte que exceder ao que poderia o doador testar, "no momento da liberalidade". Torna-se irrelevante qualquer variação patrimonial do doador, após a celebração do negócio, podendo ele enriquecer ou empobrecer. No primeiro caso, a doação, que seria vedada, no momento em que se realizou, estaria validada, pois já se enquadraria na parte disponível, quando da morte do doador. No segundo, ao contrário, a doação, à época perfeitamente válida, viria a se desconstituir, com injusto prejuízo para o donatário.[209]

De forma convergente, ensinam Cristiano Chaves de Farias e Nelson Rosenvald:

> O cálculo da legítima (e, por conseguinte, do excesso, ou não, da doação) será realizado no momento da realização da doação e, por conta disso, eventuais variações patrimoniais para mais ou para menos, posteriores à liberalidade, não validam o que é inválido ou invalidam o válido. Fundamental é a aferição do valor do patrimônio contemporâneo a cada ato dispositivo. Por isso, a doutrina afirma que "se toma irrelevante qualquer variação patrimonial do doador, após a celebração do negócio, podendo ele enriquecer ou empobrecer". A explicação lógica: se assim não fosse, o doador continuaria doando a metade que possui, a cada momento, até promover o total esvaziamento de seu patrimônio.[210]

Outra questão controversa na doutrina e jurisprudência diz respeito ao momento adequado para a propositura da ação destinada a declarar a nulidade da doação inoficiosa: seria possível ajuizá-la ainda em vida do doador ou seria necessário aguardar o seu falecimento?[211]

---

208 STJ, EREsp160.969/PE, 2ª Seção, *DJ* 29.05.2000.

209 SOUZA, Sylvio Capanema de. *Comentários ao novo Código Civil*. v. VIII. Rio de Janeiro: Forense, 2004. p.194.

210 FARIAS, Cristiano; ROSENVALD, Nelson. *Direito dos contratos*. Rio de Janeiro: Lumen Juris, 2011. p. 811-812.

211 TJRJ, Apelação Cível 0217130-65.2010.8.19.0001 da capital do estado do Rio de Janeiro, Relatora Desembargadora Marcia Cunha Silva Araujo de Carvalho, j. 04.04.2017.

Atualmente, a jurisprudência do Superior Tribunal de Justiça[212] sobre essa temática está sedimentada no seguinte sentido: a ação deverá ser demandada em vida do doador e o início para a contagem do prazo para se propor a ação com o objetivo de reduzir o excesso doado será a partir da data do registro da escritura de doação no Registro imobiliário da localidade do imóvel, em observância aos princípios da segurança jurídica e da publicidade registral.

Contudo, especificamente, no Recurso Especial 1.933.685/SP (2021/0008578-1), a Ministra Nancy Andrighi, relatora do citado julgamento, firmou entendimento no sentido de que o marco inicial para a contagem do prazo para a propositura da referida ação, naquela hipótese concreta, seria a data da lavratura da escritura de doação, visto que a parte supostamente prejudicada participou do ato notarial, tendo, portanto, nesse caso, ciência inequívoca do ato de liberalidade.

Confira o acórdão supramencionado, *in verbis*:

> [...] **Em regra, o prazo para nulificar a doação inoficiosa deve ser contado a partir do registro do ato jurídico que se pretende anular**, entendimento que está assentado em um dos principais pilares norteadores do sistema registral, qual seja, o princípio da publicidade, segundo o qual o registro por si só é capaz de gerar presunção de conhecimento por todos os interessados. Precedentes.
>
> Esse entendimento, que tem como base o exame do ato registral anterior em confronto com atos ou fatos jurídicos subsequentes alegadamente deflagradores do prazo prescricional, deve ser excepcionado quando exista ato jurídico anterior ao registro, ao qual tenha sido dada ciência inequívoca ao prejudicado, como, na hipótese, a participação do herdeiro alegadamente prejudicado no ato de doação, celebrado por escritura pública na qual figurou como interveniente-anuente.
>
> Desse modo, em se tratando de ação de nulidade de doação inoficiosa, o prazo prescricional é contado a partir do registro do ato jurídico que se pretende anular, **salvo se houver anterior ciência inequívoca do suposto prejudicado, hipótese em que essa será a data de deflagração do prazo prescricional.** [...] (grifou-se)

Conforme entendimento firmado pela Corte Superior, o prazo prescricional aplicável será de dez anos, se o fato tiver ocorrido sob a vigência do Código Civil de 2002 (art. 205); e de vinte anos, caso tenha ocorrido durante a vigência do Código Civil de 1916 (art. 177).[213]

---

212 STJ, REsp 1.049.078/SP (2013/0188504-9), Relator Ministro Ricardo Villas Bôas Cueva, *DJe* 01.03.2013; REsp 1.755.379/RJ (2018/0189785-0), Relator Ministro Moura Ribeiro, *DJe* 10.10.2019; REsp 1.933.685/SP (2021/0008578-1), Relatora Ministra Nancy Andrighi, *DJe* 31.03.2022.

213 CC/1916, art.177: "As ações pessoais prescrevem, ordinàriamente, em vinte anos, as reais em dez, entre presentes e entre ausentes, em quinze, contados da data em que poderiam ter sido propostas (Redação dada pela Lei 2.437, de 1955.)".

Cumpre ressaltar, por outro lado, que a declaração de nulidade absoluta da doação inoficiosa não está sujeita a prazo prescricional, haja vista que envolve matéria de ordem pública, podendo, portanto, ser arguida a qualquer tempo.

Não obstante a declaração de nulidade absoluta seja imprescritível, as pretensões dela decorrentes - como a reivindicação do bem (de natureza real) ou a reparação por perdas e danos (de natureza pessoal), deduzidas pelo herdeiro supostamente lesado - estão sujeitas ao prazo prescricional geral de dez anos, previsto no art. 205, do Código Civil,[214] por se tratar do maior prazo prescricional atualmente em vigor. Reitere-se que a imprescritibilidade se restringe à declaração de nulidade do ato jurídico em si, não se estendendo às eventuais pretensões condenatórias correlatas.[215]

5.8 • Doação e seu término

Apenas para não deixar esse assunto sem menção, mas reforçando que não é o objetivo desta obra, far-se-á uma referência superficial às hipóteses de extinção do contrato de doação.

A anulação da doação pode ocorrer em casos de fraude contra credores, vícios do consentimento ou vícios sociais, bem como quando realizada em favor de cônjuge (ou companheiro) adúltero ou de seu cúmplice.

Considera-se nula a doação que envolva a totalidade do patrimônio do doador ou que ultrapasse a parte disponível permitida por lei, caracterizando, neste último caso, a doação inoficiosa.

Por fim, as doações podem ser revogadas por ingratidão do donatário ou pela inexecução do encargo estipulado.

---

214 CC, art. 205: "A prescrição ocorre em dez anos, quando a lei não lhe haja fixado prazo menor".

215 Sobre esse tema, caso o texto do Projeto de Lei 4/2025, que trata da reforma do Código Civil, for aprovado, o art. 549 do atual Código Civil será significativamente alterado com a atual redação: "É ineficaz a doação quanto à parte que exceder à de que o doador poderia dispor em testamento, no momento da liberalidade. § 1º O cálculo da parte a ser restituída considerará o valor nominal do excesso ao tempo da liberalidade, corrigido monetariamente até a data da restituição, ainda que o objeto da doação não tenha sido dinheiro; § 2º Em casos de doações realizadas de forma sucessiva, o excesso levará em conta todas as liberalidades efetuadas; § 3º Não sendo proposta a ação de reconhecimento da ineficácia no prazo de cinco anos, a doação considerar-se-á eficaz desde a data em que foi realizada". Essa proposta de alteração legislativa determina que a parte inoficiosa não seja mais inquinada de nulidade, mas de ineficácia. Por outro lado, essa mesma proposta de mudança estabelece o prazo de cinco anos para a propositura da ação de ineficácia da parte inoficiosa, sem, no entanto, expressar de forma clara e objetiva a data inicial para a sua propositura da pretendida ação, se seria a data do registro da escritura no Registro imobiliário ou da ciência inequívoca da parte interessada.

PARTE III

PRÁTICA NOTARIAL

1. REGULAMENTAÇÃO DOS SERVIÇOS NOTARIAIS E REGISTRAIS

Tendo em vista que o propósito deste Livro é analisar o contrato de doação sob a ótica notarial e registral, este capítulo abordará a questão da exigência das certidões obrigatórias para a lavratura de escrituras em geral, com especial atenção à escritura de doação.

Inicialmente, entretanto, se fará uma breve apresentação das normas que regulamentam os serviços notariais e registrais.

A Constituição da República, em seu inc. XXV do art. 22, atribui à União a competência privativa para legislar sobre registros públicos, possibilitando, consequentemente, a edição de normas gerais por meio de leis federais, como é o caso da Lei 6.015/1973 (Lei de Registros Públicos). Essa legislação estabelece regras uniformes de aplicação nacional, assegurando padronização e segurança jurídica nas matérias relativas aos registros públicos.

Conquanto a competência legislativa seja da União, cabe aos estados exercerem a competência administrativa sobre os serviços de registros públicos. Isso ocorre porque esses serviços são delegações do poder público estadual, conforme dispõe o art. 236 da Constituição Federal, regulamentado pela Lei 8.935/1994, que trata da delegação dos serviços notariais e de registro à iniciativa privada, sob fiscalização do Poder Judiciário estadual.

Consigne-se, igualmente, que a atividade notarial não está sujeita às disposições da Lei 6.015/1973, por não se tratar de atividade de registro. A atividade notarial é regida, em sua essência, pela Lei 8.935/1994.

Dessa forma, enquanto a União estabelece as diretrizes gerais por meio de leis federais, os estados são responsáveis pela complementação e administração dos serviços notariais e registrais em sua esfera de competência.

Nesse contexto, incumbe ao Tribunal de Justiça de cada estado regulamentar os serviços notariais e registrais – e não ao Poder Executivo – cabendo à Corregedoria-Geral da Justiça a fiscalização das atividades delegadas.

Dado esse panorama geral, é fundamental esclarecer que cada estado brasileiro estabelece as suas próprias regras relativas aos serviços notariais e registrais, por meio de suas Corregedorias e respectivos Códigos de Normas.

Destarte, caso se pretenda realizar um ato notarial, mormente quando se visa à alienação de bem imóvel em outro estado, é imprescindível a consulta prévia às normas da unidade federativa em questão, a fim de se identificar as certidões indispensáveis para a lavratura daquele ato, os tributos incidentes, bem como outras regras administrativas específicas daquele ente federativo.

2. DOCUMENTOS NECESSÁRIOS À LAVRATURA DA ESCRITURA DE DOAÇÃO

No tocante à exigência de certidões para a prática de atos notariais, observa-se que o ordenamento jurídico brasileiro tem, há muitos anos, reconhecido e valorizado de maneira crescente o princípio da concentração dos atos na matrícula.

Esse princípio – consagrado no âmbito do Direito Registral imobiliário, foi formalmente disciplinado pelos arts. 54 a 58 da Lei 13.097/2015, com alterações introduzidas posteriormente pelas Leis 14.382/2022 e 14.825/2024 – tem como objetivo precípuo conferir maior transparência e segurança jurídica às transações imobiliárias.

A ideia central desse princípio consiste em que todas as informações relevantes sobre determinado imóvel – sejam elas de natureza física, jurídica ou econômica – estejam centralizadas em sua respectiva matrícula no Registro de Imóveis.

Entretanto, no que se refere ao crédito tributário, não se aplica o salutar princípio da concentração dos atos na matrícula. Com a publicação da Lei Complementar 118/2005, que alterou o art. 185 do Código Tributário Nacional,[1] estabeleceu-se que, a partir da inscrição do crédito tributário em dívida ativa, toda e qualquer alienação ou oneração de bens realizada posteriormente será presumida como fraude à execução – presunção *iure et de iure* –, ainda que em prejuízo de terceiros que tenham adquirido o imóvel após alienações sucessivas e sem qualquer conhecimento da existência do débito tributário.[2]

---

1 CTN, art. 185: "Presume-se fraudulenta a alienação ou oneração de bens ou rendas, ou seu começo, por sujeito passivo em débito para com a Fazenda Pública, por crédito tributário regularmente inscrito como dívida ativa. (Redação dada pela LCP 118, de 2005.) Parágrafo único. O disposto neste artigo não se aplica na hipótese de terem sido reservados, pelo devedor, bens ou rendas suficientes ao total pagamento da dívida inscrita (Redação dada pela LCP 118, de 2005.)".

2 Decisão de abril de 2023, da 1ª Turma do STJ, assim ementada: "Tributário. Agravo interno no recurso especial. Embargos de terceiro. Fraude à execução. Negócio realizado após a inscrição em dívida

Outro ponto relevante é que, tratando-se de fraude à execução, em favor da Fazenda Pública, a alienação torna-se ineficaz em relação ao credor tributário, sendo inaplicável, inclusive, a alegação de prescrição.

Sobre essa temática, recomenda-se a leitura do artigo de Ricardo Campelo, intitulado *"Crédito Tributário e Fraude à Execução: Critérios para a Due Diligence"* e o meu artigo, "Débito tributário nos inventários: Da insegurança e do paradoxo sob o enfoque do Tema 290 do STJ".[3]

Com relação aos documentos necessários à lavratura do ato notarial, a Lei 7.433, de 18 de dezembro de 1985, regulamentada pelo Decreto 93.240, de 9 de setembro de 1986, estabelece os requisitos para a lavratura de escrituras públicas relativas a imóveis e indica os documentos indispensáveis à sua formalização, conforme segue:

> Art. 1º Na lavratura de atos notariais, inclusive os relativos a imóveis, além dos documentos de identificação das partes, somente serão apresentados os documentos expressamente determinados nesta Lei. [...]

---

ativa. Presunção absoluta. Boa-fé de terceiro adquirente. Irrelevância. Matéria decidida em recurso repetitivo. Exceção do Parágrafo único do art. 185 do CTN. Verificação. Necessidade. Acórdão recorrido em desconformidade com o entendimento desta corte. 1. Tendo sido o recurso interposto contra acórdão publicado na vigência do Código de Processo Civil de 2015, devem ser exigidos os requisitos de admissibilidade na forma nele previsto, conforme Enunciado 3/2016/STJ. 2. A Primeira Seção, no julgamento do REsp 1.141.990/PR, realizado na sistemática dos recursos repetitivos, decidiu que 'a alienação efetivada antes da entrada em vigor da LC 118/2005 (09.06.2005) presumia-se em fraude à execução se o negócio jurídico sucedesse a citação válida do devedor; posteriormente a 09.06.2005, consideram-se fraudulentas as alienações efetuadas pelo devedor fiscal após a inscrição do crédito tributário na dívida ativa'. 3. Nesse contexto, não há porque se averiguar a eventual boa-fé do adquirente, se ocorrida a hipótese legal caracterizadora da fraude, a qual só pode ser excepcionada no caso de terem sido reservados, pelo devedor, bens ou rendas suficientes ao total pagamento da dívida inscrita. 4. Esse entendimento se aplica também às hipóteses de alienações sucessivas, daí porque 'considera-se fraudulenta a alienação, mesmo quando há transferências sucessivas do bem, feita após a inscrição do débito em dívida ativa, sendo desnecessário comprovar a má-fé do terceiro adquirente' (REsp 1.833.644/PB, Rel. Ministro Herman Benjamin, 2ª Turma, *DJe* 18.10.2019) 5. No caso concreto, o órgão julgador a quo decidiu a controvérsia em desconformidade com a orientação jurisprudencial firmada por este Tribunal Superior, porquanto afastou a hipótese legal caracterizadora de fraude em atenção à boa-fé do terceiro adquirente. 6. Não obstante, remanesce a possibilidade de o negócio realizado não implicar fraude, acaso ocorrida a hipótese do Parágrafo único do art. 185 do CTN. Assim, os autos devem retornar ao Tribunal Regional Federal para novo julgamento, afastada a tese de boa-fé do terceiro adquirente. 7. Agravo interno não provido" (STJ. AgInt no REsp 1820873/RS 2019/0172341-2, Relator Benedito Gonçalves, j. 25.04.2023, 1ª Turma, *DJe* 23.05.2023).

3 LEITÃO, Fernanda. Débito tributário nos inventários: Da insegurança e do paradoxo sob o enfoque do Tema 290 do STJ. *Portal Jurídico Migalhas*, [s.l.], 14 maio 2025. Disponível em https://www.migalhas.com.br/depeso/430331/debito-tributario-nos-inventarios-da-inseguranca-sob-tema-290-do-stj. Acesso em: 1º jun 2025.

> § 2º O tabelião consignará no ato notarial a apresentação do documento comprobatório do pagamento do Imposto de Transmissão *inter vivos*, as certidões fiscais e as certidões de propriedade e de ônus reais, ficando dispensada sua transcrição. (Redação dada pela Lei 13.097, de 2015) [...]
>
> Art. 2º Ficam dispensados, na escritura pública de imóveis urbanos, sua descrição e caracterização, desde que constem, estes elementos, da certidão do Cartório do Registro de Imóveis.
>
> § 1º Na hipótese prevista neste artigo, o instrumento consignará exclusivamente o número do registro ou matrícula no Registro de Imóveis, sua completa localização, logradouro, número, bairro, cidade, Estado e os documentos e certidões constantes do § 2º do art. 1º desta mesma Lei.

Sendo assim e à luz da legislação federal citada, a lavratura de escritura de alienação imobiliária (compra e venda, doação, permuta, dação em pagamento, entre outras) exige a apresentação, perante o tabelião, dos seguintes documentos: *(i)* guia da Secretaria de Fazenda e comprovante de recolhimento do imposto de transmissão (ITBI ou ITCMD); *(ii)* o comprovante de pagamento do laudêmio, se aplicável; *(iii)* certidões fiscais; e *(iv)* certidão de ônus reais do imóvel.

No estado do Rio de Janeiro, o Código de Normas da Corregedoria-Geral de Justiça exige, em seu art. 874,[4] que, além dos documentos previstos na Lei 7.433/1985, sejam apresentadas as certidões dos 1º e 2º Ofícios de Interdições e Tutelas, sempre que se tratar de escritura destinada à constituição, modificação ou extinção de direito real sobre bem imóvel.

---

4 CN CGJ/RJ, art. 874: "A certidão de interdições e tutelas constitui documento de identificação da parte no que concerne à sua capacidade, além de constituir elemento de proteção jurídica (art. 5º da Lei 13.146/2015), e será exigida, na forma do art. 1º, *caput*, da Lei 7.433/1985, para a realização de atos notariais que disponham sobre a constituição, modificação ou extinção de direito real sobre bem imóvel, cabendo sua emissão ao serviço competente da comarca de domicílio do outorgante, pessoa física ou jurídica. § 1º Será dispensada a apresentação da certidão de interdições e tutelas: I – exigida na escritura de promessa, para a lavratura de escritura definitiva; II – nos testamentos; III – nas procurações, ainda que contendo poderes para a constituição, modificação ou extinção de direito real sobre bem imóvel; IV – de instituições financeiras, cooperativas de crédito e seguradoras regularmente autorizadas a funcionar no país; V – para constituição de hipoteca, alienação fiduciária e outros direitos reais de garantia em favor das instituições tratadas no inciso anterior. VI – de pessoas domiciliadas no estrangeiro; e VII – de entes da administração pública direta e indireta, federal, estadual ou municipal. § 2º Quando a hipótese envolver o registro ou averbação de instrumento particular, caberá ao oficial do registro de imóveis zelar pela observância das disposições deste artigo. § 3º Poderá o interessado dispensar, a seu critério, a certidão de interdições e tutelas em relação a outras pessoas jurídicas não relacionadas no § 1º, desde que comprove perante o notário ter realizado consulta à Junta Comercial ou à Receita Federal para verificação de eventual decretação de falência da empresa (art. 99, VIII e 156, *caput*, da Lei 11.101/2005), devendo o tabelião fazer constar a opção e o resultado da busca expressamente da escritura".

Ressalte-se que a dispensa da descrição e caracterização do imóvel no ato notarial aplica-se exclusivamente a bens urbanos, nos termos do art. 2º da supracitada Lei 7.433/1985. Para imóveis rurais, a descrição completa e a caracterização detalhada permanecem obrigatórias.

Quanto à regulamentação dos documentos e certidões exigidos para a formalização da escritura de alienação de bens imóveis, além da legislação federal anteriormente mencionada, essa matéria também é disciplinada pelos § § 1º e 2º do art. 356 do Código de Normas fluminense.[5] Esses dispositivos preveem que, se as partes envolvidas - alienantes ou adquirentes - optarem por apresentar certidões forenses ou de distribuidores judiciais cíveis e criminais que considerem pertinentes à segurança jurídica do negócio, o tabelião deverá consignar essa opção expressamente na escritura. A eventual existência de apontamentos nas certidões, inclusive dívidas fiscais, não impede a lavratura do instrumento público.

De igual modo, caso haja dispensa da apresentação dessas certidões, essa decisão deverá constar expressamente no ato notarial. Cumpre destacar que, conforme o § 2º do art. 54 da Lei 13.097/2015, a boa-fé do adquirente independe da apresentação das certidões mencionadas e da assunção de responsabilidade pelo adquirente pela dispensa da juntada das certidões, portanto, quem confere essa dispensa é a própria lei.

Confira-se o dispositivo legal:

> Art. 54. Os negócios jurídicos que tenham por fim constituir, transferir ou modificar direitos reais sobre imóveis são eficazes em relação a atos jurídicos precedentes, nas hipóteses em que não tenham sido registradas ou averbadas na matrícula do imóvel as seguintes informações:
>
> § 1º Não poderão ser opostas situações jurídicas não constantes da matrícula no registro de imóveis, inclusive para fins de evicção, ao terceiro de boa-fé que adquirir ou receber em garantia direitos reais sobre o imóvel, ressalvados o disposto nos

---

5 CN CGJ/RJ , art. 356: "Para a validade ou eficácia dos negócios jurídicos que tenham por fim constituir, transferir ou modificar direitos reais sobre imóveis ou para a caracterização da boa-fé do terceiro adquirente de imóvel ou beneficiário de direito real, não serão exigidos quaisquer documentos ou certidões, exceto o documento comprobatório do pagamento do imposto de transmissão e do laudêmio, se devidos, as certidões fiscais e a certidão de propriedade e ônus reais do imóvel, ficando dispensadas as suas transcrições ou a apresentação de certidões forenses ou de distribuidores judiciais cíveis e criminais (art. 1º, § 2º, da Lei 7.433/1988 e art. 54, *caput* e parágrafos, da Lei 13.097/2015). § 1º Sempre que o alienante ou o adquirente optarem pela apresentação de certidões forenses ou de distribuidores judiciais cíveis e criminais ou quaisquer outros documentos que entendam relevantes para a segurança do negócio jurídico, o tabelião consignará o fato na escritura e mencionará eventual existência de apontamentos neles consignados. No caso específico das certidões indicadas neste parágrafo, se a opção for pela dispensa, o fato será igualmente consignado no instrumento. § 2º Cabe ao alienante e ao adquirente avaliar as consequências sobre o negócio jurídico de eventuais anotações que, entretanto, não serão impeditivas à lavratura da escritura, se assim lhes aprouver, mesmo que apontadas nas certidões fiscais" (STF, ADI 173 e 394 e CNJ: PP 0001230-82.2015.2.00.0000).

> arts. 129 e 130 da Lei 11.101, de 9 de fevereiro de 2005, e as hipóteses de aquisição e extinção da propriedade que independam de registro de título de imóvel.
>
> § 2º Para a validade ou eficácia dos negócios jurídicos a que se refere o *caput* deste artigo ou para a caracterização da boa-fé do terceiro adquirente de imóvel ou beneficiário de direito real, não serão exigidas:
>
> I – a obtenção prévia de quaisquer documentos ou certidões além daqueles requeridos nos termos do § 2º do art. 1º da Lei 7.433, de 18 de dezembro de 1985; e
>
> II – a apresentação de certidões forenses ou de distribuidores judiciais.

Por fim, caso haja apontamentos nas certidões ou mesmo averbação de indisponibilidade na matrícula do imóvel, esses elementos deverão ser expressamente mencionados na escritura, o que, entretanto, não impedirá a sua lavratura. Caberá às partes avaliar, de forma consciente, as consequências jurídicas decorrentes de suas decisões.

No que se refere à averbação de indisponibilidade, o Conselho Nacional de Justiça publicou, em 10 de dezembro de 2024, o Provimento 188, com entrada em vigor em 10 de janeiro de 2025. Esse ato normativo alterou o Provimento 149, de 24 de agosto de 2023, que instituiu o Código Nacional de Normas da Corregedoria Nacional de Justiça – Foro Extrajudicial, regulando os serviços notariais e registrais. O novo provimento revogou, ainda, o Provimento 39/2014 e passou a disciplinar o funcionamento da Central Nacional de Indisponibilidade de Bens (CNIB) 2.0.

A CNIB 2.0, gerida pelo Operador Nacional do Sistema de Registro Eletrônico de Imóveis (ONR), atua sob a supervisão de diversas corregedorias e tem por finalidade cadastrar ordens de indisponibilidade – tanto relativas a bens determinados quanto ao patrimônio de forma ampla – além das respectivas ordens de cancelamento.

O Provimento 188 determinou, inclusive, que eventual ordem de indisponibilidade superveniente à prenotação de título no Registro de Imóveis impediria a prática do registro, salvo se houvesse decisão judicial em sentido contrário.[6]

---

[6] Provimento 149 do CNJ, art. 320-F (incluído pelo Provimento 188 do CNJ): "A consulta ao banco de dados da CNIB será obrigatória para todos os notários e registradores de imóveis, no desempenho de suas atividades, bem como para a prática dos atos de ofício, nos termos da Lei e das normas regulamentares, devendo o resultado da consulta ser consignado no ato notarial. Parágrafo único. A existência de ordem de indisponibilidade não impede a lavratura de escritura pública, mas obriga que as partes sejam cientificadas, bem como que a circunstância seja consignada no ato notarial. § 3º A superveniência de ordem de indisponibilidade impede o registro de títulos, ainda que anteriormente prenotados, salvo exista na ordem judicial previsão em contrário.

Provimento 149 do CNJ, art. 320-J (incluído pelo Provimento 188 do CNJ): "Em caso de aquisição de imóvel por pessoa cujos bens foram atingidos por ordem de indisponibilidade, deverá o oficial de registro de imóveis, imediatamente após o registro do título aquisitivo na matrícula, promover a averbação da indisponibilidade, independentemente de prévia consulta ao adquirente, inclusive nos casos em que a aquisição envolver contratos garantidos por alienação fiduciária, recaindo sobre

Essa medida afrontou os arts. 182, 186 e 191 da Lei de Registros Públicos,[7] os quais consagram o princípio da prioridade registral, sendo esse princípio um dos pilares do sistema registral brasileiro, também contemplado no inc. VII do art. 1.047 do Código de Normas do estado do Rio de Janeiro.

Mister esclarecer que o referido princípio assegura a primazia do título protocolado em primeiro lugar no Registro de Imóveis em detrimento de outros que venham a ser apresentados posteriormente, ainda que relativos ao mesmo imóvel. Essa prerrogativa confere segurança jurídica à parte que realiza a prenotação inicial, garantindo que não será prejudicada por atos supervenientes. Essa prioridade é devidamente formalizada no Livro de Protocolo, que registra a data e o horário da apresentação do título.

Oportunamente, o Provimento 190 do CNJ, de 25 de abril de 2025, corrigiu a redação do § 3º do art. 320-I do Provimento 149 esclarecendo que a ordem de indisponibilidade superveniente, salvo decisão judicial em contrário, não obsta o registro de título anteriormente prenotado, incumbindo ao oficial comunicar o ato ao juízo competente.

Pertinente ainda mencionar que o art. 320-L do Código Nacional de Normas da Corregedoria Nacional de Justiça prevê a possibilidade de consulta gratuita ao Banco de Indisponibilidades, o que pode ser feito diretamente pelo interessado.

Ainda no tocante à averbação de indisponibilidade na matrícula, importante ressaltar que se poderá lavrar escritura pública de alienação de bem imóvel, porém, o adquirente deverá ser advertido pelo notário, que essa escritura não será passível de registro, enquanto não cancelada a mencionada averbação com a ordem de indisponibilidade, nos termos do Parágrafo único do art. 320-F do já citado Código de Normas Nacional.[8]

---

os direitos do devedor fiduciante ou do credor fiduciário. Parágrafo único. Imediatamente após a averbação da indisponibilidade na matrícula ou transcrição do imóvel, o registrador comunicará à autoridade ordenadora a sua efetivação".

7 Lei 6.015/1973: "Art. 182. Todos os títulos tomarão, no Protocolo, o número de ordem que lhes competir em razão da sequência rigorosa de sua apresentação. (Renumerado do art. 185 com nova redação pela Lei 6.216, de 1975). Art. 186. O número de ordem determinará a prioridade do título, e esta preferência dos direitos reais, ainda que apresentados pela mesma pessoa mais de um título simultaneamente. (Renumerado do art. 187 com nova redação pela Lei 6.216, de 1975). Art. 191. Prevalecerão, para efeito de prioridade de registro, quando apresentados no mesmo dia, os títulos prenotados no Protocolo sob número de ordem mais baixo, protelando-se o registro dos apresentados posteriormente, pelo prazo correspondente a, pelo menos, um dia útil. (Renumerado do art. 192 com nova redação pela Lei 6.216, de 1975)".

8 Provimento CNJ 149, art. 320-F: "A consulta ao banco de dados da CNIB será obrigatória para todos os notários e registradores de imóveis, no desempenho de suas atividades, bem como para a prática dos atos de ofício, nos termos da Lei e das normas regulamentares, devendo o resultado da consulta ser consignado no ato notarial. (Incluído pelo Provimento 188, de 04.12.2024.) Parágrafo único. A existência de ordem de indisponibilidade não impede a lavratura de escritura pública, mas obriga que as partes sejam cientificadas, bem como que a circunstância seja consignada no ato notarial".

Apesar de não haver previsão expressa, idêntico procedimento deve ser adotado nas situações em que há na matrícula o registro do sequestro,[9] a penhora em favor do Instituto Nacional da Previdência Social (INSS)[10] e o registro de bem de família contratual. Desse modo, permitir-se-ia a lavratura do ato de alienação, no entanto, o adquirente seria advertido quanto à impossibilidade do seu registro, enquanto não cancelado o registro anterior.

De modo geral, as certidões anexadas aos atos notariais têm os seus prazos de validade indicados no próprio documento. No caso específico da certidão de ônus reais, esse prazo é de 30 dias, conforme disposto no inc. IV do art. 1º do Decreto 93.240/1986. A contagem desse prazo deve observar a regra prevista no art. 132 do Código Civil e no art. 224 do Código de Processo Civil, ou seja, exclui-se o dia do início e se inclui o do vencimento.

Quanto à certidão negativa de débitos relativos a créditos tributários federais e à dívida ativa da União – CND –, expedida pela Receita Federal e pela Procuradoria-Geral da Fazenda Nacional, tanto o Conselho Nacional de Justiça, por meio do Pedido de Providências 001230-82.2015.2.00.0000, quanto o Código de Normas do estado do Rio de Janeiro, em seu art. 1.104, seguindo entendimento firmado pelo Supremo Tribunal Federal nas ADIs 173 e 394,[11] vedaram a exigência de apresentação da aludida certidão como condicionante à lavratura de escrituras de alienação de imóveis.

Nas supracitadas ações diretas, a Corte Suprema declarou a inconstitucionalidade do art. 1º da Lei 7.711/1988, que previa a obrigatoriedade de comprovação da quitação de tributos nas escrituras ou instrumentos particulares de transmissão, cessão ou permuta de direitos relativos a bens imóveis.

Entendeu-se, à época, que essa exigência configurava afronta ao direito de propriedade, ao impor restrição indevida à livre disposição de bens. O Tribunal Constitucional também invocou o princípio da razoabilidade, considerando que condicionar a lavratura de escrituras à apresentação de certidão negativa de

---

9 Ver art. 125 do Código de Processo Penal.

10 Ver § 1º do art. 53 da Lei 8.212/1991.

11 As Ações Diretas de Inconstitucionalidade 173 e 394 são similares, com Requerentes distintos. Relator de ambas: Ministro Joaquim Barbosa. Julgamentos em 25.09.2008. Decisão do Tribunal Pleno para ambas as ações: "O Tribunal, por unanimidade e nos termos do voto do Relator, conheceu parcialmente da ação direta e, na parte conhecida, julgou-a procedente para declarar a inconstitucionalidade do art. 1º, incs. I, III e IV, e § § 1º, 2º e 3º da Lei 7.711/88, explicitando-se a revogação do inc. II do art. 1º da referida lei pela Lei 8.666/93, no que concerne à regularidade fiscal. Votou o Presidente, Ministro Gilmar Mendes. Falou pela requerente o Dr. Cássio Augusto Muniz Borges. Ausentes, justificadamente, a Senhora Ministra Ellen Gracie e, neste julgamento o Senhor Ministro Carlos Britto. Plenário, 25.09.2008". Mais informações sobre referidas as ações estão disponíveis no *site* do Supremo Tribunal Federal, disponíveis em: https://redir.stf.jus.br/paginadorpub/paginador.jsp?docTP=AC&docID=582642 (ADI 173); https://redir.stf.jus.br/paginadorpub/paginador.jsp?docTP=AC&docID=582644 (ADI 394).

débitos tributários constituiria meio desproporcional de cobrança, funcionando como forma oblíqua de arrecadação, sobretudo porque o Estado dispõe de instrumentos próprios para a satisfação de seus créditos, como a execução fiscal.

Partilhando esse mesmo entendimento, a autora entende ser igualmente desnecessária a inclusão, nas escrituras públicas de alienação imobiliária, de declaração de que a parte não é, nem jamais foi, contribuinte obrigatória da Previdência Social como empregadora em firma individual. Isso porque se a apresentação da CND (Certidão Negativa de Débito) pela sociedade alienante é dispensada, não haveria razão da necessidade de incluir essa declaração da pessoa natural, no momento da alienação.

Finalizando esse tópico, repise-se que ainda que haja legislação federal estabelecendo os documentos obrigatórios para a lavratura de escrituras de alienação de bens imóveis, é imprescindível consultar, previamente, a legislação estadual vigente, com o escopo de verificar eventuais exigências complementares previstas nos Códigos de Normas e nos registros imobiliários de cada unidade federativa, evitando-se, dessa forma, notas devolutivas pelos registros imobiliários.

3. INTERVENIÊNCIA E ASSISTÊNCIA

De forma distinta do que ocorre na compra e venda, que exige o consentimento dos demais descendentes e do cônjuge para prevenir eventual anulabilidade do contrato,[12] na doação não existe dispositivo legal que determine a necessidade desse consentimento.

Apesar da desnecessidade de interveniência dos demais herdeiros necessários nos contratos de doação, recomenda-se enfaticamente que, sempre que possível, todos os herdeiros necessários que não foram contemplados, ou que foram beneficiados de maneira desigual, participem do ato. Recomenda-se, ainda, que declarem, a depender da finalidade da doação, que estão cientes dos seus termos, que as suas legítimas foram respeitadas, que não houve excesso no bem doado e se o bem será ou não colacionado em futuro inventário, conforme se trate de adiantamento de legítima ou de doação da parte disponível.

A assistência e a interveniência nos contratos são formas distintas de participação de terceiros em um negócio jurídico, cada qual com as suas características, finalidades e implicações jurídicas específicas.

A assistência pode ser classificada em:

> 4. Assistência para complementação de capacidade jurídica: É o caso em que uma pessoa participa do contrato para auxiliar ou complementar a capacidade jurídica

---

12 CC, art. 496: "É anulável a venda de ascendente a descendente, salvo se os outros descendentes e o cônjuge do alienante expressamente houverem consentido".

de outra. Por exemplo, o menor relativamente incapaz (entre 16 e 18 anos) necessita da assistência de seus pais ou responsáveis para a prática de atos da vida civil. Nesse contexto, o assistente não é parte do contrato e, portanto, não assume direitos ou obrigações diretas.

5. Assistência do cônjuge: A participação do cônjuge confere validade e eficácia ao negócio jurídico nos casos em que a lei exige anuência conjugal. Essa exigência tem como objetivo proteger o regime de bens adotado no casamento e prevenir que atos realizados por apenas um dos cônjuges prejudiquem o patrimônio comum do casal.

Por outro lado, a interveniência ocorre quando um terceiro participa do contrato com a finalidade de contribuir ou garantir aspectos específicos do negócio jurídico. Diferentemente da assistência, o interveniente pode assumir direitos e obrigações diretamente relacionados ao contrato.

A interveniência pode ocorrer, por exemplo, nas situações em que herdeiros necessários não sejam beneficiários de determinada doação e participem de forma a dar mais segurança jurídica ao ato, mitigando eventuais questionamentos futuros acerca daquela liberalidade.

Entre os modelos apresentados no tópico 5 – Modelos de Escrituras de Doação, há um modelo em que o cônjuge participa de duas formas: como assistente, devido ao regime de bens do casamento; e como interveniente na qualidade de herdeiro necessário, para reforçar a segurança jurídica, declarando que está ciente e de acordo com os termos daquele ato, afirmando que a sua legítima fora preservada, minimizando, assim, a possibilidade de deletérios futuros questionamentos.

4. DICAS PARA LAVRATURA DE ESCRITURAS

4.1 • Clareza e objetividade na redação

- Utilize frases diretas, estruturadas da seguinte forma: sujeito, verbo e predicado.
- Evite palavras desnecessárias, termos complexos ou estrangeirismos.
- Caso o uso de termos estrangeiros seja indispensável, escreva-os em itálico e, se possível, forneça a sua tradução ou explicação.

4.2 • Evitar abreviações

- Evite o uso de abreviações, posto que o que lhe parece óbvio, poderá ser incompreendido por outras pessoas, principalmente, aquelas que residem em outros estados ou países.
- Após definir o significado de uma sigla, não é necessário repeti-lo ao longo do contrato.

4.3 • Padrão na qualificação das partes

- Adote uma sequência padrão para a qualificação das partes, como: nome completo, nacionalidade, estado civil, profissão, identificação civil, Cadastro de Pessoas Físicas (CPF), endereço residencial, endereço eletrônico e aplicativo de mensagens.
- No estado do Rio de Janeiro, o art. 323 do Código de Normas da Corregedoria-Geral da Justiça estabelece os requisitos para a qualificação das partes. Embora esse dispositivo não exija expressamente a inclusão da data de nascimento, recomenda-se sua inserção, tendo em vista que, nos termos do art. 317 do mesmo Código, é obrigatória a gravação dos atos que envolvam pessoas com 80 anos ou mais.

4.4 • Organização das declarações

- Agrupe as declarações das partes e os temas abordados de forma coesa, evitando a sua dispersão e repetição ao longo da escritura.
- Essa organização facilita a leitura e a consulta ao conteúdo do ato.

4.5 • Descrição de documentos, certidões e tributos

- Estabeleça um padrão para descrever documentos, certidões, tributos, consultas e buscas, que integram o ato notarial.

4.6 • Clareza em contratos com pessoas casadas

- Ao realizar contratos de doação ou de compra e venda em favor de pessoa casada ou convivente em união estável, especifique claramente se os donatários ou adquirentes são o casal, ou se a liberalidade ou aquisição beneficia apenas um dos cônjuges ou companheiros.
- Doação conjuntiva deve ser clara: donatários Fulano e Ciclana(o), casados entre si, sem especificar o percentual que cabe a cada parte.
- Doação para apenas uma pessoa: donatário Fulano casado com Ciclana(o).
- Esclareça o óbvio quando necessário para evitar interpretações equivocadas e discussões futuras.

4.7 • Uso adequado de caixa-alta

- Evite o uso indiscriminado de letras maiúsculas, pois pode dificultar a leitura, transmitir um tom agressivo e causar desorganização visual.
- Para destacar palavras ou termos, utilize negrito em letras minúsculas.

4.8 • Uso de palavras em latim ou idiomas estrangeiros

- Evite o uso de palavras em latim ou outros idiomas.
- Se for absolutamente necessário, escreva-as em itálico.
- Lembre-se de que palavras em latim clássico não têm acento nem hífen, como *pro solvendo* ou *pro soluto*.
- Para termos como "*clausula constituti*", pode-se optar pela grafia toda em itálico ou com acento agudo, na palavra cláusula, haja vista que essa palavra existe no nosso idioma.

4.9 • Valor da doação para efeitos fiscais

- O valor de transferência dos bens atribuído pelas partes no contrato de doação possui efeitos fiscais. Recomenda-se, fortemente, que o usuário consulte um especialista na área tributária, devido às peculiaridades desse assunto e os seus relevantes reflexos fiscais e financeiros, conforme mencionado na Parte II, Do Contrato de Doação, item 2, Do Imposto de Transmissão *Causa Mortis* e de Doação.

4.10 • Qualificação notarial completa

- Esse é um dos atos mais relevantes praticados pelo tabelião, essencial para garantir a existência e validade jurídica do negócio ou ato jurídico, que as partes devam ou queiram dar forma legal ou autenticidade, nos termos do inc. II do art. 6º da Lei 8.935/1994.
- Na qualificação notarial, o tabelião analisará e confirmará os requisitos legais e formais, assegurando a livre manifestação de vontade, correta identificação e capacidade jurídica das partes, bem como a legalidade, adequação e recolhimento do tributo do ato a ser realizado.
- Verifique se a qualificação notarial está completa, conforme o inc. II do § 1º do art. 215 do Código Civil.
- Exemplos de Qualificação Notarial:

> "Certifico e dou fé que, após a minha análise e a apresentação dos respectivos documentos de identificação, que as partes praticam este ato de livre consentimento, que são capazes e que foram reconhecidas como as próprias";
>
> "Certifico e dou fé que: as certidões foram juntadas, as buscas e consultas realizadas, foi emitida a declaração sobre operações imobiliárias, as custas e o imposto devidos foram recolhidos".

5. QUESTIONÁRIO

O objetivo deste questionário é fornecer um panorama geral sobre a pessoa interessada em doar seu bem imóvel.

Trata-se de uma lista de perguntas simples e intuitiva, que auxilia na coleta de informações preliminares. No entanto, nada substitui a entrevista pessoal entre o doador e o notário, essencial para uma compreensão mais aprofundada do caso e do seu objetivo.

QUESTIONÁRIO

Para realizar o contrato de doação, recomenda-se o preenchimento com antecedência do formulário abaixo e o envio dos documentos (documento de identificação e CPF).

1. Nome*:

2. Estado civil*

- ☐ Solteiro
- ☐ Desquitado
- ☐ Separado
- ☐ Divorciado
- ☐ Viúvo
- ☐ Casado
- ☐ Casado, porém separado de fato

3. Da União Estável*

- ☐ não convivo em união estável
- ☐ sim, convivo em união estável com escritura pública
- ☐ sim, convivo em união estável sem documento expresso

4. Se casado ou convivente em união estável, qual o regime de bens do doador?*

- ☐ comunhão universal de bens
- ☐ comunhão parcial de bens
- ☐ separação legal de bens
- ☐ separação absoluta e convencional de bens
- ☐ regime misto ou híbrido
- ☐ não se aplica, porque não sou casado nem convivo em união estável

5. Se casado, há pacto antenupcial?

- ☐ sim
- ☐ não
- ☐ não se aplica, pois não sou casado

INFORMAÇÕES SOBRE O DOADOR

Na hipótese de o doador ter herdeiros necessários (filhos, pais, cônjuge ou companheiro), ele só poderá doar, até o limite máximo de 50% dos seus bens, que se refere à parte disponível.

6. Filhos, netos ou bisnetos*

- ☐ sim
- ☐ não

7. Sobre os ascendentes do doador*

- ☐ pai e mãe vivos
- ☐ pai falecido
- ☐ mãe falecida
- ☐ pai e mãe falecidos

8. A doação terá por finalidade:*

- ☐ adiantamento de legítima
- ☐ parte disponível
- ☐ partilha em vida
- ☐ nenhuma dessas hipóteses (donatário não é herdeiro necessário)
- ☐ não entendi, necessito de mais esclarecimentos

9. O doador quer reservar o usufruto para si?*

- ☐ sim
- ☐ não
- ☐ não entendi, necessito de mais esclarecimentos

10. Na hipótese de haver doadores que queiram reservar para si o usufruto, é intenção desses doadores que, com o falecimento de apenas um deles, o usufruto fique integralmente para o usufrutuário sobrevivente?*

(direito de acrescer, vide art. 1.411 do Código Civil)

☐ sim
☐ não
☐ não entendi, necessito de mais esclarecimentos

11. Os doadores pretendem incluir na doação as cláusulas de impenhorabilidade e de incomunicabilidade?*

(A cláusula de impenhorabilidade impede que, em regra, o imóvel responda por dívidas e seja dado em garantia; a cláusula de incomunicabilidade impede a comunicação do bem entre os cônjuges e companheiros)

☐ quero apenas a cláusula de incomunicabilidade
☐ quero apenas a cláusula de impenhorabilidade
☐ não quero a inclusão de nenhuma das cláusulas
☐ não entendi, necessito de mais esclarecimentos

12. Havendo a inclusão dessa ou dessas cláusulas, serão:*

☐ vitalícias
☐ temporárias
☐ não quero a inclusão de nenhuma das cláusulas

13. Serão essas cláusulas extensivas aos seus respectivos frutos e rendimentos?*

(Frutos e rendimentos são benefícios decorrentes diretamente da coisa doada, como, por exemplo: aluguéis e rendimentos financeiros).

☐ sim
☐ não
☐ não se aplica, haja vista que não quero incluir as mencionadas cláusulas

14. O doador quer impor a cláusula restritiva de inalienabilidade?*

(A cláusula de inalienabilidade não permite a alienação do bem, tornando, automaticamente o bem impenhorável e incomunicável).

☐ sim
☐ não
☐ não entendi, necessito de mais esclarecimentos

15. A cláusula de inalienabilidade será extensiva aos seus respectivos frutos e rendimentos?*

☐ sim
☐ não
☐ não quero a imposição desta cláusula

16. O doador quer incluir na doação a cláusula de reversão?*

(significa se o donatário falecer antes do doador, o bem retornará ao patrimônio do doador, art. 547, do Código Civil).

☐ sim
☐ não
☐ não entendi, necessito de mais esclarecimentos

17. O doador quer incluir na doação a cláusula de acrescer?*

(Quando o doador beneficiar dois donatários simultaneamente, ele poderá estipular que na morte de um donatário, a sua cota acrescerá a do donatário sobrevivente, nos termos do art. 551, do Código Civil).

☐ sim
☐ não
☐ não entendi, necessito de mais esclarecimentos

18. A doação é entre cônjuges ou conviventes?*

(A princípio, a doação entre cônjuges ou companheiros, unidos sob o regime da separação legal ou comunhão universal de bens, não é permitida).

☐ sim
☐ não

19. O doador foi orientado por advogado?*

☐ sim
☐ não

20. Caso o doador esteja de acordo, informe o nome do advogado (se possível, o número de inscrição na Ordem dos Advogados do Brasil – OAB).

* Preenchimento obrigatório

6. MODELOS DE ESCRITURAS DE DOAÇÃO

Apresentam-se, a seguir, cinco modelos exemplificativos de contratos de doação em formato eletrônico, fornecidos apenas como referência. Cada interessado deverá avaliar e assumir a responsabilidade pela realização do ato. Os nomes, datas, certidões e demais dados informados são fictícios; qualquer semelhança será mera coincidência.

Cabe observar que algumas das questões abordadas nesses modelos são objeto de controvérsia. São eles:

1. Possibilidade de estipular o direito de acrescer entre pessoas que não sejam casadas pelo matrimônio, inclusive com a previsão simultânea da cláusula de reversão.
2. Cláusula de reversão estabelecendo o retorno na totalidade do bem a um dos doadores.
3. Não inclusão da justa causa nas cláusulas de inalienabilidade, impenhorabilidade e incomunicabilidade, por se entender que essa justificativa é desnecessária, mesmo em casos de doação, como adiantamento de legítima.

Recomenda-se que a parte interessada em formalizar um contrato de doação consulte previamente a legislação vigente, o Código de Normas do respectivo estado e o Registro Imobiliário, garantindo a adequação do ato às particularidades locais e prevenindo eventuais notas devolutivas.

6.1 • Escritura de doação da parte disponível, com cláusula de reversão e cláusulas de impenhorabilidade e incomunicabilidade temporárias

Escritura de doação

Que fazem na forma abaixo:

da parte disponível, com cláusula de reversão e com as cláusulas temporárias de impenhorabilidade e incomunicabilidade, extensivas aos seus respectivos frutos e rendimentos

Do
preâmbulo

Aos **15** dias do mês de **março** do ano de **2025** (**15/03/2025**), no 15º Ofício de Notas da Capital, situado na Avenida das Américas nº 500, Bloco 11, Loja 106, na Barra da Tijuca, no Rio de Janeiro, sendo Tabeliã, **FERNANDA DE FREITAS LEITÃO**, perante mim, **ANA DAS COVES**, escrevente, matrícula nº 73.155, da Corregedoria-Geral da Justiça do Estado do Rio de Janeiro, compareceram as partes adiante mencionadas.

Das partes

de um lado como **doadores**: **(i) ANDRÉ DAS MONTANHAS**, brasileiro, casado, médico, nascido em 02/02/1945, portador da carteira de identidade nº 1234567-8, expedida pelo IFP/RJ (Instituto Félix Pacheco do Rio de Janeiro) em 20/02/1999, inscrito no CPF (Cadastro de Pessoas Físicas da Receita Federal) sob o nº 001.000.800-56, e o seu cônjuge, **(ii) MARIA BETERRABA DAS MONTANHAS**, brasileira, casada, física, nascida em 10/01/1948, portadora da carteira de identidade nº 1234567-4, expedida pelo Detran/RJ (Departamento Estadual de Trânsito do Estado do Rio de Janeiro) em 10/06/2012, inscrita no CPF sob o nº 569.000.117-22, casados entre si, sob o regime da comunhão universal de bens, antes da vigência da Lei nº 6.515/1973, residentes e domiciliados na Rua Nascimento dos Mares nº 10, apto. 202, na Lagoa da Prata, no Rio de Janeiro, doravante denominados **doadores**. E adiante, como **donatário**, **o filho dos doadores**: **(i) JOÃO DAS MONTANHAS**, brasileiro, solteiro, engenheiro, nascido em 10/01/2002, portador da carteira nacional de habilitação nº 203450679684, expedida pelo Detran/RJ em 03/12/2021, inscrito no CPF sob o nº 961.000.225-33, convivente em união estável com **Joana dos Abacaxis**, sob o regime da comunhão parcial de bens, desde setembro de 2023, sem documento expresso, sendo ela, brasileira, solteira, designer de moda, nascida em 15/02/2000, portadora da carteira de identidade nº 0123456-8, expedida pelo IFP/RJ em 05/11/1993, inscrita no CPF sob o nº 987.654.321-00, ambos residentes e domiciliados na Rua dos Leões nº 59, apto. 301, em Laguna dos Montes, no Rio de Janeiro. Comparecendo, ainda, neste ato, como **interveniente**, a filha dos **doadores e única irmã do donatário**: **CELINA DAS MONTANHAS**, brasileira, divorciada, economista, nascida em 08/11/1963, portadora da carteira de identidade nº 202020202, expedida pelo IPF (Instituto Pereira Faustino do Estado do Rio de Janeiro) em 10/10/1973, inscrita no CPF sob o nº 012.111.222-57, convivente em união estável sob o regime de comunhão parcial de bens, conforme escritura pública lavrada no 15º Ofício de Notas desta Cidade, no Livro SC-100, às Fls. 90/91, Ato 15, de 15/04/2020, com **Albano Lago da Silva**, brasileiro, solteiro, advogado, nascido em 10/04/1968, inscrito na OAB/RJ (Ordem dos Advogados do Brasil – Seccional do Rio de Janeiro) sob o nº 450.000, carteira expedida em 05/07/2010, e no CPF sob o nº 012.345.678-85, residentes e domiciliados na Rua Visconde de Sabugosa nº 10, apto. 102, no Jardim das Araras, no Rio de Janeiro. **Certifico e dou fé**, que, após a minha análise e a apresentação dos seus respectivos documentos de identificação, que as partes praticam este ato de livre consentimento, que são capazes e que foram reconhecidas como as próprias, sendo o presente ato filmado, em atenção ao disposto no *caput* do artigo no 317 do Código de Normas da Corregedoria-Geral da Justiça do Rio de Janeiro, em razão da idade do **doador**. E, perante mim, pelos **doadores** e pelas **partes**, me foi dito o seguinte:

1 **Do imóvel**

Os **doadores** são proprietários e possuidores do imóvel constituído pela **sala 121 do Edifício situado na Rua Jardim das Acácias nº 203**, com direito ao uso de 1 vaga de garagem localizada no 2º pavimento, e a sua correspondente fração ideal de 3/456 do terreno, que tem as suas medidas, características e confrontações constantes da **matrícula nº 1.234** do **35º Registro Imobiliário** desta Cidade. O supracitado imóvel está inscrito na Municipalidade sob o nº 120000-4 e Código de Logradouro sob o nº 54321-0. Os **doadores** atribuem ao imóvel ora transacionado, para efeitos fiscais, o valor de R$120.000,00 (cento e vinte mil reais), tendo a Secretaria de Fazenda do Estado do Rio de Janeiro (Sefaz/RJ) atribuído, igualmente, ao citado imóvel, o valor de R$120.000,00 (cento e vinte mil reais), valor este utilizado como base de cálculo do imposto de transmissão atinente à doação.

2 **Da forma de aquisição**

O mencionado imóvel foi havido pelos **doadores**, nos termos da escritura de compra e venda lavrada no 15º Ofício de Notas desta cidade, no Livro nº 1234, às Folhas 34/36, Ato 15, de 04/03/1980, objeto do R/10 da supramencionada matrícula.

3 **Da situação jurídica**

O aludido imóvel se encontra livre e desembaraçado de todo e qualquer ônus judicial, extrajudicial, e de acordo com a declaração das partes, sob as penas da lei, não há nada sobre o referido imóvel, tampouco em relação às partes, que impeça a presente doação, declarando, ainda, que o imóvel, objeto dessa escritura, se encontra quite com relação aos tributos e às cotas condominiais, até a presente data.

4 **Da doação**

Neste momento, eles **doadores doam da parte disponível permitida em lei**, o mencionado imóvel tão somente em favor do seu filho, ora **donatário**, que a **aceita**, determinando, ainda, que esse **bem não deverá ser colacionado em futuro inventário.**

5 **Da posse**

O **donatário** é neste ato imitido na posse do bem doado, devendo, dessa forma, a partir dessa data, todas as despesas, tributos e encargos que recaem ou venham a recair sobre imóvel, ora doado, como por exemplo, o imposto predial e as cotas condominiais, ser da responsabilidade do **donatário**.

6 **Da cláusula de reversão**

Os **doadores** estipulam, ainda, para essa doação, a **cláusula de reversão.** Dessa forma, **caso o donatário venha a falecer antes dos doadores, deverá o bem ora doado retornar ao patrimônio dos mencionados doadores.** Os **doadores** determinam, adicionalmente, que, na hipótese de apenas um dos **doadores** falecer antes do **donatário** e o **donatário** falecer antes do **doador** sobrevivente, deverá, nessa situação, o imóvel doado retornar em sua integralidade ao **doador sobrevivente**.

7 **Das cláusulas protetivas e temporárias de impenhorabilidade e de incomunicabilidade, extensivas aos frutos e rendimentos**

Os **doadores** determinam, também, que sobre o imóvel, ora doado, incidam as cláusulas protetivas de **impenhorabilidade, extensiva aos seus respectivos frutos e rendimentos** (significa que o imóvel e os seus frutos e rendimentos, com esta cláusula, não poderão ser objeto de constrição judicial, com exceção das situações previstas em lei. Por outro lado, a cláusula de impenhorabilidade, em regra, impedirá também que o **donatário** contraia dívida e que ofereça este imóvel em garantia – e sobre à extensão aos frutos e rendimentos significa que os efeitos dessa cláusula incidem sobre os frutos do bem gravado – como, por exemplo, aluguel) e de **incomunicabilidade, extensiva aos seus respectivos frutos e rendimentos** (significa que, mesmo que o **donatário** altere o regime da sua união estável ou convole núpcias, escolhendo o regime da comunhão universal de bens, este bem doado e os seus frutos e rendimentos não se comunicarão com o futuro cônjuge ou companheiro. Todavia, esclareça-se que os efeitos da cláusula de incomunicabilidade não se aplicam para o caso de falecimento do **donatário**). Os **doadores** estabelecem, igualmente, que essas **duas cláusulas** sejam **temporárias**, até que o **donatário** complete 30 (trinta) anos de idade.

8 **Das declarações e requerimento das partes**

(a) Os **doadores** declaram que possuem bens suficientes, que possam garantir as suas subsistências, atendendo-se, por conseguinte, o preceito contido no art. 548, do Código Civil; **(b)** A **interveniente** e seu companheiro declaram, ela como filha dos **doadores** e **única irmã** do **donatário** e ele, como seu companheiro, que não se opõem à prática desse ato, concordando com todos os seus termos, inclusive que a presente doação corresponde à parte disponível permitida em lei aos **doadores** disporem, no momento da liberalidade, estando preservada a legítima da **interveniente**. A **interveniente** e seu companheiro declaram, adicionalmente, que não cabe cogitar excesso na doação do bem, concordando, igualmente, que essa doação não deverá ser colacionada em futuro inventário; **(c)** As partes requerem ao Oficial do 35º Registro de Imóveis, a averbação das cláusulas de impenhorabilidade, de incomunicabilidade e de reversão, na forma estipulada neste título e com base no item 11 do inciso II do art. 167 e 246 da Lei nº 6.015/1973.

9 **Da documentação, das buscas e da consulta**

a) do imposto: o imposto de transmissão referente à doação, incidente sobre a presente transação, foi pago em 16/08/2024, por meio da guia da Secretaria de Fazenda do Estado do Rio de Janeiro (Sefaz/RJ) nº 2024-1-012345-7-00, no valor de R$5.400,00 (cinco mil e quatrocentos reais), com base de cálculo de R$120.000,00 (cento e vinte mil reais). A declaração da Sefaz/RJ tem o nº 2024-012345-00-0-00, ficando a declaração, a guia e os demais documentos fiscais correlatos arquivados nestas Notas; **b) das certidões**: foram apresentadas e ficam também arquivados nestas Notas, as certidões abaixo mencionadas, estando todas na forma negativa: **b.1) do imóvel**: certidão de ônus reais expedida pelo 35º Registro Imobiliário da Capital; certidão fiscal e fazendária do 2º distribuidor expedida pelo Tribunal de Justiça do Rio de Janeiro; certidão de situação fiscal e enfitêutica do imóvel, expedida pela Prefeitura da Cidade do Rio de Janeiro, não sendo o imóvel doado foreiro à municipalidade e a certidão negativa de débito do Corpo de Bombeiros do Estado do Rio de Janeiro (Funesbom) sob o nº 1234345-W1/2024, estando o imóvel quite, até o exercício de 2024. **b.2) dos doadores**: certidões do 1º e 2º ofícios de interdições e tutela; certidões negativas de débitos relativas aos tributos federais e à dívida ativa da União, expedidas em 12/03/2025, certidões negativas de débito trabalhista (CNDT) nº 7654321/2024 e nº 8765432/2024, de 11/03/2025; certidões judiciais cíveis do Tribunal Federal da 2ª região e certidões cíveis e fazendárias do 2º distribuidor, expedidas pelo Tribunal de Justiça do Rio de Janeiro, em

10/03/2025; **c) dos documentos de identificação das partes**: foram apresentados, em perfeitas condições, os documentos originais de identificação das partes, que subscreveram este ato, ficando as suas cópias arquivadas nestas Notas; **d) das buscas e da consulta**: **d.1) do CNIB** (Central de Busca de Indisponibilidade de Bens): certidões de buscas de indisponibilidade de bens e buscas de registros de escrituras de nº 123456 e 234567, expedidas em 13/03/2025, em nome dos **doadores** – resultado negativo. **d.2) do BIB** (Banco de Indisponibilidade de Bens): certidão expedida pela Corregedoria-Geral da Justiça do Rio de Janeiro sob o nº 01100.24.01.09.54.006, e consulta do código *hash* 155e.6f9a.efa3.ed07.a013.d1e0.4055.16b0.212c. dacj; **d.3) da consulta ao banco de óbitos** nº ODXA-12345678, realizada em 10/03/2025; **e) da DOI: Foi emitida a Declaração Sobre Operações Imobiliárias**. **Certifico e dou fé que**: as certidões foram juntadas, as buscas e consultas realizadas, a declaração sobre operações imobiliárias foi emitida e as custas e o imposto devidos foram recolhidos.

10 **Do**

Encerramento

Assim, lavro esta escritura de forma eletrônica, por meio do certificado digital emitido pela plataforma do e-Notariado. Por fim, declaro que a presente escritura foi lida anteriormente pelas partes e, posteriormente, por mim, em voz alta e clara. Os contratantes declaram, também, que aceitam esta escritura na forma em que se encontra redigida, assinando-a em seguida.

11 **Das**
Custas

Certifico e dou fé que as custas devidas pela prática desse ato notarial serão recolhidas, conforme discriminadas adiante: xxxxxxxxxxxxxxxxxxx xxxxxxxxxxxxxxxx.

ASSINATURAS:

ANDRÉ DAS MONTANHAS

Doador

MARIA BETERRABA DAS MONTANHAS
Doadora

JOÃO DAS MONTANHAS
Donatário

CELINA DAS MONTANHAS
Interveniente

ALBANO LAGO DA SILVA
Companheiro da Interveniente

6.2 • Escritura de doação da parte disponível, com reserva de usufruto, cláusula de acrescer entre os usufrutuários e cláusulas vitalícias de impenhorabilidade e incomunicabilidade

> **Escritura de doação com reserva de usufruto**
>
> Que fazem na forma a seguir:
>
> da parte disponível, com reserva de usufruto com a cláusula de acrescer e com as cláusulas vitalícias de impenhorabilidade e incomunicabilidade, extensivas aos seus respectivos frutos e rendimentos

Do preâmbulo

Aos **15** dias do mês de **março** do ano de **2025** (15.03.2025), no 15º Ofício de Notas da Capital, situado na Avenida das Américas, nº 500, Bloco 11, Loja 106, na Barra da Tijuca, no Rio de Janeiro, sendo tabeliã, **FERNANDA DE FREITAS LEITÃO**, perante mim, **ANA DAS COVES**, escrevente, matrícula nº 73.155, da Corregedoria-Geral da Justiça do estado do Rio de Janeiro, compareceram as partes adiante mencionadas.

Das partes

de um lado como **doadores**: **(i) ANDRÉ DAS MONTANHAS**, brasileiro, casado, médico, nascido em 02.02.1945, portador da carteira de identidade nº 1234567-8, expedida pelo IFP/RJ (Instituto Félix Pacheco do Rio de Janeiro) em 20.02.1999, inscrito no CPF (Cadastro de Pessoas Físicas da Receita Federal) sob o nº 001.000.800-56, e o seu cônjuge, **(ii) MARIA BETERRABA DAS MONTANHAS**, brasileira, casada, física, nascida em 10.01.1948, portadora da carteira de identidade nº 1234567-4, expedida pelo Detran/RJ (Departamento Estadual de Trânsito do estado do Rio de Janeiro) em 10.06.2012, inscrita no CPF sob o nº 569.000.117-22, casados entre si, sob o regime da comunhão universal de bens, antes da vigência da Lei 6.515/1973, residentes e domiciliados na Rua Nascimento dos Mares, nº 10, apto. 202, na Lagoa da Prata, no Rio de Janeiro, doravante denominados **doadores**. E adiante, como **donatário**, o filho dos **doadores**: **(i) JOÃO DAS MONTANHAS**, brasileiro, solteiro, engenheiro, nascido em 10.01.2002, portador da carteira nacional de habilitação nº 203450679684, expedida pelo Detran/RJ em 03.12.2021, inscrito no CPF sob o nº 961.000.225-33, convivente em união estável com **Joana dos Abacaxis**, sob o regime da comunhão parcial de bens, desde setembro de 2023, sem documento expresso, sendo ela, brasileira, solteira, designer de moda, nascida em 15/02/2000, portadora da carteira de identidade nº 0123456-8, expedida pelo IFP/RJ em 05.11.1993, inscrita no CPF sob o nº 987.654.321-00, ambos residentes e domiciliados na Rua dos Leões, nº 59, apto. 301, em Laguna dos Montes, no Rio de Janeiro. Comparecendo, ainda, neste ato, como **interveniente**, a filha dos **doadores e única irmã do donatário**: **CELINA DAS MONTANHAS**, brasileira, divorciada, economista, nascida em 08.11.1963, portadora da carteira de identidade nº 202020202, expedida pelo IPF (Instituto Pereira Faustino do estado do Rio de Janeiro) em 10.10.1973, inscrita no CPF sob o nº 012.111.222-57, convivente em união estável sob o regime de comunhão parcial de bens, conforme escritura pública lavrada no 15º Ofício de Notas desta Cidade, no Livro SC-100, às Fls. 90/91, Ato 15, de 15.04.2020, com **Albano Lago da Silva**, brasileiro, solteiro, advogado, nascido em 10.04.1968, inscrito na OAB/RJ (Ordem dos Advogados do Brasil – Seccional do Rio de Janeiro) sob o nº 450.000, carteira expedida em 05.07.2010, e no CPF sob o nº 012.345.678-85, residentes e domiciliados na Rua Visconde de Sabugosa, nº 10, apto. 102, no Jardim das Araras, no Rio de Janeiro. **Certifico e dou fé**, que, após a minha análise e a apresentação dos seus respectivos documentos de identificação, que as partes praticam este ato de livre consentimento, que são capazes e que foram reconhecidas como as próprias, sendo o presente ato filmado, em atenção ao disposto no *caput* do art. 317 do Código de Normas da Corregedoria-Geral da Justiça do Rio de Janeiro, em razão da idade do **doador**. E, perante mim, pelos **doadores** e pelas **partes**, me foi dito o seguinte:

1 **Do imóvel**

Os **doadores** são proprietários e possuidores do imóvel constituído pela **sala 121 do Edifício situado na Rua Jardim das Acácias, nº 203**, com direito ao uso de 1 vaga de garagem localizada no 2º pavimento, e a sua correspondente fração ideal de 3/456 do terreno, que tem as suas medidas, características e confrontações constantes da **matrícula nº 1.234 do 35º Registro Imobiliário** desta Cidade. O supracitado imóvel está inscrito na Municipalidade sob o nº 1230985-4 e Código de Logradouro sob o nº 54321-0. O **doador** atribui ao imóvel ora doado, para efeitos fiscais, o valor de R$ 70.000 (setenta mil reais), tendo a Secretaria de Fazenda do estado do Rio de Janeiro (Sefaz/RJ) atribuído ao citado imóvel, o valor de R$ 120.000,00 (cento e vinte mil reais), valor este utilizado como base de cálculo do imposto de transmissão referente à doação.

2 **Da forma de aquisição**

O mencionado imóvel foi havido pelos **doadores**, nos termos da escritura de dação em pagamento lavrada no 15º Ofício de Notas desta Cidade, no Livro nº 1234, às Fls. 34/36, Ato 15, de 04.03.1980, objeto do R/10 da citada matrícula.

3 **Da situação jurídica**

O aludido imóvel se encontra livre e desembaraçado de todo e qualquer ônus judicial, extrajudicial, e de acordo com a declaração das partes, sob as penas da lei, não há nada sobre o referido imóvel, tampouco em relação às partes, que impeça a presente doação, declarando, ainda, os **doadores** que o imóvel, objeto dessa escritura, se encontra quite com relação aos tributos e às cotas condominiais, até a presente data.

4 **Da doação com reserva de usufruto e direito de acrescer**

Neste momento, os **doadores**, reservam para si o **usufruto vitalício do imóvel**, objeto deste negócio jurídico, e determinam, adicionalmente, que, em relação ao usufruto, no caso de morte de um dos usufrutuários**, o usufruto subsistirá integralmente para o usufrutuário sobrevivente**, aplicando-se, portanto, **o direito de acrescer**, previsto no art. 1.411, do Código Civil. Em seguida **doam, da parte disponível permitida em lei, a nua-propriedade** do supracitado imóvel tão somente em favor do seu filho, ora **donatário**, que a **aceita**, determinando, ainda, que esse **bem não deverá ser colacionado em futuro inventário.**

5 **Da posse**

As partes convencionam, igualmente, que todas as despesas, tributos e encargos que recaem ou venham a recair sobre imóvel, ora doado, como por exemplo, o imposto predial e as cotas condominiais, serão da responsabilidade dos usufrutuários, ora **doadores**, até o término do usufruto, com a transferência efetiva da posse e a consolidação da propriedade em favor do **donatário**.

6 **Das cláusulas protetivas e vitalícias de impenhorabilidade e de incomunicabilidade, extensivas aos frutos e rendimentos**

Os **doadores** determinam, também, que sobre o imóvel, ora doado, incidam as cláusulas protetivas de **impenhorabilidade**, **extensiva aos seus respectivos frutos e rendimentos** (significa que o imóvel e os seus frutos e rendimentos, com esta cláusula, não poderão ser objeto de constrição judicial, com exceção das situações previstas em lei. Por outro lado, a cláusula de impenhorabilidade, em regra, impedirá também que o **donatário** contraia dívida e que ofereça este imóvel em garantia – e sobre à extensão aos frutos e rendimentos significa que os efeitos dessa cláusula incidem também sobre os frutos do bem gravado – como, por exemplo, aluguel) e de **incomunicabilidade, extensiva aos seus respectivos frutos e rendimentos** (significa que, mesmo que o **donatário** altere o regime da sua união estável ou convole núpcias, escolhendo o regime da comunhão universal de bens, este bem doado e os seus frutos e rendimentos não se comunicarão com o futuro cônjuge ou companheiro. Todavia, esclareça-se que os efeitos da cláusula de incomunicabilidade não se aplicam para o caso de falecimento do **donatário**).

7 **Das declarações e requerimento das partes**

(a) Os **doadores** declaram que possuem bens suficientes, que possam garantir as suas subsistências, atendendo-se, por conseguinte, o preceito contido no art. 548, do Código Civil; **(b)** A **interveniente** e seu companheiro declaram, ela como filha dos **doadores** e **única irmã** do **donatário** e ele como seu companheiro, que não se opõem à prática desse ato, concordando com todos os seus termos, inclusive que a presente doação se refere à parte disponível permitida em lei aos **doadores** disporem, no momento da liberalidade, estando preservada a legítima da **interveniente**. A **interveniente** e seu companheiro declaram, adicionalmente, que não cabe cogitar excesso na doação do bem, concordando, igualmente, que essa doação não deverá ser colacionada em futuro inventário; **(c)** As partes requerem ao oficial do 35º Registro de Imóveis, a averbação das cláusulas de impenhorabilidade e de incomunicabilidade, na forma estipulada neste título e com base no item 11 do inc. II do art. 167 da Lei 6.015/1973 e o registro do usufruto, com base no item 7 do inc. I do art. 167 da Lei 6.015/1973.

8 **Da documentação, das buscas e da consulta**

a) do imposto: o imposto de transmissão referente à doação, incidente sobre a presente transação, foi pago em 16.08.2024, por meio da guia da Secretaria de Fazenda do estado do Rio de Janeiro (Sefaz/RJ) 2024-1-012345-7-00, no valor de R$ 5.400,00 (cinco mil e quatrocentos reais), com base de cálculo de R$ 120.000,00 (cento e vinte mil reais). A declaração da Sefaz/RJ tem o 2024-012345-00-0-00, ficando a declaração, guia e demais documentos fiscais correlatos arquivados nestas Notas; **b) das certidões**: foram apresentadas e ficam também arquivadas nestas Notas, as certidões a seguir mencionadas, estando todas na forma negativa: **b.1) do imóvel**: certidão de ônus reais expedida pelo 35º Registro Imobiliário da Capital; certidão fiscal e fazendária do 2º distribuidor emitida pelo Tribunal de Justiça do Rio de Janeiro; certidão de situação fiscal e enfitêutica do imóvel, emitida pela Prefeitura da Cidade do Rio de Janeiro, não sendo o imóvel foreiro à Municipalidade e a certidão negativa de débito do Corpo de Bombeiros do estado do Rio de Janeiro (Funesbom) sob o nº 1234345-W1/2024, estando o imóvel quite, até o exercício de 2024. **b.2) dos doadores**: certidões do 1º e 2º ofícios de interdições e tutela; certidões negativas de débitos relativas aos tributos federais e à dívida ativa da União, expedidas em 12.03.2025, certidões negativas de débito trabalhista (CNDT) nº 7654321/2024 e nº 8765432/2024, de 11.03.2025; certidões judiciais cíveis do Tribunal Federal da 2ª região e certidões cíveis e fazendárias do 2º distribuidor, expedidas pelo Tribunal de Justiça do Rio de Janeiro, em 10.03.2025; **c) dos documentos de identificação das partes**: foram apresentados, em perfeitas condições, os documentos originais de identificação das partes que subscreveram este ato, ficando as suas cópias arquivadas nestas Notas; **d) das buscas e da consulta: d.1) do CNIB** (Central de Busca de Indisponibilidade de Bens): certidões de buscas de indisponibilidade de bens e buscas de registros de escrituras de nº 123456 e 234567, expedidas em 13.03.2025, em nome dos **doadores** – resultado negativo. **d.2) do BIB** (Banco de Indisponibilidade de Bens): certidão expedida pela Corregedoria-Geral da Justiça do Rio de Janeiro sob o nº 01100.24.01.09.54.006, e consulta do código *hash* 155e.6f9a.efa3.ed07.a013.d1e0.4055.16b0.212c.dacj; **d.3) da consulta** ao **banco de óbitos** nº ODXA-12345678, realizada em 10.03.2025; **e) da DOI: Foi emitida a Declaração Sobre Operações Imobiliárias. Certifico e dou fé que**: as certidões foram juntadas, as buscas e consultas realizadas, a declaração sobre operações imobiliárias foi emitida e as custas e o imposto devidos foram recolhidos.

9 Do encerramento

Assim, lavro esta escritura de forma eletrônica, por meio do certificado digital emitido pela plataforma do e-Notariado. Por fim, declaro que a presente escritura foi lida anteriormente pelas partes e, posteriormente, por mim, em voz alta e clara. Os contratantes declaram, também, que aceitam esta escritura na forma em que se encontra redigida, assinando-a em seguida

10 Das custas

Certifico e dou fé que as custas devidas pela prática desse ato notarial serão recolhidas, conforme se verifica adiante: xxxxxxxxxxxxxxxxxxxxxx xxxxxxxxxxx

ASSINATURAS:

ANDRÉ DAS MONTANHAS
Doador

MARIA BETERRABA DAS MONTANHAS
Doadora

JOÃO DAS MONTANHAS
Donatário

CELINA DAS MONTANHAS
Interveniente

ALBANO LAGO DA SILVA
Companheiro da Interveniente

6.3 • Escritura de doação como adiantamento de legítima, com cláusulas vitalícias de impenhorabilidade e incomunicabilidade

Escritura de doação

Que fazem na forma a seguir:

adiantamento de legítima, com as cláusulas vitalícias de impenhorabilidade e incomunicabilidade, extensivas aos seus respectivos frutos e rendimentos

Do preâmbulo

Aos **15** dias do mês de **março** do ano de **dois mil e vinte e cinco** (15.03.2025), no 15º Ofício de Notas da Capital, situado na Avenida das Américas, nº 500, Bloco 11, Loja 106, na Barra da Tijuca, no Rio de Janeiro, sendo tabeliã, **FERNANDA DE FREITAS LEITÃO**, perante mim, **ANA DAS COVES**, escrevente, matrícula nº 73.155, da Corregedoria-Geral da Justiça do estado do Rio de Janeiro, compareceram as partes adiante mencionadas.

Das partes

de um lado como **doador**: **(i) ANDRÉ DAS MONTANHAS**, brasileiro, casado, médico, nascido em 02.02.1945, portador da carteira de identidade nº 1234567-8, expedida pelo IFP/RJ (Instituto Félix Pacheco do Rio de Janeiro) em 20.02.1999, inscrito no CPF (Cadastro de Pessoas Físicas da Receita Federal) sob o nº 001.000.800-56, neste ato **assistido** do seu cônjuge, **MARIA BETERRABA DAS MONTANHAS**, brasileira, casada, física, nascida em 10.01.1948, portadora da carteira de identidade nº 1234567-4, expedida pelo Detran/RJ (Departamento Estadual de Trânsito do estado do Rio de Janeiro) em 10.06.2012, inscrita no CPF sob o nº 569.000.117-22, casados entre si, sob o regime da comunhão parcial de bens, na vigência da Lei 6.515/1973, residentes e domiciliados na Rua Nascimento dos Mares, nº 10, apto. 202, na Lagoa da Prata, no Rio de Janeiro, doravante denominado **doador**. E adiante, como **donatários**, **em partes iguais**, os seus dois únicos filhos: **(i) JOÃO DAS MONTANHAS**, brasileiro, solteiro, engenheiro, nascido em 10.01.1987, portador da carteira nacional de habilitação nº 203450679684, expedida pelo Detran/RJ em 03.12.2021, inscrito no CPF sob o nº 961.000.225-33, convivente em união estável com **Joana dos Abacaxis**, sob o regime da comunhão parcial de bens, desde setembro de 2003, sem documento expresso, sendo ela, brasileira, solteira, designer de moda, nascida em 15/02/2000, portadora da carteira de identidade nº 0123456-8, expedida pelo IFP/RJ em 05.11.1993, inscrita sob o CPF 987.654.321-00, ambos residentes e domiciliados na Rua dos Leões, nº 59, apto. 301, em Laguna dos Montes, no Rio de Janeiro; e **(ii) CELINA DAS MONTANHAS,** brasileira, divorciada, economista, nascida em 08.11.1963, portadora da carteira de identidade nº 202020202, expedida pelo IPF (Instituto Pereira Faustino do estado do Rio de Janeiro) em 10.10.1973, inscrita no CPF sob o nº 012.111.222-57, convivente em união estável sob o regime de comunhão parcial de bens, conforme escritura pública lavrada no 15º Ofício de Notas desta Cidade, no Livro SC-100, às Fls. 90/90, no Ato 022, de 15.04.2020, com **Albano Lago da Silva**, brasileiro, solteiro, advogado, nascido em 10.04.1968, inscrito na OAB/RJ (Ordem dos Advogados do Brasil – Seccional do Rio de Janeiro) sob o nº 450.000, carteira expedida em 05.07.2010, e no CPF sob o nº 012.345.678-85, residentes e domiciliados na Rua Visconde de Sabugosa, nº 10, apto. 102, no Jardim das Araras, no Rio de Janeiro. Comparecendo, ainda, como **interveniente**, **MARIA BETERRABA DAS MONTANHAS**, já anteriormente qualificada como **assistente** do **doador**. **Certifico e dou fé,** que, após a minha análise e a apresentação dos seus respectivos documentos de identificação, que as partes praticam este ato de livre consentimento, que são capazes e que foram reconhecidas como as próprias, sendo o presente ato filmado, em atenção ao disposto no *caput* do art. 317 do Código de Normas da Corregedoria-Geral da Justiça do Rio de Janeiro, em razão da idade do **doador**. E, perante mim, pelo **doador** e pelas **partes**, me foi dito o seguinte:

1 **Do imóvel**

O **doador** é proprietário e possuidor do imóvel constituído pela **sala 121 do Edifício situado na Rua Jardim das Acácias, nº 203**, com direito ao uso de 1 vaga de garagem localizada no 2º pavimento, e a sua correspondente fração ideal de 3/456 do terreno, que tem as suas medidas, características e confrontações constantes da **matrícula nº 1.234** do **35º Registro Imobiliário** desta Cidade. O supracitado imóvel está inscrito na Municipalidade sob o nº 1230985-4 e Código de Logradouro sob o nº 54321-0. O **doador** atribui ao imóvel, ora doado, para efeitos fiscais, o valor de R$ 70.000,00 (setenta mil reais), tendo a Secretaria de Fazenda do estado do Rio de Janeiro (Sefaz/RJ) atribuído ao citado imóvel, o valor de R$ 120.000,00 (cento e vinte mil reais), valor este utilizado como base de cálculo do imposto de transmissão referente à doação.

2 **Da forma de aquisição**

O mencionado imóvel foi havido pelo **doador**, nos termos da escritura de doação lavrada no 15º Ofício desta Cidade, no Livro sob o nº 1234, às Fls. 34/36, de 04.03.1980, objeto do R/10 da citada matrícula, sendo, portanto, um **bem particular** do **doador**.

3 **Da situação jurídica**

O aludido imóvel se encontra livre e desembaraçado de todo e qualquer ônus judicial, extrajudicial, e de acordo com a declaração das partes, sob as penas da lei, não há nada sobre o referido imóvel, tampouco em relação à parte, que impeça a presente doação, declarando, ainda, o **doador** que o imóvel, objeto dessa escritura, se encontra quite com relação aos tributos e às cotas condominiais, até a presente data.

4 **Da doação**

Neste momento, o **doador doa, como adiantamento de legítima**, o supracitado imóvel em favor dos seus dois únicos filhos, em partes iguais, ora **donatários**, que a **aceitam**, devendo, por conseguinte, esse **bem ser colacionado em futuro inventário**.

5 Da posse

Os **donatários** são, neste ato, imitidos na posse do mencionado bem doado, devendo, dessa forma, a partir desta data, todas as despesas, tributos e encargos que recaem ou venham a recair sobre esse imóvel, como por exemplo, o imposto predial e as cotas condominiais, ser da responsabilidade dos **donatários**.

6 Das cláusulas protetivas e vitalícias de impenhorabilidade e de incomunicabilidade, extensivas aos frutos e rendimentos

O **doador** determina, também, que sobre o imóvel, ora doado, incidam as cláusulas protetivas de **impenhorabilidade**, **extensiva aos seus respectivos frutos e rendimentos** (significa que o imóvel e os seus frutos e rendimentos, com esta cláusula, não poderão ser objeto de constrição judicial, com exceção das situações previstas em lei. Por outro lado, a cláusula de impenhorabilidade, em regra, impedirá também que o **donatário** contraia dívida e que ofereça este imóvel em garantia – e sobre à extensão aos frutos e rendimentos significa que os efeitos dessa cláusula incidem também sobre os frutos do bem gravado – como, por exemplo, aluguel) e de **incomunicabilidade, extensiva aos seus respectivos frutos e rendimentos** (significa que, mesmo que o **donatário** altere o regime da sua união estável ou convole núpcias, escolhendo o regime da comunhão universal de bens, este bem doado e os seus frutos e rendimentos não se comunicarão com o futuro cônjuge ou companheiro. Todavia, esclareça-se que os efeitos da cláusula de incomunicabilidade não se aplicam para o caso de falecimento do **donatário**).

7 Das declarações e requerimento das partes

(a) O **doador** declara que possui bens suficientes para garantir a sua subsistência, atendendo-se, por conseguinte, o preceito contido no art. 548, do Código Civil; **(b)** Por fim, a **interveniente** e também **assistente**, cônjuge do **doador**, declara que não se opõe à prática desse ato, concordando, inclusive, com todos os seus termos; **(c)** As partes requerem ao oficial do 35º Registro de Imóveis, a averbação das cláusulas de impenhorabilidade e de incomunicabilidade, na forma estipulada neste título e com base no item 11 do inc. II do art. 167 da Lei 6.015/1973.

8 Da documentação, das buscas e da consulta

a) do imposto: o imposto de transmissão incidente sobre a presente transação, foi pago em 16.08.2024, pela guia da Secretaria de Fazenda do estado do Rio de Janeiro (Sefaz/RJ) 2024-1-012345-7-00, no valor de

R$ 5.400,00 (cinco mil e quatrocentos reais), com base de cálculo de R$ 120.000,00 (cento e vinte mil reais). A declaração da Sefaz/RJ tem o nº 2024-012345-00-0-00, ficando a declaração, guia e demais documentos fiscais correlatos arquivados nestas Notas; **b) das certidões**: foram apresentadas e ficam também arquivadas nestas Notas, as certidões a seguir mencionadas, estando todas na forma negativa: **b.1) do imóvel**: certidão de ônus reais expedida pelo 35º Registro Imobiliário da Capital; certidão fiscal e fazendária do 2º distribuidor expedida pelo Tribunal de Justiça do Rio de Janeiro; certidão de situação fiscal e enfitêutica do imóvel, expedida pela Prefeitura da Cidade do Rio de Janeiro, não sendo o imóvel foreiro à Municipalidade e a certidão negativa de débito do Corpo de Bombeiros do estado do Rio de Janeiro (Funesbom) sob o nº 1234345-W1/2024, estando o imóvel quite, até o exercício de 2024. **b.2) do doador**: certidões do 1º e 2º ofícios de interdições e tutela; certidão negativa de débito relativa aos tributos federais e à dívida ativa da União, expedida em 12.03.2025, certidão negativa de débito trabalhista (CNDT) nº 7654321/2025; certidão judicial cível do Tribunal Federal da 2ª região, expedida em 11.03.2025 e certidões cíveis e fazendárias do 2º distribuidor, expedidas pelo Tribunal de Justiça do Rio de Janeiro, em 10.03.2025, todas negativas. **c) dos documentos de identificação das partes**: foram apresentados, em perfeitas condições, os documentos originais de identificação das partes que subscreveram este ato, ficando as suas cópias arquivadas nestas Notas; **d) das buscas e da consulta**: **d.1) do CNIB** (Central de Busca de Indisponibilidade de Bens): certidões de buscas de indisponibilidade de bens e buscas de registros de escrituras de nº 00010.21.01.09.44.700, expedida em 13.03.2025, em nome do **doador** – resultado negativo. **d.2) do BIB** (Banco de Indisponibilidade de Bens): certidão expedida pela Corregedoria-Geral da Justiça do Rio de Janeiro sob o nº 01100.24.01.09.54.006, e consulta do código *hash* 155e.6f9a.efa3.ed07.a013.d1e0.4055.16b0.212c.dacj; **d.3) da consulta** ao **banco de óbitos** nº ODXA-00001884, realizada em 05.03.2025; **e) da DOI: Foi emitida a Declaração Sobre Operações Imobiliárias. Certifico e dou fé que**: as certidões foram juntadas, as buscas e consultas realizadas, a declaração sobre operações imobiliárias foi emitida e as custas e o imposto devidos foram recolhidos.

9 **Do encerramento**

Assim, lavro esta escritura de forma eletrônica, por meio do certificado digital emitido pela plataforma do e-Notariado. Por fim, declaro que a presente escritura foi lida anteriormente pelas partes e, posteriormente, por mim, em voz alta e clara. Os contratantes declaram, também, que aceitam esta escritura na forma em que se encontra redigida, assinando-a em seguida.

10 **Das custas**

Certifico e dou fé que as custas devidas pelo presente ato notarial serão recolhidas, conforme discriminadas adiante: xxxxxxxxxxxxxxxxxxxxxxxxx xxxxxxxxxx

ASSINATURAS:

ANDRÉ DAS MONTANHAS
Doador

MARIA BETERRABA DAS MONTANHAS
Assistente/Interveniente

JOÃO DAS MONTANHAS
Donatário

CELINA DAS MONTANHAS
Donatária

6.4 • Escritura de doação com direito de acrescer entre os donatários, posterior cláusula de reversão e cláusulas vitalícias de impenhorabilidade e incomunicabilidade

Escritura de doação

Que fazem na forma a seguir:

da parte disponível, com direito de acrescer (entre os donatários), com posterior cláusula de reversão e com as cláusulas vitalícias de impenhorabilidade e incomunicabilidade, extensivas aos seus respectivos frutos e rendimentos

Do preâmbulo

Aos **15** dias do mês de **março** do ano de **2025** (15.03.2025), no 15º Ofício de Notas da Capital, situado na Avenida das Américas, nº 500, Bloco 11, Loja 106, na Barra da Tijuca, no Rio de Janeiro, sendo tabeliã, **FERNANDA DE FREITAS LEITÃO**, perante mim, **ANA DAS COVES**, escrevente, matrícula nº 73.155, da Corregedoria-Geral da Justiça do estado do Rio de Janeiro, compareceram as partes adiante mencionadas.

Das partes

de um lado como **doadores**: **(i) ANDRÉ DAS MONTANHAS**, brasileiro, casado, médico, nascido em 02.02.1945, portador da carteira de identidade nº 1234567-8, expedida pelo IFP/RJ (Instituto Félix Pacheco do Rio de Janeiro) em 20.02.1999, inscrito no CPF (Cadastro de Pessoas Físicas da Receita Federal) sob o nº 001.000.800-56, e o seu cônjuge, **(ii) MARIA BETERRABA DAS MONTANHAS**, brasileira, casada, física, nascida em 10.01.1948, portadora da carteira de identidade nº 1234567-4, expedida pelo Detran/RJ (Departamento Estadual de Trânsito do estado do Rio de Janeiro) em 10.06.2012, inscrita no CPF sob o nº 569.000.117-22, casados entre si, sob o regime da comunhão universal de bens, antes da vigência da Lei 6.515/1973, residentes e domiciliados na Rua Nascimento dos Mares, nº 10, apto. 202, na Lagoa da Prata, no Rio de Janeiro, doravante denominados **doadores**. E adiante, como **donatários**, os **conviventes**, **(i) JOÃO DAS MONTANHAS** (filho dos **doadores**) e a sua companheira, **(ii) JOANA DOS ABACAXIS**, brasileiros, solteiros, com união estável sob o regime da comunhão parcial de bens, desde setembro de 2003, sem documento expresso, sendo ele, solteiro, engenheiro, nascido em 10.01.1987, portador da carteira nacional de habilitação nº 203450679684, expedida pelo Detran/RJ em 03.12.2021, inscrito no CPF sob o nº 961.000.225-33; e ela designer de moda, nascida em 15/02/2000, portadora da carteira de identidade nº 0123456-8, expedida pelo IFP/RJ em 05.11.1993, inscrita no CPF sob o nº 987.654.321-00, ambos residentes e domiciliados na Rua dos Leões, nº 59, apto. 301, em Laguna dos Montes, no Rio de Janeiro. Comparecendo, ainda, neste ato, como **intervenientes**, a filha dos **doadores e única irmã do donatário, CELINA DAS MONTANHAS**, brasileira, divorciada, economista, nascida em 08.11.1963, portadora da carteira de identidade nº 202020202, expedida pelo IPF (Instituto Pereira Faustino do estado do Rio de Janeiro) em 10.10.1973, inscrita no CPF sob o nº 000.111.222-57, convivente em união estável sob o regime de comunhão parcial de bens, conforme escritura pública lavrada no 15º Ofício de Notas desta Cidade, no Livro SC-100, às Fls. 90/90, no Ato 15, de 15.04.2020, com **Albano Lago da Silva** (também interveniente), brasileiro, solteiro, advogado, nascido em 10.04.1968, inscrito na OAB/RJ (Ordem dos Advogados do Brasil – Seccional do Rio de Janeiro) sob o nº 450.000, carteira expedida em 05.07.2010, e no CPF sob o nº 012.345.678-85, residentes e domiciliados na Rua Visconde de Sabugosa, nº 10, apto. 102, no Jardim das Araras, no Rio de Janeiro. **Certifico e dou fé**, que, após a minha análise e a apresentação dos seus respectivos documentos de identificação, que as partes praticam este ato de livre consentimento, que são capazes e que foram reconhecidas como as próprias, sendo o presente ato filmado, em atenção ao disposto no *caput* do art. 317 do Código de Normas da Corregedoria-Geral da Justiça do Rio de Janeiro, em razão da idade do **doador**. E, perante mim, pelos **doadores** e pelas **partes**, me foi dito o seguinte:

1 **Do imóvel**

Os **doadores** são proprietários e possuidores do imóvel constituído pela **sala 121 do Edifício situado na Rua Jardim das Acácias, nº 203**, com direito ao uso de 1 vaga de garagem localizada no 2º pavimento, e a sua correspondente fração ideal de 3/456 do terreno, que tem as suas medidas, características e confrontações constantes da **matrícula** nº **1.234** do **35º Registro Imobiliário** desta Cidade. O supracitado imóvel está inscrito na Municipalidade sob o nº 1230985-4 e Código de Logradouro sob o nº 54321-0. Os **doadores** atribuem ao imóvel ora transacionado, para efeitos fiscais, o valor de R$ 120.000,00 (cento e vinte mil reais), tendo a Secretaria de Fazenda do estado do Rio de Janeiro (Sefaz/RJ) atribuído, igualmente, ao citado imóvel, o valor de R$ 120.000,00 (cento e vinte mil reais), valor este utilizado como base de cálculo do imposto de transmissão referente à doação.

2 **Da forma de aquisição**

O mencionado imóvel foi havido pelos **doadores**, nos termos da escritura de dação em pagamento lavrada no 15º Ofício de Notas desta cidade, no Livro sob o nº 1234, às Folhas 34/36, Ato 15, de 04.03.1980, objeto do R/10 da supramencionada matrícula.

3 **Da situação jurídica**

O aludido imóvel se encontra livre e desembaraçado de todo e qualquer ônus judicial, extrajudicial, e de acordo com a declaração das partes, sob as penas da lei, não há nada sobre o referido imóvel, tampouco em relação às partes, que impeça a presente doação, declarando, ainda, que o imóvel, objeto dessa escritura, se encontra quite com relação aos tributos e às cotas condominiais, até a presente data.

4 **Da doação**

Os **doadores** doam **da parte disponível permitida em lei**, o imóvel anteriormente descrito, aos **donatários**, que a **aceitam**, **não** devendo, portanto, o mencionado **bem ser colacionado em futuro inventário**.

5 **Da posse**

Os **donatários** são neste ato imitidos na posse do bem doado, devendo, dessa forma, a partir dessa data, todas as despesas ou encargos, tributos e encargos que recaem ou venham a recair sobre imóvel, ora doado, como por exemplo, o imposto predial e as cotas condominiais, ser da responsabilidade dos **donatários**.

6 **Do direito de acrescer entre donatários**

Os **doadores** estipulam, ainda, que, na hipótese do falecimento de um dos **donatários**, o bem doado subsistirá na totalidade ao **donatário** sobrevivo, conforme disposto no Parágrafo único do art. 551 do Código Civil.

7 **Da cláusula de reversão**

Adicional e sequencialmente, os **doadores** convencionam que, se ambos os **donatários** falecerem antes dos **doadores** ou se ambos os **donatários** falecerem e houver apenas um **doador** sobrevivo, o bem doado retornará na sua totalidade, respectivamente, aos **doadores** ou ao **doador** sobrevivo, conforme previsto no art. 547 do Código Civil (*cláusula de reversão*: significa que diante do falecimento do **donatário** antes do ou dos **doadores,** o bem doado retornará ao patrimônio do **doador**).

8 Das cláusulas de impenhorabilidade e de incomunicabilidade, extensivas aos frutos e rendimentos

Os **doadores** determinam, também, que sobre o imóvel, ora doado, incidam as cláusulas protetivas de **impenhorabilidade, extensiva aos seus respectivos frutos e rendimentos** (significa que o imóvel e os seus frutos e rendimentos, com esta cláusula, não poderão ser objeto de constrição judicial, com exceção das situações previstas em lei. Por outro lado, a cláusula de impenhorabilidade, em regra, impedirá também que o **donatário** contraia dívida e que ofereça este imóvel em garantia – e sobre à extensão aos frutos e rendimentos significa que os efeitos dessa cláusula incidem também sobre os frutos do bem gravado – como, por exemplo, aluguel) e de **incomunicabilidade, extensiva aos seus respectivos frutos e rendimentos** (significa que, mesmo que o **donatário** altere o regime da sua união estável ou convole núpcias, escolhendo o regime da comunhão universal de bens, este bem doado e os seus frutos e rendimentos não se comunicarão com o futuro cônjuge ou companheiro. Todavia, esclareça-se que os efeitos da cláusula de incomunicabilidade não se aplicam para o caso de falecimento do **donatário**).

9 Das declarações e requerimento das partes

(a) Os **doadores** declaram que possuem bens suficientes, que possam garantir as suas subsistências, atendendo-se, por conseguinte, o preceito contido no art. 548, do Código Civil; **(b)** A **interveniente** e seu companheiro declaram, ela como filha dos **doadores** e **única irmã** do **donatário** e ele como seu companheiro, que não se opõem à prática desse ato, concordando com todos os seus termos, inclusive que a presente doação se refere à parte disponível permitida em lei aos **doadores** disporem, no momento da liberalidade, estando preservada a legítima **da interveniente**. A **interveniente** e seu companheiro declaram, ainda, que não cabe cogitar excesso na doação do bem, concordando, igualmente, que essa doação não deverá ser colacionada em futuro inventário; **(c)** As partes requerem ao oficial do 35º Registro de Imóveis, a averbação das cláusulas de impenhorabilidade, de incomunicabilidade, de acrescer e de reversão, na forma estipulada neste título e com base no item 11 do inc. II dos arts. 167 e 246 da Lei 6.015/1973.

10 Da documentação, das buscas e da consulta

a) do imposto: o imposto de transmissão referente à doação, incidente sobre a presente transação, foi pago em 16.08.2024, por meio da guia da Secretaria de Fazenda do estado do Rio de Janeiro (Sefaz/RJ) nº 2024-1-012345-7-00, no valor de R$ 5.400,00 (cinco mil e quatrocentos reais), com base de cálculo de R$ 120.000,00 (cento e vinte mil reais). A declaração da Sefaz/RJ tem o nº 2024-012345-00-0-00, ficando a declaração, guia e demais documentos fiscais correlatos arquivados nestas Notas; **b)** d**as certidões**: foram apresentadas e ficam também arquivadas nestas Notas as certidões a seguir mencionados, estando todas na forma negativa: **b.1) do imóvel**: certidão de ônus reais expedida pelo 35º Registro Imobiliário da Capital; certidão fiscal e fazendária do 2º distribuidor emitida pelo Tribunal de Justiça do Rio de Janeiro; certidão de situação fiscal e enfitêutica do imóvel, emitida pela Prefeitura da Cidade do Rio de Janeiro, não sendo o imóvel foreiro à municipalidade e a certidão negativa de débito do Corpo de Bombeiros do estado do Rio de Janeiro (Funesbom) sob o nº 1234345-W1/2024, estando o imóvel quite, até o exercício de 2024. **b.2) dos doadores**: certidões do 1º e 2º ofícios de interdições e tutela; certidões negativas de débitos relativas aos tributos federais e à dívida ativa da união, expedidas em 12.03.2025, certidões negativas de débito trabalhista (CNDT) nº 7654321/2024 e nº 8765432/2024, de 11.03.2025; certidões judiciais cíveis do Tribunal Federal da 2ª região e certidões cíveis e fazendárias do 2º distribuidor, expedidas pelo Tribunal de Justiça do Rio de Janeiro, em 10.03.2025; **c) dos documentos de identificação das partes**: foram apresentados, em perfeitas condições, os documentos originais de identificação das partes que subscreveram este ato, ficando as suas cópias arquivadas nestas Notas; **d) das buscas e da consulta: d.1) do CNIB** (Central de Busca de Indisponibilidade de Bens): certidões de buscas de indisponibilidade de bens e buscas de registros de escrituras de nº 123456 e 234567, expedidas em 13.03.2025, em nome dos **doadores** – resultado negativo. **d.2) do BIB** (Banco de Indisponibilidade de Bens): certidão expedida pela Corregedoria-Geral da Justiça do Rio de Janeiro sob o nº 01100.24.01.09.54.006, e consulta do código *hash* 155e.6f9a.efa3.ed07.a013.d1e0.4055.16b0.212c.dacj; **d.3) da consulta** ao **banco de óbitos** nº ODXA-12345678, realizada em 10.03.2025; **e) da DOI: Foi emitida a Declaração Sobre Operações Imobiliárias. Certifico e dou fé que**: as certidões foram juntadas, as buscas e consultas realizadas, a declaração sobre operações imobiliárias foi emitida e as custas e o imposto devidos foram recolhidos.

11 Do encerramento

Assim, lavro esta escritura de forma eletrônica, por meio do certificado digital emitido pela plataforma do e-Notariado. Por fim, declaro que a presente escritura foi lida anteriormente pelas partes e, posteriormente, por mim, em voz alta e clara. Os contratantes declaram, também, que aceitam esta escritura na forma em que se encontra redigida, assinando-o em seguida.

12 **Das custas**

Certifico e dou fé, que as custas devidas pela prática desse ato notarial foram recolhidas, conforme se verifica adiante: xxxxxxxxxxxxxxxxxxxxxx xxxxxxxxxxxxx

ASSINATURAS:

ANDRÉ DAS MONTANHAS
Doador

MARIA BETERRABA DAS MONTANHAS
Doadora

JOÃO DAS MONTANHAS
Donatário

JOANA DOS ABACAXIS
Donatária

CELINA DAS MONTANHAS
Interveniente

ALBANO LAGO DA SILVA
Companheiro da Interveniente

6.5 • Escritura de doação como adiantamento de legítima com imissão da posse por meio da *clausula constituti* e cláusulas vitalícias de impenhorabilidade e incomunicabilidade

Escritura de doação

Que fazem na forma a seguir:

adiantamento de legítima, imissão da posse por meio da *clausula constituti* e com as cláusulas vitalícias de impenhorabilidade e incomunicabilidade, extensivas aos seus respectivos frutos e rendimentos.

Do preâmbulo

Aos **15** dias do mês de **março** do ano de **2025** (15.03.2025), no 15º Ofício de Notas da Capital, situado na Avenida das Américas, nº 500, Bloco 11, Loja 106, na Barra da Tijuca, no Rio de Janeiro, sendo tabeliã, **FERNANDA DE FREITAS LEITÃO**, perante mim, **ANA DAS COVES**, escrevente, matrícula nº 73.155, da Corregedoria-Geral da Justiça do estado do Rio de Janeiro, compareceram as partes adiante mencionadas:

Das partes

de um lado como **doador**: **(i) ANDRÉ DAS MONTANHAS**, brasileiro, casado, médico, nascido em 02.02.1945, portador da carteira de identidade nº 1234567-8, expedida pelo IFP/RJ (Instituto Félix Pacheco do Rio de Janeiro) em 20.02.1999, inscrito no CPF (Cadastro de Pessoas Físicas da Receita Federal) sob o nº 001.000.800-56, neste ato **assistido** do seu cônjuge, **MARIA BETERRABA DAS MONTANHAS**, brasileira, casada, física, nascida em 10.01.1948, portadora da carteira de identidade nº 1234567-4, expedida pelo Detran/RJ (Departamento Estadual de Trânsito do estado do Rio de Janeiro) em 10.06.2012, inscrita no CPF sob o nº 569.000.117-22, casados entre si, sob o regime da comunhão parcial de bens, na vigência da Lei 6.515/1973, residentes e domiciliados na Rua Nascimento dos Mares, nº 10, apto. 202, na Lagoa da Prata, no Rio de Janeiro, doravante denominado **doador**. E adiante, como **donatários, em partes iguais**, os seus dois únicos filhos: **(i) JOÃO DAS MONTANHAS**, brasileiro, solteiro, engenheiro, nascido em 10.01.1987, portador da carteira nacional de habilitação nº 203450679684, expedida pelo Detran/RJ em 03.12.2021, inscrito no CPF sob o nº 961.000.225-33, convivente em união estável com **Joana dos Abacaxis**, sob o regime da comunhão parcial de bens, desde setembro de 2003, sem documento expresso, sendo ela, brasileira, solteira, designer de moda, nascida em 15/02/2000, portadora da carteira de identidade nº 0123456-8, expedida pelo IFP/RJ em 05.11.1993, inscrita no CPF sob o nº 987.654.321-00, ambos residentes e domiciliados na Rua dos Leões, nº 59, apto. 301, em Laguna dos Montes, no Rio de Janeiro; e **(ii) CELINA DAS MONTANHAS,** brasileira, divorciada, economista, nascida em 08.11.1963, portadora da carteira de identidade nº 202020202, expedida pelo IPF (Instituto Pereira Faustino do estado do Rio de Janeiro) em 10.10.1973, inscrita no CPF sob o nº 012.111.222-57, convivente em união estável sob o regime de comunhão parcial de bens, conforme escritura pública lavrada no 15º Oficio de Notas desta Cidade, no Livro SC-100, às Fls. 90/91, Ato 15, de 15.04.2020, com **Albano Lago da Silva**, brasileiro, solteiro, advogado, nascido em 10.04.1968, inscrito na OAB/RJ (Ordem dos Advogados do Brasil – Seccional do Rio de Janeiro) sob o nº 450.000, carteira expedida em 05.07.2010, e no CPF sob o nº 012.345.678-85, residentes e domiciliados na Rua Visconde de Sabugosa, nº 10, apto. 102, no Jardim das Araras, no Rio de Janeiro. Comparecendo, ainda, como **interveniente, MARIA BETERRABA DAS MONTANHAS**, já anteriormente qualificada como **assistente** do **doador**. **Certifico e dou fé**, que, após a minha análise e a apresentação dos seus respectivos documentos de identificação, que as partes praticam este ato de livre consentimento, que são capazes e que foram reconhecidas como as próprias, sendo o presente ato filmado, em atenção ao disposto no *caput* do art. 317 do Código de Normas da Corregedoria-Geral da Justiça do Rio de Janeiro, em razão da idade do **doador**. E, perante mim, pelo **doador** e pelas **partes**, me foi dito o seguinte:

1 Do imóvel

O **doador** é proprietário e possuidor do imóvel constituído pela **sala 121 do Edifício situado na Rua Jardim das Acácias, nº 203**, com direito ao uso de 1 vaga de garagem localizada no 2º pavimento, e a sua correspondente fração ideal de 3/456 do terreno, que tem as suas medidas, características e confrontações constantes da **matrícula nº 1.234** do **35º Registro Imobiliário** desta Cidade. O supracitado imóvel está inscrito na Municipalidade sob o nº 1230985-4 e Código de Logradouro sob o nº 54321-0. O **doador** atribui ao imóvel, ora transacionado, para efeitos fiscais, o valor de R$ 120.000,00 (cento e vinte mil reais), tendo a Secretaria de Fazenda do estado do Rio de Janeiro (Sefaz/RJ) atribuído, igualmente, ao citado imóvel, o valor de R$ 120.000,00 (cento e vinte mil reais), valor este utilizado como base de cálculo do imposto de transmissão atinente à doação.

2 **Da forma de aquisição**

O mencionado imóvel foi havido pelo **doador**, nos termos da escritura de doação lavrada no 15º Ofício de Notas desta Cidade, no Livro sob o nº 1234, às Fls. 34/36, Ato 15, de 04.03.1980, objeto do R/10 da citada matrícula, sendo, portanto, um **bem particular** do **doador**.

3 **Da situação jurídica**

O aludido imóvel se encontra livre e desembaraçado de todo e qualquer ônus judicial, extrajudicial, e de acordo com a declaração das partes, sob as penas da lei, não há nada sobre o referido imóvel tampouco em relação à parte, que impeça a presente doação, declarando, ainda, o **doador**, que o imóvel, objeto dessa escritura, se encontra quite com relação aos tributos e às cotas condominiais, até a presente data.

4 **Da doação**

Neste momento, o **doador doa, como adiantamento de legítima**, o supracitado imóvel em favor dos seus dois únicos filhos, em partes iguais, ora **donatários**, que a **aceitam**, devendo, por conseguinte, esse **bem ser colacionado em futuro inventário**.

5 **Da posse**

Os **donatários** são, neste ato, imitidos na posse do mencionado bem doado, por meio da *clausula constituti* (significa que os donatários serão imitidos na posse ficticiamente), visto que o imóvel, objeto dessa transação, se encontra locado, até o dia 25.04.2025, cabendo, dessa forma, aos locatários, conforme previsão contratual, a responsabilidade pelo pagamento de todas as despesas que recaem ou venham a recair sobre esse imóvel, como por exemplo, o imposto predial e as cotas condominiais, até a efetiva entrega do imóvel inteiramente livre de pessoas e coisas.

6 **Das cláusulas protetivas e vitalícias de impenhorabilidade e incomunicabilidade, extensivas aos frutos e rendimentos**

O **doador** determina, também, que sobre o imóvel, ora doado, incidam as cláusulas protetivas de **impenhorabilidade**, **extensiva aos seus respectivos frutos e rendimentos** (significa que o imóvel e os seus frutos e rendimentos, com esta cláusula, não poderão ser objeto de constrição judicial, com exceção das situações previstas em lei. Por outro lado, a cláusula de impenhorabilidade, em regra, impedirá também que o **donatário** contraia dívida e que ofereça este imóvel em garantia – e sobre à extensão aos frutos e rendimentos significa que os efeitos dessa cláusula incidem também sobre os frutos do bem gravado – como, por exemplo, aluguel) e de **incomunicabilidade, extensiva aos seus respectivos frutos e rendimentos** (significa que, mesmo que o **donatário** altere o regime da sua união estável ou convole núpcias, escolhendo o regime da comunhão universal de bens, este bem doado e os seus frutos e rendimentos não se comunicarão com o futuro cônjuge ou companheiro. Todavia, esclareça-se que os efeitos da cláusula de incomunicabilidade não se aplicam para o caso de falecimento do **donatário**).

7 Das declarações e requerimento das partes

(a) O **doador** declara que possui bens suficientes para garantir a sua subsistência, atendendo-se, por conseguinte, o preceito contido no art. 548, do Código Civil; **(b)** A **interveniente**, cônjuge do **doador**, declara que não se opõe à prática desse ato, concordando com todos os seus termos; (**c**) As partes requerem ao oficial do 35º Registro de Imóveis, a averbação das cláusulas de impenhorabilidade e de incomunicabilidade, na forma estipulada neste título e com base no item 11 do inc. II do art. 167 da Lei 6.015/1973.

8 Da documentação, das buscas e da consulta

Certifico e dou fé que:

a) o imposto: o imposto de transmissão referente à doação, incidente sobre a presente transação, foi pago em 16.08.2024, por meio da guia da Secretaria de Fazenda do estado do Rio de Janeiro (Sefaz/RJ) nº 2024-1-012345-7-00, no valor de R$ 5.400,00 (cinco mil e quatrocentos reais), com base de cálculo de R$ 120.000,00 (cento e vinte mil reais). A declaração da Sefaz/RJ tem o nº 2024-012345-00-0-00, ficando a declaração, guia e demais documentos fiscais correlatos arquivados nestas Notas; **b) as certidões**: foram apresentados e ficam também arquivados nestas Notas os documentos a seguir mencionados, estando todas as certidões na forma negativa: **b.1) do imóvel**: certidão de ônus reais expedida pelo 35º Registro Imobiliário da Capital; certidão fiscal e fazendária do 2º distribuidor emitida pelo Tribunal de Justiça do Rio de Janeiro; certidão de situação fiscal e enfitêutica do imóvel, emitida pela Prefeitura da Cidade do Rio de Janeiro, não sendo o imóvel foreiro à municipalidade e a certidão negativa de débito do Corpo de Bombeiros do estado do Rio de Janeiro (Funesbom) sob o nº 1234345-W1/2024, estando o imóvel quite, até o exercício de 2024. **b.2)**

do doador: certidões do 1º e 2º ofícios de interdições e tutela; certidões negativas de débitos relativas aos tributos federais e à dívida ativa da União, expedidas em 12.03.2025, certidão negativa de débito trabalhista (CNDT) nº 7654321/2024, de 11.03.2025; certidão judicial cível do Tribunal Federal da 2ª região e certidões cíveis e fazendárias do 2º distribuidor, expedidas pelo Tribunal de Justiça do Rio de Janeiro, em 10.03.2025; **c) os documentos de identificação das partes**: foram apresentados, em perfeitas condições, os documentos originais de identificação das partes que subscreveram este ato, ficando as suas cópias arquivadas nestas Notas; **d) as buscas e a consulta**: **d.1) do CNIB** (Central de Busca de Indisponibilidade de Bens): certidões de buscas de indisponibilidade de bens e buscas de registros de escrituras de nº 123456 e 234567, expedidas em 13.03.2025, em nome do **doador** – resultado negativo. **d.2) do BIB** (Banco de Indisponibilidade de Bens): certidão expedida pela Corregedoria-Geral da Justiça do Rio de Janeiro sob o nº 01100.24.01.09.54.006, e consulta do código *hash* 155e.6f9a.efa3.ed07.a013.d1e0.4055.16b0.212c.dacj; **d.3) consulta** ao **banco de óbitos** nº ODXA-12345678, realizada em 10.03.2025; **e) da DOI**: **Foi emitida a Declaração Sobre Operações Imobiliárias. Certifico e dou fé que**: as certidões foram juntadas, as buscas e consultas realizadas, a declaração sobre operações financeira foi emitida e as custas e o imposto devidos foram recolhidos.

9 **Do encerramento**

Assim, lavro esta escritura de forma eletrônica, por meio do certificado digital emitido pela plataforma do e-Notariado (com os padrões técnicos, critérios legais e regulamentares, conforme o Provimento 149/2023 do Conselho Nacional de Justiça e pelo Provimento da Corregedoria-Geral da Justiça do estado do Rio de Janeiro 42/2020). Por fim, declaro que a presente escritura foi lida anteriormente pelas partes e, posteriormente, por mim, em voz alta e clara. Os contratantes declaram, também, que aceitam esta escritura na forma em que se encontra redigida, assinando-a em seguida.

10 **Das custas**

Certifico e dou fé que as custas devidas pela prática desse ato notarial serão recolhidas, conforme discriminadas adiante: xxxxxxxxxxxxxxxxxx xxxxxxxxxxxxxxx

ASSINATURAS:

ANDRÉ DAS MONTANHAS
Doador

MARIA BETERRABA DAS MONTANHAS
Assistente/Interveniente

JOÃO DAS MONTANHAS
Donatário

CELINA DAS MONTANHAS
Donatária

REFERÊNCIAS

ALEXY, Robert. *Teoria dos direitos fundamentais*. 3. ed. Tradução de Virgílio Afonso da Silva. São Paulo: Malheiros; Juspodivm, 2024.

ALVIM, Agostinho. *Da doação*. 3. ed. São Paulo: Saraiva, 1980.

AMARAL, Francisco. *Direito Civil Brasileiro* – Introdução. Rio de Janeiro: Forense 1991.

ASCENSÃO, José Oliveira. Interpretação das leis: integração das lacunas : aplicação do princípio da analogia. *Revista da Ordem dos Advogados*, Lisboa, 1968. p. 918. Disponível em: http://www.oa.pt/upl/%7B0a2c7ef5-b0a3-449f-bee8-88db3fc0335f%7D.pdf. Acesso em: 3 set. 2024.

ÁVILA, Humberto. *Teoria dos princípios:* da definição à aplicação dos princípios jurídicos. 12. ed. São Paulo: Malheiros, 2011.

AZEVEDO, Álvaro Villaça; OLIVEIRA, Leoni Lopes de; *apud* FARIAS, Cristiano; ROSENVALD, Nelson. *Curso de Direito Civil*: Famílias. 14. ed. Salvador: JusPodivm, 2022.

BARROSO, Luís Roberto. Prefácio: O Estado contemporâneo, os direitos fundamentais e a definição da supremacia do interesse público. In: SARMENTO, Daniel (Org.). *Interesses públicos* versus *interesses privados*: desconstruindo o princípio da supremacia do interesse público. Rio de Janeiro: Lumen Juris, 2005.

BODIN DE MORAES, Maria Celina. Notas sobre a promessa de doação. *Civilistica.com*. Rio de Janeiro, a. 2, n. 3, jul.-set./2013. Disponível em: http://civilistica.com/notas-sobre-a-promessa-de-doacao/. Acesso em: 10 set. 2025.

BRASIL. Conselho Federal, Colégio Notarial do Brasil. Simpósio e-Notariado: CNB/CF apresenta o novo serviço da *smart* escritura, [s.l.], 29 ago. 2024. Disponível em: https://www.notariado.org.br/simposio-e-notariado-cnb-cf-apresenta-o-novo-servico-da-smart-escritura/. Acesso em: 9 set. 2024.

BRASIL. Senado Federal. Projeto de Resolução do Senado 57/2019. Disponível em: https://www25.senado.leg.br/web/atividade/materias/-/materia/137288. Acesso em: 15 ago. 2024.

CAHALI, Francisco José. A Súmula 377 e o novo Código Civil e a mutabilidade do regime de bens. *Revista do Advogado*, n. 75, abr. 2004.

CARVALHO, Luiz Paulo Vieira de. *Direito das sucessões*. 3. ed. São Paulo: Atlas, 2017.

DIAS, Maria Berenice. *Manual das sucessões*. 3. ed. São Paulo: Revista dos Tribunais, 2013.

DIAS, Maria Berenice. *Manual das sucessões*. 9. ed. Salvador: JusPodivm, 2024.

DIAS, Maria Berenice. *Manual de Direito das Famílias*. 9. ed. São Paulo: Revista dos Tribunais, 2013.

FARIAS, Cristiano; ROSENVALD, Nelson. *Curso de Direito Civil*: Famílias. 14. ed. Salvador: JusPodivm, 2022.

FARIAS, Cristiano; ROSENVALD, Nelson. *Direito das famílias*. 3. ed. Rio de Janeiro: Lumen Juris, 2011.

FARIAS, Cristiano; ROSENVALD, Nelson. *Direito dos contratos*. Rio de Janeiro: Lumen Juris, 2011.

FERRO, Rodrigo Rage. *Limites ao Direito Administrativo Registral*: por um registro de imóveis mais seguro. 2023. Tese (Doutorado em Direito do Estado). Faculdade de Direito, Universidade de São Paulo, São Paulo, 2023. Acesso em: 6 mar. 2025.

FIORANELLI, Ademar. Da compra e venda no registro imobiliário. In: JACOMINO, Sergio (org.). *Registro de imóveis*: estudos de direito registral imobiliário: XXII Encontro de Oficiais de Registro de Imóveis do Brasil – Cuiabá/MT, 1995. Porto Alegre: Instituto de Registro Imobiliário do Brasil, 1997.

FIORANELLI, Ademar. *Das cláusulas de inalienabilidade, impenhorabilidade e incomunicabilidade*. São Paulo: Saraiva, 2012.

FISCHER, José Flávio Bueno. O direito de acrescer entre donatários casados na comunhão universal de bens. *Portal do Colégio Notarial do Brasil* – Conselho Federal, 26 jun. 2015. Disponível em: https://www.notariado.org.br/artigo-o-direito-de-acrescer-entre-donatarios-casados-na-comunhao-universal-de-bens-jose-flavio-bueno-fischer/. Acesso em: 12 dez. 2024.

FREITAS, Augusto Teixeira de. *Consolidação das leis civis*. v. 1. Edição fac-similar. Brasília: Senado Federal, Conselho Editorial, 2003.

GOMES, Orlando. *Contratos*. 24. ed. Rio de Janeiro: Forense, 2001.

GONÇALVES, Carlos Roberto. *Direito Civil Brasileiro* – Contratos e atos unilaterais. 10. ed. v. 3. São Paulo: Saraiva, 2013.

GONÇALVES, Carlos Roberto. *Direito Civil brasileiro, contratos e atos unilaterais*. 22. ed. São Paulo: Saraiva, 2025.

KÜMPEL, Vitor Frederico. A doação em regime de separação obrigatória. *Portal Jurídico Migalhas*, [s.l.], 29 abr. 2014. Disponível em: https://www.migalhas.com.br/coluna/registralhas/199938/a-doacao-em-regime-de-separacao-obrigatoria. Acesso em: 12 out. 2024.

KÜMPEL, Vitor Frederico. Doação a incapaz: uma importante decisão unânime do Conselho Superior da Magistratura do Tribunal de Justiça de São Paulo. *Portal Jurídico Migalhas*, [s.l.], 12 jun. 2016. Disponível em: https://www.migalhas.com.br/coluna/registralhas/242198/doacao-a-incapaz--uma-importante-decisao-unanime-do-conselho-superior-da-magistratura-de-sao-paulo. Acesso em: 10 jul. 2024.

KÜMPEL, Vitor Frederico. O problema do donatário incapaz. *Portal Jurídico Migalhas*, [s.l.], 22 dez. 2015. Disponível em: https://www.migalhas.com.br/coluna/registralhas/231795/o-problema-do-donatario-incapaz. Acesso em: 5 nov. 2024.

LEITÃO, Fernanda. Débito tributário nos inventários: Da insegurança e do paradoxo sob o enfoque do Tema 290 do STJ. *Portal Jurídico Migalhas*, [s.l.], 14 maio 2025. Disponível em https://www.migalhas.com.br/depeso/430331/debito-tributario-nos-inventarios-da-inseguranca-sob-tema-290-do-stj. Acesso em: 1º jun. 2025.

LEITÃO, Fernanda. Por uma alteração do atual modelo contratual notarial: entre certezas, angústias e vontades de uma Tabeliã. *Portal Jurídico Migalhas*, 29 nov. 2019. Disponível em: https://www.migalhas.com.br/depeso/316044/por-uma-alteracao-do-atual-modelo-contratual-notarial--entre-certezas--angustias-e-vontades-de-uma-tabelia. Acesso em: 1º maio 2024.

MACHADO, Hugo de Brito. *Curso de Direito Tributário*. 37. ed. São Paulo: Malheiros. 2016.

MACULAN, Leticia; RIBEIRO, Paulo Hermano. Releitura pelo STJ da Súmula 377/STF – Necessidade de prova do esforço comum para que o cônjuge sobrevivente seja meeiro. *Portal Jurídico Migalhas*, [s.l.], 25 mar. 2024. Disponível em: https://www.migalhas.com.br/coluna/migalhas-notariais-e-registrais/403605/releitura-pelo-stj-da-sumula-377-stf. Acesso em: 18 set. 2024.

MACULAN, Leticia; RIBEIRO, Paulo. A "separação obrigatória" para o maior de 70 anos não é mais "obrigatória". *Portal Jurídico Migalhas*, [s.l.], 7 fev. 2024. Disponível em: https://www.migalhas.com.br/coluna/migalhas-notariais-e-registrais/401508/a-separacao-obrigatoria-para-o-maior-de-70-anos-nao-e-mais-obrigatoria. Acesso em: 10 set. 2024.

MARTINS-COSTA, Judith. *A boa-fé no direito privado*: critérios para sua aplicação. 3. ed. São Paulo: SaraivaJur, 2024.

MENDES, Gilmar. Série IDP – *Curso de Direito Constitucional*. 20. ed. São Paulo: SaraivaJur, 2024.

MEZZARI, Mario Pazutti. Usufruto com direito de acrescer – Não incidência do imposto de transmissão. *Diário das Leis*, [s.l.], [s/d]. Disponível em: https://www.diariodasleis.com.br/blog/bdi/materia/10982-usufruto-com-direito-de-acrescer-nao-incidencia-do-imposto-de-transmissao.html. Acesso em: 20 fev. 2025.

NADER, Paulo *apud* GAMA, Guilherme N. Calmon. *Curso de Direito Civil*: Direito das coisas. São Paulo: Atlas, 2011. p. 269.

NEVARES, Ana Luiza Maia. O princípio da intangibilidade da legítima. In: MORAES, Maria Celina Bodin de. (Coord.) *Princípios do Direito Civil contemporâneo*. São Paulo: Editora Renovar, 2006.

NUSSBAUM, Martha C. *Creating Capabilitie*: The Human Development Approach. Cambridge, MA: The Belknap Press of Harvard University Press, 2011.

NUSSBAUM, Martha C. *Fronteiras da Justiça*: deficiência, nacionalidade, pertencimento à espécie. Tradução de Susana de Castro. São Paulo: WMF Martins Fontes, 2013, p. 34-35.

NUSSBAUM, Martha C.; SEN, Amartya (Eds.). *The Quality of Life*. Oxford: Clarendon Press, 1993.

OLIVEIRA, Carlos Eduardo Elias. Doação com encargo e a eficácia contra terceiros e o registro de imóveis. *Portal Jurídico Migalhas*, [s.l.], 14 out. 2020. Disponível em: https://www.migalhas.com.br/coluna/migalhas-notariais-e-registrais/334813/doacao-com-encargo-e-a-eficacia-contra-terceiros-e-o-registro-de-imoveis. Acesso em: 17 ago. 2024.

OLIVEIRA, Carlos Elias de. Considerações sobre os planos dos fatos jurídicos e a "substituição do fundamento do ato de vontade". *Textos para discussão* – Núcleo de Estudos e Pesquisas da Consultoria Legislativa, Brasília, fev. 2020, n. 270. Disponível em: https://www12.senado.leg.br/publicacoes/estudos-legislativos/tipos-de-estudos/textos-para-discussao/td270. Acesso em: 7 mar. 2025.

PEREIRA, Caio Mário da Silva. *Instituições do Direito Civil* – Contratos. v. III. 17. ed. Rio de Janeiro: Forense, 2013.

PONTES DE MIRANDA, Francisco Cavalcanti. *Tratado de Direito Privado* – Parte Geral. t. V. 3. ed. Rio de Janeiro: Borsoi, 1968.

PONTES DE MIRANDA, Francisco Cavalcanti. *Tratado do Direito Privado*: Parte Geral.

REALE, Miguel. Da cláusula de inalienabilidade – Consultas e Pareceres. *Revista dos Tribunais*, n. 290, v. 166/162, dez. 1959.

REALE, Miguel. *Lições preliminares do Direito*. 25. ed. São Paulo: Saraiva, 2000.

REALE, Miguel. Revista dos Tribunais, vol. 203/163, 1959.

ROSENVALD, Nelson; BRAGA NETTO, Felipe. *Código Civil comentado*. 4. ed. São Paulo: JusPodivm, 2023.

SEN, Amartya. *Teoria dos direitos fundamentais*. 3. ed. Tradução de Virgílio Afonso da Silva. São Paulo: Malheiros; Juspodivm, 2024.

SERPA LOPES, Miguel Maria de. *Tratado de Registros Públicos*: Registro Civil das Pessoas Jurídicas, Registro de Títulos e Documentos e Registro de Imóveis. v. II. 5. ed. Rio de Janeiro: Livraria Freitas Bastos, 1962.

SOUZA, Sylvio Capanema de. *Comentários ao novo Código Civil*. v. VIII. Rio de Janeiro: Forense, 2004.

STANICIA, Sergio Tuthill. Doações indiretas e forma prescrita em lei: Brasil, França e Itália. *Civilistica.com*, Rio de Janeiro, v. 11, n. 1, p. 1-18, 2022. Disponível em: https://civilistica.emnuvens.com.br/redc/article/view/743. Acesso em: 11 jul. 2024.

STF – Supremo Tribunal Federal. Selo Linguagem Simples 2024 é entregue em cerimônia realizada no STF, *Notícias STF*, Brasília, 16 out. 2024. Disponível em: https://noticias.stf.jus.br/postsnoticias/selo-linguagem-simples-2024-e-entregue-em-cerimonia-realizada-no-stf/. Acesso em: 1º dez. 2024.

TAPSCOTT, Don; TAPSCOTT, Alex. *A revolução do* blockchain: como a tecnologia por trás do bitcoin está mudando o dinheiro, os negócios e o mundo. São Paulo: Senai, 2017.

TEPEDINO, Gustavo. *Temas de Direito Civil*. 2. ed. Rio de Janeiro; São Paulo: Renovar, 2001.

THEODORO JÚNIOR, Humberto. A reforma da execução do título extrajudicial, p. 54-55 *apud* FIORANELLI, Ademar. *Das cláusulas de inalienabilidade, impenhorabilidade e incomunicabilidade*. São Paulo: Saraiva, 2012.

VELOSO, Zeno. *Direito hereditário do cônjuge e do companheiro*. São Paulo: Saraiva, 2010.

VELOSO, Zeno. Separação Obrigatória de Bens – Controvérsias – Doações entre Cônjuges. *Revista Científica do IBDFAM*, edição 20, Belo Horizonte, 2017.

VENOSA, Sílvio de Salvo. *Direito Civil* – Direito de Família. v. VI. 7. ed. São Paulo: Atlas, 2007.

WALD, Arnoldo. O contrato no Projeto do Código Civil (da evolução dos interesses conflitantes do passado até a parceria do futuro. *Revista do Ministério Público do Rio de Janeiro*, Rio de Janeiro, v. 9, 1999, p. 45-51.

2026
1 2 3 4 5 6 7 8 9 10